유럽의 타자들

'구별짓기'의 역사와 정치

유럽의 타자들

'구별짓기'의 역사와 정치

2019년 12월 12일 초판 1쇄 찍음
2019년 12월 23일 초판 1쇄 펴냄

지은이 홍태영, 윤 비, 김준석, 조홍식, 김면회, 김종법, 이옥연, 윤석준

펴낸이 윤철호
펴낸곳 (주)사회평론아카데미
편집 고하영, 권우철
디자인 김진운
마케팅 최민규

등록번호 2013-000247(2013년 8월 23일)
전화 02-2191-1128
팩스 02-326-1626
주소 03978 서울특별시 마포구 월드컵북로 12길 17
이메일 academy@sapyoung.com
홈페이지 www.sapyoung.com

ISBN 979-11-89946-40-1 93340

이 저서는 2018학년도 서울대학교 연계전공 유럽지역학과 서울대학교 미래 기초학문분야 기반조성 사업의
지원을 받아 수행된 연구 결과물임(This work was supported by the 2018 Seoul National University
Combined Minor in European Studies and by the 2018 SNU Program for the Fundamental
Development of Basic).

유럽의 타자들

'구별짓기'의 역사와 정치

홍태영 · 윤 비 · 김준석 · 조홍식 · 김면회 · 김종법 · 이옥연 · 윤석준 지음

사회평론아카데미

서문

드니 빌뇌브 감독, 에이미 아담스 주연의 영화 〈컨택트〉(원제 Arriv-al)는 12개의 비행선을 타고 지구에 불시착한 외계인 이야기이다. 뭔지 모를 두려움에 사로잡힌 지구인들이 제일 먼저 하는 일은 외계인들이 지구에 온 목적이 무엇인지를 알아내는 일이었고, 이를 위해 외계인들과 소통하고자 다양한 시도를 한다. 주인공인 에이미 아담스는 언어학 전문가로서 그들의 언어를 해석하는 역할을 맡는다. 사실 지구인들이 미지의 우주에서 온 외계인이 자신들보다 더 뛰어난 능력을 가졌을 것이라 여기며 두려움을 갖는 것은 당연하다. 그래서 영화에서는 외계인이 지구의 언어를 모른다고 탓하기는커녕 오히려 지구인이 이방인인 외계인의 말을 이해하기 위해 고군분투한다. 반면 현실에서는 어떤가. 지구상의 대부분의 나라에서 이방인은 들어가고자 하는 수용국의 언어로 말할 것을 요구받는다.

이같이 언어와 관련한 권력의 문제 그리고 이방인의 문제에 대해서 자크 데리다(Jacques Derrida)는 이미 소크라테스가 법정에서 했던 말을 상기시키면서 이방인에 대한 '환대'의 문제가 어떻게 시작되고 해결되어야 하는가를 제시한다(Derrida, 2004: 63-64). 소크라테스는 법정에서 아테네 시민과 재판관들을 향해 자신이 재판소의 언어, 권리[법]의 수사학, 고발의 수사학, 변호 변론의 수사학을 말할 줄 모른다는 점에서 '이방인'이라고 선언한다. 데리다는 이방인은 정의상 자신의 언어가 아닌 집주인·주인·왕·영주·권력·국민·국가·아버지 등이 자신에게 강요하는 언어로 환대를 청해야 하고 주인은 그에게 자기 자신의 언어로의 번역을 강요한다는 점에서 첫 번째 폭력이 발생하며, 바로 이 지점에서 환대의 문제가 시작된다고 말한다. 언어를 통해 처음으로 그들과 소통하고자 한다는 점에서 말 그대로 언어의 문제는 시작에 불과하다. 언어를 통해 권력 관계가 드러나기 시작하는 것이다. 하지만 동일한 언어를 사용하면서 소통할 수 있다 하더라도 이방인에게 또 다른 경계의 벽은 존재한다. 동일한 집단 내의 문화·양식 혹은 예의범절에 무지한 경우 결코 그 집단 내에 진입하지 못한다. 설사 이방인이 문화나 양식을 익혀 하나의 경계의 벽을 넘어섰더라도, 그 앞에는 또 다른 장벽이 기다리고 있을 것이다.

이러한 끊임없는 타자화 과정, 곧 타자의 생산 과정은 지속적인 '구별짓기(distinction)'의 과정이다. 물론 일상에서 이러한 '구별짓기'가 지속적으로 발생하는 것은 일종의 정체성의 형성과정으로서 지극히 자연스러울 수 있다. 하지만 타자화의 과정이 '구별짓기'를 통한 차별화와 배제, 불평등의 강요 등을 수반한다는 점에 주목해야 한다. 이러한 타자화의 과정은 공동체의 특성에 따라 각기 나름의 타자화의 원칙과 동학을 만들어왔다. '유럽'이라는 정체의 형성 과정이 곧 누구를 자신의 구성원으로 인정할 것인가와 동시에 누구를 '타자화'할 것인가의 문제를 동반하여왔음을 보여준다. 곧 정체성의 형성 과정이 경계의 설정 과정임을 말한다. 그러한 의미에서 본다면, 인류의 정치공동체의 역사는 그 공동체 내에 누구를 성원으로 받아들이고 누구를 배제할 것인가의 문제, 즉 아(我)와 타자(他者)를 구별 짓는 문제라고 해도 과언이 아니다.

본 연구팀은 일부 구성원이 바뀌긴 했지만, '유럽'이라는 주제이자 연구대상을 가지고 오래전부터 공동작업을 해왔다. '유럽'이라는 아주 큰 주제이면서 동시에 막연한 연구대상을 특정의 개념, 즉 '정체(identity)', '민주주의(democracy)'라는 개념적 틀을 통해 각각 한 권씩의 책을 만들어냈고, 이번에는 '타자'라는 개념적 틀을 통해 세 번째 책을 낸다. 사실 '유럽의 정체'와 '유럽의 민주주의'를 이야기하면서 우리는 이미 '타자'에 대해 다루기도 하였다. '정체'의 문제는 결국 '타자'와의 구별을 통해 드러나는 것이며, '민주주의'는 결국 '타자'를 어떻게 받아들이고 그들과 공존할 것인가의 문제이기도 했기 때문이다. 하지만 최근 들어 급격하게 유럽에서 극우세력이 확장되고 있고 또한 정당을 통해 제도권 정치에 대한 영향력을 확대하고 있다는 점에서 본격적으로 극우세력에 대한 연구의 필요성이 제기된다. '타자'의 문제는 최근 유럽에서 극우민족주의 세력이 확장하고 있는 시의성과도 연관 지어 새롭게 생각해볼 거리들을 제공한다. 따라서 이번의 글들은 주로 영국, 프랑스, 독일, 이탈리아 그리고 유럽 전체 차원에서의 극우민족주의 세력을 직접적으로 다루고 있다. 여기서 극우세력이라 함은 유럽에 거주하거나 유럽으로 이주해오는 특정한 사람들을 '타자'로 명명하고 그들을 철저하게 배제할 것을 주장하는 세력이라고 할 수 있다.

결국 현재 유럽의 극우세력들에 대한 연구는 유럽의 '정체'와 유럽의 '민주주의'에 대한 연구를 의미한다. 그간 유럽의 각국에서 형성된 극우세력들이 개별 국가 차원을 넘어 유럽이라는 더 큰 차원에서 형성해야 할 민주주의를 위협하는 세력으로 등장했을 뿐만 아니라 점점 영역을 확장하고 있기 때문이다. 물론 2019년 유럽의회 선거에서 보이듯이 극우정당의 확장성에 일정한 한계가 보인 것은 분명해 보이지만, 그럼에도 불구하고 극우세력들이 각국 정치 내에서 일정한 지분을 차지하고 세력을 군건히 하고 있음은 분명하다. 이러한 극우세력들에 대한 연구에 앞서 이 책은 '타자'의 문제와 관련한 역사적·사상적 접근을 시도하면서 좀 더 근본적인 차원에서 '타자'의 문제에 대해 사유해볼 것을 요청하고 있다. 따라서 이 책의 구성은 크게 두 부분으로 나뉘는데, 1부에서는 유럽의 정체성 및 타자들과 관련한 문제들에 대해 역사적·사상적으로 접근하고 있으며, 2부에서는 최근 프랑스, 독일, 이탈리아, 영국 그리고 유럽적 차원에서 등장하는 극우세력들에 대한 이해를 다룬다.

1부의 첫 번째 글에 해당하는 윤 비의 "서구 중세와 종교정치적 공간으로서의 '유럽' 개념의 탄생"은 중세에 종교정치적 공간으로서 유럽 관념이 탄생하고 발전하는 과정을 다루고 있다. 첫 부분은 기독교가 서양의 주도종교로 자리 잡는 가운데 유럽과 그 정체성을 성경의 전승과 연관 지어 이해함으로써 고대와는 구분되는 새로운 유럽 관념으로의 길을 어떻게 열었는가를 논하는 것에서 시작한다. 기독교 공동체로 이해된 유럽의 관념은 비잔틴제국으로부터 정치적 독자성을 확보하고자 자신들의 국가를 독자적인 제국으로 이해하고 선전하였던 9세기 카롤링거 왕조의 지배자들에 의해 활용되었다. 카롤링거 제국의 지배자들은 자신들을 기독교 세계를 보호하는 정치지도자로 자리매김하였으며, 그 결과 '유럽의 아버지', '유럽의 등대'와 같은 표현들이 설득력을 얻게 되었다. 이 글의 두 번째 부분은 이러한 종교정치적 공간으로서의 유럽 관념이 15세기 오토만 제국의 서진에 자극받아 에네아 실비오 피콜로미니(Enea Silvio Piccolo-mini)에 의해 어떻게 재생되는지를 논한다. 동시에 피콜로미니가 이교 고대를 포함하는 유럽 개념을 구축함으로써 유럽을 역사적 발전의 결과이며 공통의 문화적 유산에 기반을 둔 공동체로 이해하는 단초를 마련하였음을 보인다. 마지막으로 윤 비의 연구는 이렇게 등장한 새로운 유럽 개념이 16세기에 발전해 나아가는 모습을 알브레히트 알트도르퍼(Albrecht Altdorfer)의 그림인 〈알렉산더 대왕의 이소스 전투(Alexanderschlacht bei Issos)〉를 통해 살펴보는 것으로 끝을 맺는다.

김준석의 "유럽정체성의 규범적 기초—하버마스의 헌정적 애국주의를 중심으로"에서는 유럽정체성에 관한 최근의 다양한 논의들 중에서 위르겐 하버마스 등이 제안한 헌정적 애국주의(constitutional patriotism) 개념을 체계적으로 조명하고 있다. 오늘날 유럽연합은 회원국 정부뿐만 아니라 각 회원국 시민들, 즉 유럽시민들의 자발적인 협력을 끌어내야 할 필요성에 직면하고 있으며, 이에 따라 서로 다른 정치적·민족적·문화적 배경을 가진 시민들에게 일정한 소속감을 불러일으킬 방안이 다양하게 제시되고 있다. 이러한 논의들 중 헌정적 애국주의는 공통의 역사와 문화, 언어 등을 중심으로 정서적인 친밀감을 형성하는 것을 목표로 하는 전통적인 정체성과는 달리 인권, 자유, 민주주의 등 보편적이고 합리적인 원칙과 제도를 정체성의 대상으로 삼음으로써 민족정체성, 국가정체성의 배타적인 속성을 극복하려 한다. 하버마스는 현대사회에서 반성적·비판적 능력의 향상으로 인해 이러한 새로운 정체성의 실현이 충분히 가능하다고 주장한다. 김준석은 보다 일반적이고 추상적인 차원에서 헌정적 애국주의의 규범적 정당성을 이해해야 한다고 보는 입장에서 세계시민주의와 공동체주의 간 논쟁의 틀 속에서 헌정적 애국주의를 평가할 것을 제안한다. 이러한 시도를 통해 세계시민주의의 불편부당성을 옹호하는 헌정적 애국주의가 특정 국가나 공동체에 대한 충성과 헌신을 어떻게 정당화할 수 있는지 보다 잘 이해할 수 있다. 또한 유럽 정체성의 문제를 보다 잘 이해할 뿐만 아니라 '정체성의 윤리학' 일반에 대해 체계적으로 생각해볼 수 있는 기회를 얻을 수 있을 것이다. 이를 위해 이 글에서는 유럽정체성에 관한 기존 논의를 간략하게 개관한 후 헌정적 애국주의라는 새로운 정체성의 현실적 가능성에 관한 하버마스의 주장에 주목한다. 또한 헌정적 애국주의의 규범적 기초를 국제규범이론의 틀에서 살펴보는 가운데 특히 규범적 정당성의 측면에서 헌정적 애국주의의 세계시민주의적인 측면과 애국주의적인 측면의 화해가 어떻게 가능한지의 질문에 대한 답변을 모색한다.

　홍태영의 "신자유주의와 '민족' 없는 민족주의의 등장—21세기 유럽 극우민족주의에 대한 이해를 위하여"에서는 신자유주의와 세계화 시대에 극우민족주의라는 폐쇄적 이데올로기의 등장이 갖는 기이함에 대해 논의하고 있다. 특히 국민국가 시대의 민족주의와 구별되어 '민족' 개념에 대한 적극적 정의 없이 단지 배제를 위한 실체 없는 개념으로서 '민족' 개념에 기반한 극우민족주의의 특성을 분석하고 있다. 미국 대선에서 트럼프의 당선, 유럽의 극우민족주의의 확장 등 전 세계적으로 극우적 정치지형이 강화되는 데 신자유주의가 큰 몫을 한 것은 분명하다. 정반대의 성향처럼 보이는 신자유주의와 극우민족주의가 아이러니하게 동거하고 있다는 점을 주목할 필요가 있다. 홍태영의 글은 어색하지만 이유 있는 이러한 동거가 일어나고 있는 원인이 무엇인지를 묻고 있다. 국민국가 시기 민족주의가 민족적 정체성을 강화하면서 내부적 연대를 중시하였다면, 최근 극우민족주의는 지속적으로 유입되는 이주노동자들을 차별화하고 구별하는 방식을 작동시키고 있다. 현재 유럽 극우민족주의적 흐름들은 이방인에 대한 배타성, 유럽연합의 강화에 대한 거부와 국민국가 틀의 강화, 동시에 문화적 정체성 강화로 이어지고 있다. 이미 시민권을 획득한 이들에 대해서도 배타성을 보이고 있다. 극우민족주의자들은 종교, 문화 등과 관련하여 적극적인 방식으로 민족적 특성을 구성해내는 것이 아니라 소극적 방식을 통해 민족을 재구성한다. 이러저러한 것은 민족의 특성이 될 수 없으며, 그렇기 때문에 민족의 구성원이 아니다. 어쩌면 그들에게 '민족'은 존재하지 않는 일종의 망령일 뿐이다. 그들에게 중요한 것은 '민족'으로부터 배제해야 할 것들이 무엇인가일 뿐이다.

2부의 첫 글에 해당하는 조홍식의 "2017년 프랑스 대선과 총선에서 민족전선의 부침"은 2017년 프랑스 대선과 총선에서 각각 마린 르펜(Marine Le Pen)과 민족전선의 성공과 한계를 설명하고자 한다. 마린 르펜은 대선에서 결선투표에 진출하는 역사적 성공을 거두었지만 결선에서 큰 차이로 실패하였고, 이어 치러진 총선에서 민족전선의 성과는 제한적인 것이었다. 이처럼 2017년 동시에 얻게 된 성공과 실패를 설명하기 위해 조홍식은 세 가지 변수를 차례로 살펴보며 어떻게 성패의 원인으로 작동했는지 분석한다. 첫째, 2010년대는 프랑스와 유럽이라는 두 수준에서 각각 민족전선과 극우민족주의 세력이 부상하는 시기라고 할 수 있다. 둘째, 마린 르펜과 민족전선은 2010년대에 과거와는 다른 새로운 담론전략을 폈고 이것이 재도약의 중요한 원인으로 작용했다. 셋째, 2017년 대선과 총선에서 새로운 담론전략의 성공과 실패는 제5공화국 정치제도의 역할을 통해 더 잘 설명될 수 있다. 결국 2017년 대선과 총선에서 르펜과 민족전선의 성패를 가장 적절히 설명하는 것은 민족주의, 담론전략, 정치제도라는 세 변수의 조합이라고 할 수 있다.

김면회의 "독일 극우주의 정치세력의 득세와 정당체제의 변화"는 2017년 9월의 제19대 총선 결과 독일정치에서 조성된 새로운 정당체제와 맞물려 있는 '위기'와 '불안정' 문제를 다루고 있다. 제19대 총선에서 가장 눈에 띄는 점은 극우주의 정치세력인 '독일을 위한 대안(AfD)'이 연방하원에 진입하였다는 사실이다. 주의회 선거에서의 연이은 성공에 이어 연방하원 선거에서도 높은 지지율이 확인됨에 따라 독일대안당은 독일 정치에서 유력한 정치세력이 되었다. 동일한 조건 속에서 일시적으로 대중적인 인기를 얻었던 해적당과 달리, 독일대안당은 상승세를 지속하여 독일뿐만 아니라 유럽 정치의 흐름에 영향을 미칠 수 있는 세력으로 급성장했다. 2019년 5월의 제9대 유럽의회 선거에서도 이는 다시 한번 입증되었다. 그 결과 기민/기사련(CDU/CSU), 사민당(SPD), 자민당(FDP), 녹색당(Grüne), 좌파당(Linke)으로 이루어진 기존의 5당 체제는 '유동적' 6당 체제로 전환되었다고 판단된다. 유동적 6당 체제의 진입과 함께 독일 정치를 주도해온 기민/기사련과 사민당 양대 정당의 비중은 확연히 위축된 모양새다. 양대 정당의 지지율 추락과 군소정당군의 약진 및 정당 파편화로 인해 안정적이고 효율적인 국정 운영으로 인정받던 독일 정당체제에 대한 의구심은 커지고 있다. 이와 관련하여 김면회의 글은 제19대 총선 및 각종 선거 결과가 현대 독일 정당체제 변천 과정에서 차지하는 의미를 파악하는 데 목적이 있다. 극우주의 정치 세력의 득세와 정당체제의 변화, 그리고 독일 정치의 불안정은 독일만의 문제로 그치지 않는다. 유럽 공간에서 초국가적인 정치체를 형성하는 것에 강한 이의를 제기하는 독일대안당이 영향력을 확대하면 할수록 통합 질서를 심화하려는 유럽의 노력은 더욱 힘들게 될 것으로 보인다. 김면회는 이제 유럽 통합의 속도는 늦춰지고 통합의 방향을 둘러싼 논쟁은 보다 복잡하고 격하게 진행될 것으로 예견하고 있다.

　김종법의 "이탈리아 극우민족주의─파시즘과 분리주의의 사이에서"에서는 이탈리아 극우민족주의의 형성과 관련한 다양한 역사적 흐름들에 대한 이해를 중심에 두고 있으면서 그러한 역사적 효과들이 최근 이탈리아 극우민족주의에 어떻게 나타나고 또한 어떠한 연관성을 지니는지를 분석하고 있다. 이탈리아 민족주의를 이해하기 위해 가장 먼저 알아야 할 개념과 현상은 리소르지멘토(Risorgimento)라고 하는 통일운동이며, 두 번째는 통일 과정에서 각 지역별로 발생한 미수복영토귀속운동(이레덴티즈모Irredentismo)이고, 세 번째는 이러한 과정에서 발생한 파시즘(Fascismo) 체제의 등장이다. 네 번째는 이러한 현상들과 개념들이 복합적으로 발생하면서 형성된 남과 북의 지역주의와 북부 분리주의 운동이 현재의 소수민족들과 어떠한 방식으로 연계되어 있으며, 동시에 파시즘의 잔재이자 극우 이데올로기의 상흔으로 여겨지는 현대 이탈리아 극우민족주의 운동이 어떠한 방식으로 존재하고 남아 있는가를 살피는 것이다. 이를 위해 김종법의 글은 이탈리아 극우민족주의를 설명하는 네 개의 장으로 구성되어 있다. 첫째 장에서는 이탈리아 극우민족주의의 기원에 대한 간략한 개념 설명과 문제제기를 하고 있다. 둘째 장에서는 이탈리아 민족주의의 출발점이자 전제라고 할 수 있는 다양한 개념들과 현상들, 다시 말해 앞서 언급한 리소르지멘토와 미수복영토 귀속 운동, 파시즘 체제와 이탈리아 공화국의 탄생, 남부문제와 북부 분리주의에 대한 간략한 설명과 이해를 담고 있다. 셋째 장에서는 이탈리아 극우민족주의 현대적 의미와 극우민족주의와 연계된 북부 소수민족의 분리주의 운동과의 연계성 등을 국가 체계 안에서 설명하였다. 넷째 장에서는 이탈리아 극우민족주의의 현대적 의미와 내용을 현재의 이탈리아 사회 안에서 해석하고 의미를 서술하고 있다.

이옥연의 "영국의 탈유럽연합 투표 배경에 대한 담론"은 2016년에 이루어진 영국의 브렉시트(Brexit)를 결정한 국민투표가 갖는 영국 내에서의 정치적 의미를 분석하고 있다. 세계대전을 절대로 반복하지 않겠다는 정치적 의지가 결집되어 국가 간 지역통합이 출범했으나, 유럽 지역통합은 국가주권을 우위에 두려는 간헐적 반발로 인해 반세기에 걸쳐 점진적으로 추진되었다. 특히 2011년 유로 위기 이후 통합된 금융통화체계에 대한 불신의 골이 깊어지며 유럽회의주의는 극단적 성향의 정당을 중심으로 급속하게 지지 기반을 구축했다. 게다가 시리아 내전으로 인한 난민 증가는 국경통제 부활마저 요구할 정도로 유럽 지역통합을 위협했다. 마침내 2016년 6월 23일 영국은 유럽 소속을 수용하면서도 그 구성원의 자격 또는 자질에 대한 합의가 불충분하다고 판단한 결과, 미래상을 공유하지 않겠다는 대내외 선언을 통해 유럽 소속을 스스로 폐기하는 결정을 내렸다.

이후 외견상 다수결이라는 민주주의적 절차를 통한 유럽연합 탈퇴, 소위 '브렉시트'가 구체적으로 어떤 노정을 예견하는지에 대한 논의가 여전히 분분하다. 이옥연은 유럽의 구성원이라는 사실을 부인하지 않으면서도 유럽에 의한 구속에 항명하려는 영국이 선택한 유럽연합 탈퇴의 배경을 검토한다. 또한 탈유럽연합 투표는 지역통합 폐기를 빙자해 국가 체제통합을 도모한 부산물이었다는 데에 초점을 맞춰 분리·통합의 맥락을 평가한다.

윤석준의 "극우 동종정당 분류에 기반한 2019년 유럽의회 선거 결과 분석"은 유럽의회 선거에서 극우정당들이 거둔 성과를 논하거나 지지세 추이를 확인하기 위해서 유럽의회 정치그룹이 확보한 의석수를 중심으로 분석하는 기존의 방법을 지양하고, 그 대신 EU 회원국들 국내정치에서의 극우 동종정당(Far-Right Party Family) 분류를 통해서 그들이 유럽의회 선거에서 거둔 의석수를 합산하는 방식으로 분석할 것을 제안한다. 그 이유는 첫째로 유럽의회 선거에서 선출된 극우 성향의 유럽의회 의원들 중 일부는 극우 성향의 정치그룹에 가입하지 않기 때문이며, 둘째는 극우 성향으로 분류되는 일부 정치그룹의 경우에 소속 의원들의 성향이 균질하지 않아 오히려 다수는 중도 우파 성향의 의원들로 구성된 경우도 있기 때문이다. 윤석준은 2019년 유럽의회 선거에서 극우정당들이 거둔 성과를 구체적으로 분석하는데, 이를 통해 정치그룹 중심의 선거결과를 분석하면서 극우정당들이 그다지 약진하지 못했다고 평가하는 서구 주요 언론들의 분석에 분명한 한계가 있음을 보여준다. 결론적으로 극우 동종정당 분류에 기반한 선거결과 분석에 따르면 2019년 유럽의회 선거에서 극우정당들이 확보한 의석수는 기존 여론조사 결과에 부합되거나 혹은 크게 상회하는 수준이며, 이는 2014년 유럽의회 선거와 비교하더라도 극우정당들의 의석이 큰 폭으로 증가한 것인바 2019년 유럽의회 선거에서 극우정당은 크게 약진했다고 평가하는 것이 타당하다고 주장하고 있다.

이상의 내용에서 보이듯이 이 책은 정치사상 전공자 및 비교정치 전공자가 필진으로 참여해 유럽이라는 동일한 연구대상을 가지고 진행한 연구 성과를 담고 있다. '유럽에서의 타자'의 문제에 대한 역사적·사상적 접근과 더불어 비교정치학적 접근을 통한, 현재 유럽 극우세력의 확장에 대한 이 연구가 유럽에 대한 이해에 조금이나마 보탬이 되었으면 하는 바람이다. 필진 구성에서 약간의 변동이 있었지만, 본 연구팀은 이번에 세 번째 책을 만들면서 유럽에 대한 정치학적 문제의식을 확장하고자 했다. 정치학 내 세부전공의 차이에도 불구하고 유럽이라는 동일한 연구대상이라는 공통점을 가지고서 오랫동안의 인연을 통해 성과물들을 낼 수 있었던 것 자체만으로도 나름의 의의가 있을 것이라고 본다. 이번 책 역시 서울대학교 연계전공 유럽지역학과 서울대학교 미래 기초학문분야 기반조성 사업의 지원금이 있었기에 가능하였다. 또한 이 책의 편집 과정에서 여러모로 도움을 준 서울대학교 외교학과 대학원 박성현 군께 감사를 표하며 학업의 건승을 빈다.

1993년 마스트리히트조약을 통해 유럽연합이라는 정치체가 탄생했지만 아직까지 그 실체가 분명하게 그려지지 않고 있다. 사실 '유럽'의 역사는 이미 아주 오래전에 시작되었다. 그러한 의미에서 앞으로의 변화 가능성은 다양한 방향 속에 열려 있고, 유럽이라는 실체가 고정되어 존재할 수는 없을 것이다. 지금 이 시점의 유럽의 모습을 그려보고 또한 그것이 나아가야 할 바에 대한 논의를 통해 바람직한 유럽의 모습을 상상해보는 것이 필요할 것이다. 그러한 의미에서 유럽에 대한 지속적인 관심과 연구가 필요하며 이 책의 지속적인 후속작업을 기대한다.

2019년 11월
저자들의 생각을 모아
홍태영

차례

1부

유럽의 정체성과 타자들

서구 중세와 종교정치적 공간으로서의 '유럽' 개념의 탄생[1]

윤 비(성균관대학교)

I. 들어가며

본 연구는 정치적 공간으로서 유럽 개념이 어떻게 중세에 등장하고 발전해갔는가를 다룬다.[2] 즉 유럽이라는 집단적 아이덴티티가 서구

---

1   이 장은 『인문과학』 73호(2019: 243-275)에 실린 동일제하의 논문을 부분 수정한 것이다.
2   중세 유럽 개념의 발전에 대해서는 점점 더 많은 연구가 등장하고 있다. 개별적인 전문 연구들은 논의과정에서 제시하는 것으로 하고 여기서는 가장 일반적인 연구 두 편을 소개하는 데 그친다(Hay, 1957; Gollwitzer, 1964: 27-38). 이외 국내에 번역된 연구로서 장-바티스트 뒤로젤의 『유럽의 탄생』(pp. 43-86)이 전반적인 흐름을 간략히 파악하는 데에는 도움을 줄 수 있으나, 유럽 개념 자체의 발전에 대한 전문연구로서는 한계가 뚜렷하다. Jordan의 논문(2002)은 유럽 개념의 형성사로 보기도 어렵고 (그러한 점에서 전체 책의 구도로부터 벗어난다) 그렇다고 유럽의 역사적 형성에 대한 일반적인 요약으로 보기도 어렵다. 오히려 Schneidmüller의 연구(1997)가 전체적인 지형을 훌륭하게 요약하고 있다. 이외 Oschema(2001, 2006, 2007)과 Leyser(1992)를 참조할 만하다. 국내 연구로는 이득수의 "카롤링거 시대의 '유럽(Europa)'의 개념"과 "Mythos und Wirkung des Europa-Gedankens im Mittelalter"가 있다.

중세에서 문제가 되고 관념화되고 토론되고 유포된 경로를 다루는 것이 본 연구의 목적이다.

유럽이라는 관념이 어떠한 인간집단 혹은 정치체를 포괄하는가, 그들을 하나로 묶는 공통분모가 무엇인가에 대한 생각이 시간의 흐름에 따라 역사적으로 변화해왔다는 사실은 일반적으로 인정되고 있다.[3] 유럽이라는 이름은 대략 기원전 7세기에서 6세기로 넘어갈 무렵 지역의 명칭으로 나타난다.[4] 그러나 언급한 사례 자체가 『호메로스 찬가(Homeroi Hymnoi)』 중 아폴론에 대한 부분 한 군데여서 이것만 가지고서는 지리적 공간의 명칭으로서 유럽이라는 이름이 어느 정도 퍼져 있었는지 알 수가 없다. 뿐만 아니라 고대에는 유럽이라는 명칭이 적용되는 범위에 대한 일치된 내용이 없었다.[5] 헤로도토스(Herodotos)를 비롯하여 유럽이라는 명칭이 가장 자주 등장하는 기원전 5세기의 문헌들로부터 유추해볼 때 고대 그리스인들에게 유럽은 자신들이 사는 지역의 북쪽, 오늘날 돈(Don)강으로 불리는 타나이스(Tanais)강과 리오니(Rioni)강으로 불리는 파시스(Phasis)강에서 시작하여 헤라클레스의 기둥이라고 불렸던 스페인 서단의 지브롤터 해협에 이르는 공간을 이르는 말이었다고 할 수 있다.[6] 이렇게 이해된 유럽은 아시아, 또는 아시아와 아프리카와 더불

3   유럽 개념의 발전에 대한 통사적 서술로서는 위에 인용된 Hay, Gollwitzer, 뒤로젤의 저서 이외에 Pim et al.(1995), Schmale(2000, 2008), Wintle(2009) 참조.

4   Andreas Hartmann, "Im Osten nichts Neues. Europa und seine Barbaren seit dem V. Jahrhundert v. Chr.," in *Blicke auf Europa. Kontinuität und Wandel*, edited by Andreas Michler and Waltraud Schreiber, Neuried: Ars Una 2003, p. 37. 고대의 유럽 개념의 발전에 대한 유용한 요약으로는 Gollwitzer(1964: 17-26) 참조.

5   Hartmann, op. cit., pp. 37-41.

6   유럽의 서쪽 경계에 대한 헤로도토스의 언급은 『역사』 4권 42절 참조. 헤로도토스는 『역

어 세계를 구성하고 있다고 여겨졌다. 그러나 여기에 과연 그리스인들 자신들도 포함되는가에 대한 문제로 넘어가면 혼란이 발생한다. 현재 남아 있는 고대의 일부 자료들은 때로 그리스인들이 자신들이 사는 공간을 유럽과 구분하였음을 보여준다.[7] 앞서 언급한『호메로스 찬가』의 부분에서 유럽은 펠로폰네소스(Peloponnesos)와 소아시아의 섬들과는 구분되는 지역을 지칭하는 의미로 사용되었다.[8] 헤로도토스의 작품에서 유럽은 대개 비아시아권의 그리스를 중심으로 한 세계를 지칭하는 것처럼 등장하지만, 동시에 그리스 전체가 아니라 마케도니아가 있는 트라키아(=트라케Trace) 지역을 의미하는 것으로 쓰이기도 한다. 그래서 페르시아인들은 그리스를 침공하기 위해 헬레스폰토스(Hellespontos)를 횡단한 다음 "유럽을 가로질러(dia tes europes)" 아테네로 향하는 것으로 그려진다.[9] 투키디데스(Thucydides) 역시 유럽을 페르시아와 헬라스 사이에 놓인 지역으로 파악함으로써 헬라스와는 구분하고 있는 듯하다.[10] 그는 트라키아의 오드뤼사이족의 왕국을 이오니오스만(이오니아 해)과 흑해 사이의 모든 유럽 왕국 중 세수와 번영에서 으뜸이라고 부르고 있다. 그런데 투키디데스는 트라키아 지역의 국가들(주로 이들은 폴리스가

사』4권 45절에서 타나이스 강과 파시스 강을 북쪽 경계로 보는 두 입장을 언급하면서 후자를 채택하고 있다. 헤로도토스가 이에 대해 따로 입장을 취하지 않고 있다는 김봉철의 견해(김봉철, "고대 그리스에서의 유럽의 형성 과정에 관한 역사적 분석 - 유럽 개념의 탄생과 변천 과정을 중심으로,"『역사학보』170집, 2001, p. 214)에는 동의하기 어렵다.

7   Hartmann, op. cit., pp. 37-38; 김봉철, 앞의 논문, pp. 210-211.
8   Hartmann, op. cit., p. 37.
9   헤로도토스 저, 김봉철 역,『역사』, 도서출판 길, 2016, 7권 8절.
10 투키디데스 저, 천병희 역,『펠로폰네소스 전쟁사』, 도서출판 숲, 2011, 1권 8장 2절 및 2권 9장 5-6절.

아니라 왕국의 체제를 갖고 있었다)을 바르바로이(barbaroi), 즉 비헬라스인들의 국가로 간주했다.[11] 따라서 그에게 유럽은 헬라스와 공간적으로 일치하지 않았다.

유럽이 유효한 공간 개념으로서 기원전 5세기에 등장한 이유는 두말할 나위 없이 아시아 세력으로 이해된 페르시아의 아케메네스 제국과의 대결이다.[12] 페르시아와의 연이은 전쟁은 한편으로 흑해지역의 바르바로이들과의 정치군사적 연대를 그 어느 때보다도 중요하게 만들었다. 두 번에 걸친 페르시아의 침공에서 보스포러스 해협을 가로질러 트라키아를 통과하는 루트는 페르시아 육군의 이동로이며 주요 보급로였다. 그러한 만큼 이 지역의 국가들을 자신들의 편에 묶어두는 것은 그리스의 폴리스들에게는 중요한 일이었다. 이러한 상황에서 유럽은 헬라스의 주변부를 포함하는 지역을 아우를 수 있는 대안적 공간 관념으로 부각되었던 듯하다. 그러한 증거는 이소크라테스(Isokrates)의 연설문들에서 뚜렷하게 드러난다. 그는 기원전 390년의 『헬레나(Helena)』에서부터 기원전 339년의 『판아테나이코스(Panathenaikos)』에 이르는 일련의 연설문에서 유럽과 아시아의 근본적인 라이벌 관계를 부각시키면서 노예적 본성을 지닌 아시아인들을 유럽에서 몰아내고 굴복시켜야 한다고 역설했다.[13] 이소크라테스의 연설문은 유럽이라는 공간 관념이 집단정체성과 연결되고 연대의식을 고취하기 위한 수단으로 이용됨으로써 정치적으로 동원된 최

---

11 예를 들어 투키디데스는 4권 124장에서 마케도니아 왕국의 페르딕카스 왕의 군대를 마케도니아인과 마케도니아 거주 헬라스인으로 뚜렷이 구분하고 있다.

12 Hartmann, op. cit., pp. 41-42.

13 Hartmann, op. cit., pp. 50-52; 김봉철, 앞의 논문, pp. 229-230.

초의 예가 될 것이다. 확실하게 말하기는 어렵지만 알렉산더 왕의 페르시아 정벌은 이러한 틀에서 이해되거나 선전되었을 수 있다. 그럼에도 불구하고 이러한 유럽 개념의 정치적 동원은 그다지 성공적이지 못했다. 알렉산더 제국의 수명은 짧았고, 그 이전의 그리스 국가들은 단결되고 일치된 행동보다는 상호 쟁투에 더욱 몰두했기 때문이다. 즉, 유럽 개념이 성장하고 피어날 토양이 척박했던 것이다.

로마제국의 정치질서를 유럽 관념의 모태쯤으로 여기는 이들에게는 놀랍게 들릴지 모르지만, 유럽 관념은 이탈리아 반도에서 로마가 흥기하여 제국으로 성장하면서 이내 해체되었다. 로마인들은 그리스인들이 만들어낸 유럽이라는 지리 관념 자체는 받아들였지만, 그로부터 어떠한 정치적 공간 관념을 구성하지는 않았다. 로마인들은 지중해를 아우르는 자신들의 정치질서를 '팍스 로마나(Pax Romana)'로, 자신의 정치적 패권을 '로마눔 임페리움(Romanum Imperium)'으로 불렀다. 정치군사적으로는 게르마니아(Germania), 브리타니아(Britania), 아라비아(Arabia), 누미디아(Numidia)와 같은 행정구역과 연관된 지역 명칭이 중요했다. 흥미로운 사실은 로마가 팽창하던 시기 속주의 명칭에 아프리카(Africa: 기원전 146년 병합된 카르타고Cartago의 지역을 지칭)와 아시아(Asia: 기원전 133년 병합된 페르가몬Pergamon 왕국의 지역을 지칭)는 포함되어 있지만, 유럽에 해당되는 라틴어인 에우로파(Europa)라는 명칭은 이 시기에도 그 이후에도 발견되지 않는다는 것이다. 사실상 유럽은 로마제정 말기에 이르면 지리적 개념으로서도 별 의미가 없었던 것으로 보인다. 어디까지가 유럽인지에 대해서조차 그리스 시기의 혼란이 계속되고 있었다는 사실은 유럽 개념이 그다지 중요하게 여겨지지 않았음을 반증한다. 폴리비오스(Polybios)처럼 유럽과 그리스를 완전히 구분할 수 없다고 보는 경우도 있었지만, 유럽을 주로 마케도니아 지역이나 아시아와 헬라스 사이에 놓인 중간지대에 국한시키는 전래의 유럽관 역시 영향력을 가지고 있었다.[14]

죽은 개념인 유럽을 다시 불러낸 것은 중세였다. 뒤에서 살펴보겠지만 유럽은 먼저 기독교 저자들에 의해서 기독교 공동체의 의미로 부활했고, 이어 8세기를 전후로 정치적 공간 관념으로서 재생되었다. 그리고 정치적, 종교적 공간 관념으로서의 유럽은 15세기와 16세기 오스만 투르크와의 대결을 통해 다시 한번 등장하였다. 이하의 논의는 이 두 과정을 살펴봄으로써 근대 이전 시기 유럽 관념 발전의 중요한 단계를 재구성하는 것을 목표로 한다.

II. 샤를마뉴제국과 종교정치적 공간 개념으로서 유럽의 등장

앞서 보았듯 유럽은 고대의 지리 지식체계에서 그렇게 두드러진 개념이 아니었다. 그 범위에 대한 뚜렷한 합의가 없었다는 사실은 사실 굳이 합의를 이루기 위해 노력해야 할 만큼 중요하지 않았다는 의미로 해석할 수 있다. 페르시아와의 전쟁을 치르면서 유럽을 아시아나 아프리카와 대립되는 어떤 정치, 문화적 단위로서 이해하려는 시도가 있었지만, 현재 남아 있는 사료들에 비추어본다면 크게 성공

---

14 Hartmann, op. cit., pp. 39-40.

하지는 못한 것으로 판단된다.

고대 말과 중세 초 기독교의 확산은 유럽이라는 지리 개념에 새로운 활력을 불어넣었다. 유럽은 아시아와 아프리카와 더불어 성서의 기록과 연결됨으로써 새로운 역사와 의미를 갖게 되었다. 여기서 주목할 인물은 세비야의 이시도르(Isidore of Sevilla)이다. 그는 자신의 저작인 『어원론(Etymologiae)』에서 유럽을 성서에 등장하는 야벳(Japheth)의 우의와 관련지었다.[15] 창세기 9장에서 18절 이하에는 노아의 세 아들로서 모든 세상 사람들의 조상이 된 셈, 함, 야벳의 이야기가 등장한다. 함은 가나안의 조상으로서, 노아가 포도주를 마시고 나체로 누워 있는 것을 보고 셈과 야벳에게 이를 알린 까닭에 노아의 노여움을 입는다. 노아는 "가나안은 저주를 받아 형제들에게 천대받는 종이 되어라"고 말한다.[16] 이어서 그는 "셈의 하느님, 야훼는 찬양받으실 분, 가나안은 셈의 종이 되어라. 하느님께서 야벳을 흥하게 하시어 셈의 천막에서 살게 하시고, 가나안은 그의 종이 되어라"고 말한다. 이시도르는 이러한 전승으로부터 야벳은 기독교를 받아들인 비유대인들을 가리키며 이들은 노아가 축원한 대로 크게 번성하였고, 바로 유럽이 그들의 땅이라는 해석을 끌어낸다. 이시도르는 『어원론』의 9권 2장에서 세계의 모든 민족집단들 가운데 영국으로부터 소아시아의 타우르스(Taurus) 산맥까지 이르는 지역에 거주하는 민족집단들을 야벳의 가계와 연결하였다.[17]

---

15 Isidore of Seville, *Isidori Hispalensis Episcopi Etymologiarum sie originum Libri XX*, edited by Wallace Lindsay, Oxford: Clarendon, 1911, pp. 4-5; p. 14.
16 이하 성경의 번역은 공동번역본을 따른다.
17 Isidore of Seville, op. cit.

중세의 유럽관의 발전을 살펴볼 때 이시도르의 해석이 중요한 이유는 중세 내내 그에 보내진 관심 때문만이 아니다. 보다 중요한 것은 이시도르가 유럽을 단순한 지리적 개념이나 사회, 혹은 문화 내지 문명의 개념을 넘어서 일종의 종교적 기획의 일부로 파악했다는 데 있다. 물론 유럽 개념이 특정한 문화 내지 문명적 기획과 연관되어 이해된 것이 처음은 아니다. 아이스퀼로스나 아리스토텔레스에게서 드러나듯 헬라스를 자유와 동일시하고 페르시아 혹은 아시아를 예속으로 폄하하는 사고는 이미 기원전 5세기 무렵에는 꽤 널리 퍼져 있었던 것으로 보인다. 특히 아리스토텔레스는 『정치학』에서 법을 따르면서 세습권력의 형태를 띠는 군주정에 대해 설명하면서 어떻게 그런 권력이 존재하게 되는가에 대해 다음과 같이 말하고 있다. "왜냐하면 바르바로이들은 헬라스인들보다 본성적으로 그 성품의 측면에서 더 노예적이고, 아시아에 있는 사람들이 유럽에 있는 사람들보다 더 그러한 까닭에, 그들은 전혀 불만을 내놓지 않은 채로 주인에 의한 지배를 묵인하기 때문이다."[18] 이러한 문화우월주의적 시각은 자유를 수호하기 위해 유럽의 단결이 필요하다고 주장했던 이소크라테스의 관점과 궤를 같이한다.

그러나 이시도르의 주장은 이보다 한발 더 나아가 있다. 유럽 땅에서 펼쳐질 야벳의 자손들의 번영은 축원이자 예언으로 받아들여졌기 때문이다. 유럽이라는 지리적·문화적 공간은 이시도르를 통해 신학적 담론 안으로 편입되어 일종의 종교적 공간으로 등장하게 되었다.

---

18 아리스토텔레스 저, 김재홍 역, 『정치학』, 길, 2017, 1285a, pp. 20-23. 편의상 번역에서 '비헬라스인들'은 '바르바로이'로, '에우로페'는 '유럽'으로 바꾸었다.

서로마제국의 몰락 이후 진행된 정치적 분열과정이 종식되고 샤를마뉴가 이끄는 프랑크 왕국에 의해 서유럽의 상당 부분이 단일체제로 통합되면서 종교적 공간으로서의 유럽은 다시금 정치종교적 공간으로 재정의되었다. 이시도르의 유럽 개념의 영향력은 카롤링거 왕조 시기에 쓰인 여러 문헌들에서 발견된다. 9세기 중후반에 활동했던 세둘리우스 스코투스(Sedulius Scottus)는 루트비히 독일왕과 샤를 대머리왕을 찬양하면서, 그들로 말미암아 "유럽이 빛을 발하고 딸 시온이 기뻐하며 그리스도의 백성들이 굴하지 않고 살아간다(His Europa micat, his gaudet filia Sion, manet invictus christicolum populus)"고 읊었다. 우리는 여기서 세둘리우스가 유럽을 이스라엘과 나란히 등장시킨다는 점에 주의해야 한다.[19] 이는 유럽이라는 공간이 이스라엘과 더불어 신이 기독교인들에게 정해준 자연적 공간이라고 그가 보았음을 암시한다. 이러한 생각을 드러낸 것이 세둘리우스가 처음은 아니다. 그에 앞서 카롤링거 르네상스를 이끈 알퀸(Alcuin)은 한 서신에서 "신의 가호 아래 그의 교회가 유럽의 곳곳에서 평화를 누리고, 번성하며 커져간다(miserante Deo eius sancta ecclesia in partibus Europae habet pacem, proficit et crescit)"고 이미 적은 바 있었다.[20] 알퀸에게 있어 유럽은 기독교인들과 교회에게 신이 내린 자연적 영토이다. 여기서 유럽이 단순한 지리적 공간 개념을 넘어 은유적으로 기독교 공동체를 의미할 수 있는 가능성이 열린다.

---

19 Sedulius Scottus, *Carmina*, edited by Jean Meyers, Corpus Christianorum Continuatio Mediaevalis vol. 117, Turnhout: Brepols, 1991, p. 32.

20 Alcuin, *epistolae* no. 7, edited by Ernst Dümmler, Epistolae Karolini Aevi II, MGH Epistolae vol. 4, Berlin: Weidmann, 1895, p. 32.

주목해야 할 사실은 800년 샤를마뉴의 대관 이후 등장한 문헌들에서 이렇게 파악된 유럽을 샤를마뉴의 정치적 리더십과 직접 연결시키는 예들이 발견된다는 것이다. 그 가장 두드러진 예가 『샤를마뉴와 교황 레오(Karolus Magnus et Leo Papa)』라는 서사시에 등장하는 구절들이다. 9세기에 만들어진 단 한 개의 필사본을 통해 전해지는 이 서사시는 파더본(Padeborn)에서 799년에 일어났던 샤를마뉴와 교황 레오 3세(Leo III)의 만남을 기록하고 있다. 여기서 우리는 샤를마뉴를 "유럽의 고귀한 등대(Europae celsa pharus)",[21] "유럽의 아버지(pater Europae)"[22]로 칭송하는 것을 보게 된다. 즉 여기서 유럽이라는 공간은 일차적으로 종교공동체로서 상상되고 있을 뿐 아니라 샤를마뉴의 정치적 리더십에 의해 통솔되는 정치공동체처럼 표현된다.

유사한 예들은 다른 문헌에서도 발견된다. 수도사 카트불프(Cathwulf)는 샤를마뉴에게 쓴 서간에서 "신이 그대를 유럽왕국의 영광을 드높이도록 올려 세우셨도다(ipse te exaltavit in honorem glorie regni Europe)"고 썼다.[23] 여기서 샤를마뉴의 제국은 심지어 유럽왕국으로 불리고 있다. 즉, 유럽은 여기서 하나의 정치종교적 공간을 의미한다. 이런 생각은 샤를마뉴 사후 그의 후계자들의 시대에도 이어졌다. 오를레앙의 테오둘프(Theodulf of Orléans)는 루이 경건왕(Louis the Pious)에게 "신이 그대의 통치 아래 유럽의 왕국들을

---

21 Anonymous, *Karolus Magnus et Leo papa*, edited by Ernst Dümmler, MGH PLMA I, 1881, p. 370: "Europae quo celsa pharus cum luce coruscat."
22 Ibid., p. 379: "Rex, pater Europae, et summus Leo pastor in orbe Congressi."
23 Alcuin, op. cit., p. 502.

맡겼고 전 세계가 그대의 통치를 염원하게 하였다(Sub tua iura deus dedit Europeia regna, Totum orbem inclinet sub tua iura deus)"고 적었다.[24] 여기서 단수의 유럽의 왕국 대신 복수의 유럽의 왕국'들'을 이야기하는 것은 당시에 진행 중이던 샤를마뉴제국의 분할과 해체를 반영한다. 이미 유럽이 하나의 단일 정치체라는 생각은 상당 부분 약화되어 있다. 그럼에도 불구하고 유럽을 신이 의도한 하나의 공동체로 파악하고 있으며, 한 군왕에 의해 정치적으로 통솔되어야 하는 단일체로 그리고 있다는 점에서 테오둘프는 정치종교적 공간으로서 유럽을 바라보는 이전 시기의 관점을 계승하고 있다.

유럽 개념의 이와 같은 확산과 진화는 7세기 후반에서 8세기 초까지 프랑크 왕국이 비잔틴 제국과 로마 교회와의 관계 속에서 스스로를 어떻게 자리매김하였는가를 염두에 두어야 올바로 이해될 수 있다. 프랑크 왕국이 북 이탈리아와 중부 이탈리아를 놓고 벌어지던 여러 집단 간의 분쟁에 개입하게 된 것은 7세기 중반이었다. 이 무렵 이 지역의 헤게모니를 쥔 것은 랑고바르드 왕국이었다. 로마 교회는 랑고바르드 왕국의 성장을 의혹의 눈초리로 바라보고 있었다. 그러나 당시의 비잔틴 제국은 로마 교회에 별 의지처가 되지 못하였다. 결국 로마 교회는 알프스 너머의 프랑크 왕국에서 도움을 구했다. 교황 스테파누스 2세(Stephanus II)의 요청에 따라 당시 프랑크 왕국을 지배하던 피핀(Pipin)은 755년과 756년 이탈리아 원정을 감행하여 랑고바르드 왕국의 수장 아이스툴프(Aistulf)를 굴복시키고 라벤나와 펜타폴리스에 이르는 지역에 대한 교황의 지배를 공고히 하였

---

24 Ibid., p. 503.

다. 그 대가로 그는 '로마인의 파트리치우스(patricius romanorum)'라는 칭호를 얻었다. 파트리치우스는 로마 제정기 이래 소수의 고위 귀족에게 주어지는 명예로서 서로마제국의 멸망 이후 특히 이탈리아에서 최고 권력자나 최고위 장군에게 황제로부터 하사되곤 하던 일종의 작위였다.

피핀의 이탈리아 원정 이후에도 랑고바르드 왕국의 팽창 정책은 계속되었다. 그러나 비잔틴 제국은 압바스 왕조와의 전쟁과 불가리아에서의 반란을 다루느라 여념이 없었다. 결국 교황 하드리아누스 1세(Hadrianus I)는 샤를마뉴에게 재차 이탈리아 원정을 요청하였고, 이에 부응하여 774년 샤를마뉴는 다시 이탈리아로 내려왔다. 그의 아버지와 달리 샤를마뉴는 랑고바르드 왕국을 복속시키는 데 그치지 않고 그 수장 데시데리우스(Desiderius)를 폐위하여 수도원에 유폐한 후 직접 자신이 랑고바르드 왕의 직위에 올랐다. 그리고 아버지가 가졌던 '로마인의 파트리치우스'라는 칭호를 다시 수여받았다.

두 차례의 원정을 통해 프랑크 왕국은 북부와 중부 이탈리아에서 가장 강력한 정치적 세력으로 자리를 잡았다. 동시에 과거 서로마 지역에 강력한 통일 정치체가 등장할 수 있는 전망이 열렸다. 그러나 이 무렵만 하더라도 아직 비잔틴 제국과의 경쟁관계에 대한 의식은 샤를마뉴와 그 측근들의 머릿속에 존재하지 않았다. 전통적으로 비잔틴 제국은 프랑크족을 포함한 게르만 종족(gens)의 수장들을 하위의 동맹자쯤으로 취급했다. 비잔틴 황제들은 이탈리아에 대한 지배권을 회복하는 데 여전히 관심을 갖고 있었으며, 이를 위해 게르만 왕국들을 이용하려 했다. 그에 대해 메로빙거 왕조의 군주들과 카롤링거 왕조의 피핀까지도 적당히 복종하고 타협하면서 자신들의 이해를 도모하는 손쉬운 길을 택해왔다. 774년의 원정 후에도 이러한 전통적인 관점이 유지되었던 것으로 보인다.

그러나 787년 성상숭배에 대한 니케아 공의회(Council of Nicea)의 결의를 비잔틴의 여왕 이레네(Irene)와 아들 콘스탄티누스 6세(Constantinus VI)가 프랑크 왕국에도 강요하면서 프랑크 왕국과 비잔틴 제국 사이에 본격적인 갈등이 발생한다. 그리고 이러한 논쟁은 샤를마뉴와 그의 측근들로 하여금 독립적인 권력으로서 스스로의 지위를 확고하게 인정받겠다는 결정을 내리게 한 것으로 보인다. 그러한 비전을 실현할 기회는 799년 레오 3세가 이탈리아 원정을 요청했을 때 왔다. 샤를마뉴는 이탈리아로 남하해 반란을 진압한 후 레오 3세를 복귀시키고, 800년 크리스마스이브에 마침내 레오 3세에 의해 황제의 자리에 올랐다.

황제 대관 이전 샤를마뉴의 칭호는 "신의 은총 하에 프랑크인과 랑고바르드인의 왕이며 로마인의 파트리치우스 카롤루스(Carolus gratia Dei rex Francorum et Langobardorum atque patricius Romanorum)"였다.[25] 샤를마뉴는 이제 공식적으로 "가장 경건하고 존엄한 자로서 신이 대관한 위대한 평화의 수호자이자 로마제국을 통치하는 황제이며, 신의 자비 아래 프랑크인과 랑고바르드인의 왕인 카롤루스 (Karolus serenissimus Augustus a Deo coronatus magnus pacificus imperator Romanorum imperium gubernans, qui et per mi-

---

25 샤를마뉴의 타이틀에 대한 이하의 논의는 Ildar H. Garipzanov, *The Symbolic Language of Authority in the Carolingian World*, Leiden: Brill, 2008, ch. 3에 크게 빚지고 있다. 황제 대관 이전 샤를마뉴의 칭호에 대한 논의는 p. 123 이하를 볼 것.

sericordiam Dei rex Francorum et Langobardorum)"로 불리게 되었다.[26] 황제라는 칭호를 통해 샤를마뉴는 자신의 권력이 비잔틴으로부터 독립되고 그 지위에서 동등하다는 주장을 내외적으로 확인하였다.

여기서 오해해서는 안 될 것은 '로마제국의 황제'라는 타이틀은 비잔틴 제국을 대체하고 지중해의 패권을 장악하는 따위의 거창한 비전과 아무 상관이 없다는 것이다. 서양의 고대와 중세의 정치언어에서 황제를 의미하는 '임페라토르(imperator)'라는 칭호는 원래 최고명령자를 의미하는 것으로서, 다른 상위자를 인정하지 않는 지상의 권력이라는 의미를 지녔으며 반드시 오늘날 흔히 상상하듯 모든 권력의 상위에 있는 보편권력이라는 의미를 갖지는 않았다. 사실 비잔틴을 대신하여 지중해 세계를 아우르는 보편권력을 구축할 야심이나 기획은 샤를마뉴나 그의 측근, 그리고 그의 뒤를 이은 카롤링거 제국의 황제들에게도 전혀 없었다. 앞서 본 샤를마뉴의 공식타이틀에서 등장하는 로마제국의 황제란 표현은 사실 이탈리아의 지배자를 의미하는 것 이상도 이하도 아니었다. 로마제국의 황제라는 타이틀과 나란히 "프랑크인과 랑고바르드인의 왕"이라는 타이틀이 나열되어 있는 것은 이를 뒷받침한다.[27] 만일 로마제국을 모든 권력의 상위에 있는 보편권력으로 보았다면 굳이 이런 수고를 할 필요가 없었을 것이다.

사실 권력의 독립성과 독자성을 선언하기 위해서는 '로마제국'이라는 문구를 뺀 황제라는 칭호만으로도 충분했다. 그리고 이를 입증

26　Ibid., p. 136.
27　Ibid., p. 137의 각주 127번을 참조.

해주는 사건이 812년 비잔틴 제국이 샤를마뉴를 동등한 임페라토르로 인정하고 비잔틴 황제와 동일한 바실레우스로 받아들였을 때 일어났다. 이때 이후로 카롤링거 황제들의 공식타이틀에서 '로마제국'이라는 표현이 사라진다. 이미 독립성과 동등성의 인정을 얻어낸 마당에 굳이 로마제국의 수장임을 주장하여 로마제국의 적통임을 내세우던 비잔틴 제국 측을 자극할 필요를 못 느꼈던 것이다.[28]

샤를마뉴와 그의 후계자들에게 황제라는 타이틀은 기독교 공동체의 대표권력 내지 수장이라는 의미에 훨씬 더 가까웠다. 원래부터 프랑크 왕국의 권력 확대 과정에서 가장 앞에 내세워진 명분은 교회에 대한 보호였다. 이미 대관 전부터 샤를마뉴와 그의 측근들은 자신들의 권력이 신의 가호 아래 기독교를 보호하고 확장하기 위한 임무를 띠고 성장해왔다고 대내외적으로 공언하고 있었다. 황제로 대관되면서 샤를마뉴는 단지 충실한 기독교 왕이며 로마 교회의 보호자가 아니라 모든 기독교 공동체의 보호자로 격상되었다. 샤를마뉴 생전에 만들어진 『로르슈 연대기(Annales Laureshamenses)』는 비잔틴의 통치권이 여성인 이레네의 손에 넘어가게 되면서 사실상 공위 상태가 만들어졌기 때문에, 교회는 새로운 보호자로서 샤를마뉴를 옹립했고 그를 새로운 황제로 대관했다고 주장한다.[29] 이는 마치 비잔틴 제국의 존재를 부정하려는 듯 들린다는 점에서 비잔틴 제국을 형제 기독교 제국으로 인정했던 공식적 입장과는 분명히 차이가 있

---

28 이에 관해서는 Siegfried Epperlein, *Karl der Große*, Berlin: VEB Deutscher Verlag der Wissenschaft, 1982(1972), pp. 70-71을 참조.

29 Dieter Hägermann, *Karl der Große: Herrscher des Abendlandes,* 9. ed., Berlin & München: Econ Ullstein List Verlag, 2000, pp. 424-425 및 Johannes Fried, *Karl der Große: Gewalt und Glaube*, München: C. H. Beck, 2013, p. 417.

다. 이러한 입장이 실제로 얼마나 지지를 얻었는지도 현재 남은 문서들로써 판단하기는 어렵다. 그러나 적어도 샤를마뉴의 시대 지배층의 일부는 샤를마뉴의 지위에 대한 이러한 과장된 주장에 어느 정도는 공감을 갖거나 지지를 보냈음에 틀림이 없다. 샤를마뉴가 앞서 보았듯 당대에 기독교 공동체를 의미하던 유럽의 "아버지" 혹은 "등대"로 그려지는 것은 이러한 맥락이다. 그렇게 이해된 유럽은 이제 하나의 정치적 중심과 대표자에 의해 통솔되는 정치공동체의 의미를 지니게 되었다. 유럽의 통솔자라는 것은 샤를마뉴와 그의 뒤를 이은 카롤링거 제국 황제들의 존재의미를 설명하는 중요한 개념이 된다.

이러한 정치종교적 공동체로서의 유럽이라는 용어는 9세기 이후 서유럽의 문헌들에서 사라진다. 가장 중요한 이유는 로마제국의 황제라는 칭호가 진화하여 점차 기독교 세계의 수장이라는 의미를 얻게 되었다는 데 있다. 앞서 보았듯 샤를마뉴와 그 측근들은 로마제국의 존재에 대해 알고 있었다. 그러나 그들은 그러한 제국이 여전히 자신들의 시대에 존재해야 한다거나 그를 되살리기 위해 노력해야 한다고 생각하지는 않았다. 그들에게 로마란 제국의 정통성을 좀더 드높일 수 있는 포인트 이상이 아니었다. 따라서 그들은 실효적 지배범위와 상관없이 로마의 황제라는 표현을 사용하였으며, 앞서 보았듯 상황에 따라서는 쉽게 이를 떼어버릴 수도 있었다. 그러나 오토 왕조로부터 살리 왕조를 거쳐 호엔슈타우펜 왕조에 이르러 완성된 제국의 이데올로기는 로마제국에 대한 구속사적 차원의 새로운 해석을 도입했다. 12세기부터 본격적으로 등장한 신성로마제국 (Sacrum Imperium Romanum)이라는 명칭의 '신성(神聖, sacrum)'이라는 형용어는 로마제국이 기독교 공동체의 정치적 외피로 이해되었음을 말해준다. 그에 따라 로마제국의 황제라는 표현이 기독교 공동체의 정치적 지도자와 같은 의미를 지니게 되었다. 정치종교적 공간을 나타내는 개념으로서 유럽은 로마제국이라는 개념과의 경쟁에서 도태된 것으로 보인다. 실제로 중세 성기와 후기의 문헌에서 유럽이라는 단어가 지리적 개념 이상의 의미로 사용되는 예를 찾기는 어렵다. 적어도 기독교 공동체 전체가 15세기에 미증유의 실존적 위협, 즉 콘스탄티노플의 함락과 오스만 투르크의 약진이라는 새로운 상황에 맞닥뜨릴 때까지는 그러했다.

III. 엔네아 실비오 피콜로미니와 근대 유럽 개념의 발전

교황 피우스 2세(Pius II), 속명 엔네아 실비오 피콜로미니(Enea Silvio Piccolomini)는 서유럽 사상사에서 두 가지 의미를 가지고 있다. 하나는 인문주의자로서 그가 갖는 위치이다. 피콜로미니는 성직자로서 평생 봉직했던 인물이 아니라 후에 성직에 들어서면서 1458년에는 교황의 자리에까지 오른 인물이다. 교황이 되기 전에 그는 인문주의 작가로서 꽤 알려져 있었으며, 1442년에는 계관시인의 영예를 얻기도 하였다. 더불어 그는 비잔틴 제국의 몰락이라는 현실 앞에서 새로운 십자군을 일으키기 위해 고군분투한 라틴 기독교세계의 수장이기도 했다. 그는 기독교 세계의 정치적 단합과 이교도에 대한 투쟁을 전면에 내세움으로써 중세 말 통합된 기독교 세계라는 아이디어를 확산하는 데 중요한 역할을 하였다. 그것이 서유럽 사상사에서 피콜로미니에 관심을 기울이게 되는 두 번째 이유이다.

여기서 우리가 관심을 갖는 부분은 그의 삶과 사상에서 방금 언급한 두 번째 측면이다. 그 이유는 그 안에서 유럽이라는 관념이 화두처럼 등장하기 때문이다.[30] 이와 관련한 피콜로미니의 생각은 특히 시에나(Siena) 주교로서 1454년 10월 15일 프랑크푸르트 제국회의에서 행한 『콘스탄티노폴리타나 클라데스 (Constantinopolitana clades)』라는 제하의 연설에서 집약적으로 나타난다. 연설의 앞부분에서 그는 당시의 기독교 세계의 내외상황을 "터키인들의 약진(Turcorum grandis victoria)", "그리스인들의 처참한 몰락(Graeorum extrema ruina)", "라틴인들의 이루 말할 수 없는 치욕(Lationorum summa infamia)"이라는 세 문구로 요약한다. 그가 염두에 두고 있는 것은 두말할 나위 없이 1453년에 일어난 메메드 2세(Mehmed II)의 콘스탄티노플 함락이었다. 피콜로미니가 여기서 사용하고 있는 세 집단의 구분은 당시의 정치 및 종교적 구분과 일치한다. 터키는 이슬람을 믿는 오스만 제국이며, 그리스는 정교를 따르는 비잔틴 제국, 라틴 세계는 로마가톨릭의 영향 아래 있는 서유럽의 여러 국가들을 의미한다.

이러한 세 세력의 구분은 별로 새로운 것이 아니었다. 다만 기억할 것은 서유럽 국가에서는 비잔틴 제국의 제권을 실질적으로는 인정하면서도 명분상으로는 흔쾌히 받아들이고 싶어 하지 않는 듯한

---

30 피콜로미니의 유럽 개념에 대한 소개로는 요하네스 헬름라트, 「중세의 유럽. 기독교 유럽의 문제」, 이옥연 외, 『유럽의 정체』, 서울대학교 출판문화원, 2011, pp. 1-37 참조. 국외 연구문헌으로서는 각주 1에서 언급한 Klaus Oschema, "Eine Identität in der Krise. Konstruktion des mittelalterlichen Europa," p. 31 이하.

태도가 지배적이었다는 사실이다. 이미 보았듯 기독교 세계를 대표하는 제권의 계보가 아예 샤를마뉴제국으로 옮겨왔다는 주장까지 등장하였다. 그리고 이러한 생각은 12세기부터 본격적으로 모습을 드러내는 제권전이이론으로 이어졌다.[31] 제권전이이론의 핵심은 비잔틴 제국이 교회를 보호하는 데 실패함으로써 그 정당성을 잃었고 제권의 정통성은 샤를마뉴의 제국으로부터 오토(Otto) 제국과 살리(Sali) 왕조의 제국을 거쳐 호엔슈타우펜(Hohenstaufen) 제국으로 이어지고 있다는 주장이다. 이러한 주장 아래에는 비잔틴 제국에 대한 강력한 견제의식, 심지어 그레코포비아(Grecophobia)라고 할 만한 적대감이 숨어 있었다.[32]

그러나 비잔틴 제국이 무너지고 오스만 제국의 위협이 목전에 다다른 상황에서 이러한 태도는 더 이상 견지되기 어려웠다. 미워할 경쟁자가 사라지고 더 큰 적이 눈앞에 등장하였기 때문이다. 그에 따른 태도 변화는 피우스 2세의 아래와 같은 언명에서 잘 나타난다.

기독교인의 위에는 두 명의 황제가 있었다. 하나는 라틴인들의 황제이며 다른 하나는 그리스인들의 황제이다. 이제 고결하던 그리스의 황제가 사라진 이 사태를 두고 기독교 세계의 두 눈으로부터 한 눈이 빠지고 두 손에서 한 손이 잘려나갔다는 말 이외에 무슨 말을 할

---

31 제권전이이론에 대해서는 Werner Goez, *Translatio Imperii: Ein Beitrag zur Geschichte des Geschichtsdenkens und der politischen Theorien im Mittelalter und in der frühen Neuzeit*, Tübingen: Mohr Siebeck, 1958 참조.

32 제권전이이론과 그레코포비아에 관해서는 Bee Yun, "Das Komische, das Moralische und das Politische. Der Pfaffe Amis in der Gedankenwelt der Stauferzeit," *Archiv für Kulturgeschichte* 102-1 (2020, forthcoming) 참조.

수 있겠는가?[33]

여기서 피콜로미니는 신성로마제국과 비잔틴 제국의 공존과 조화를 강조한다. 특히 중요한 것은 여기에 등장하는 신체의 메타포이다. 신체의 메타포는 중세 정치언설에서 한 질서의 당위성을 강조하는 의미를 지니고 있었다.[34] 가장 적절한 정치질서가 군주정인 것은 그것이 머리가 하나인 인간의 신체와 가장 유사하기 때문이며, 귀족정이나 민주정이 그보다 열등한 정치질서인 이유는 다수의 지배자를 인정함으로써 마치 여러 개의 머리를 가진 인간처럼 부자연스러운 신체를 만들기 때문이다. 이러한 맥락을 고려할 때 피콜로미니가 두 제국을 두 눈, 두 손에 비유할 때 그 안에 담긴 의미는 두 정치체의 병립이 단지 우연이나 혹은 극복되어야 할 어떤 것이 아니라 자연스럽고도 당연하다는 것이다. 아무리 그 안에 정치적 수사가 담겼다고 하더라도 이는 확실히 주목할 만한 주장이다.

우리가 눈여겨보아야 할 것은 이러한 맥락에서 피콜로미니가 유럽의 개념을 다시 불러내고 있다는 것이다.

---

33 Enea Sylvio Piccolomini (Pius II), *Oration "Constantinopolitana clades" of Enea Sylvio Piccolomini* (15 October 1454, Frankfurt), edited and translated by Michael Cotta-Schønberg, Final edition, 1st version. (Orations of Enea Silvio Piccolomini / Pope Pius II; 22), 2018, ⟨hal-01097147⟩, III: "Duos insuper Christiani habuerunt imperatores: alterum Latinum, alterum Graecum. Quid nunc Graeco cum sua nobilitate necato dicetis, nisi ex duobus Christianitatis oculis erutum esse alterum, ex duabus manibus alteram amputatam?"

34 이에 관해서는 Tilman Struve, *Die Entwicklung der organologischen Staatsauffassung im Mittelalter*, Stuttgart: Hiersemann, 1978.

진정 여러 세기 동안 기독교 공동체가 오늘보다 더 큰 치욕을 당한 일은 없다. 우리 선조들이 아시아와 아프리카, 즉 다른 지역에서 패배를 겪기는 했지만 오늘 우리는 우리의 조국, 우리의 집이며 우리의 터전인 유럽에서 도륙당하고 짓밟혔다. 만일 누군가 이미 투르크인들이 아시아에서 그리스로 온 것이 여러 해 전이며, 타타르인들이 타나이스 강(돈 강) 이편의 유럽 땅에 정착한 일이 있고 사라센인들도 헤라클레스의 바다(지브롤터 해협)를 건너 스페인의 일부를 점령하고 기독교인들에게 패배를 맛보게 했다고 말한다면, 나는 이제까지 우리가 콘스탄티노플에 필적할 만한 도시나 땅을 잃은 적도 또 유럽 땅에서 그토록 많은 기독교인들의 고결한 피를 이교도인들의 손에 흘린 일도 없다고 말하겠다.[35]

여기서 인용한 문장은 짧지만 그 안에 담긴 의미는 짧지 않다. 피콜로미니는 여기서 유럽을 조국, 터전, 집 등으로 지칭함으로써 지리적 개념 이상의 의미를 부여하고 있다. 피콜로미니에게 유럽은 지리적 명칭이 아니라 공동체를 나타내는 개념이다.[36] 그가 만들어낸, 유럽인을 의미하는 '에우로페이(Europei)'라는 신조어 역시 그에게 유

---

35 Piccolomini, op. cit., II: "Neque si verum fateri volumus, multis ante saeulis majorem ignominiam passa est, quam modo Christiana societas. Retroactis namque temporibus in Asia atque in Africa, hoc est in alienis terris, vulnerati fuimus: nunc vero in Europa, id est in patria, in modo propria, in sede nostra percussi caesique sumus. Et licet dicat aliquis ante plurimos annos ex Asia Turos in Agaeciam transivisse, Tartaro citra Tanaim in Europa consedisse, Sacracenos Herculeo mari trajecto Hispaniae portionem occupasse; numquam tamen aut urbem aut locum amisimus in Europa, qui Constantinopoli possit aequari."

36 Klaus Oschema, op. cit., p. 31.

럽은 단순한 지리적 개념이 아니라 여러 민족을 아우르는 특정한 인간 공동체의 의미를 지니고 있었음을 보여준다. 그 공동체는 기독교에 의해 종교적으로 통일되어 있으며, 그 통치는 두 명의 정치지도자에게 나누어 맡겨져 있다. 이것이 바로 피콜로미니가 그리고 있는 유럽의 상이다. 여기서 유럽은 다시금 정치종교적 공동체의 의미로 등장한다.

중요한 사실은 피콜로미니가 유럽인의 범주에 기독교인만이 아니라 이교 고대의 사람들도 포함하고 있다는 것이다.『콘스탄티노폴리타나 클라데스』보다 2년 앞서서, 다시 말해 콘스탄티노플이 함락되기 1년 전인 1452년 쓴 또 다른 연설문인『모이세스 비르 데이 (Moyses vir dei)』는 다음의 구절을 담고 있다.

유럽인들은 호전적이고 거칠며 평화를 모르기 때문에 만일 다른 이들과 싸우지 않는다면 서로 싸우게 된다. 이 때문에 스키피오 나시카는 평화를 얻은 로마인들이 서로를 공격하지 않을까 하여 카르타고를 파괴하지 말도록 했다.[37]

이 문장은 유럽인 안에 고대 공화정 시기의 로마인들을 포함시키

---

37 Enea Silvio Piccolomini, Oration "Moyses vir Dei" of Enea Silvio Piccolomini (24 April 1452, Rome), edited and translated by Michael von Cotta-Schönberg, Final edition, 1st version. (Orations of Enea Silvio Piccolomini / Pope Pius II: 19), 2018, 〈halshs-01064759〉, II.: "Martiales enim et feroces Europae populi nescientes quiescere. Nisi adversus exteros proelientur, in sese ruunt. Qua ratione ductus olim vir senatorius quidam excidi Carthaginem prohibebat, ne pacem habentes in circuitu Romani manus in se verterent."

고 있다. 즉, 그에게 유럽인은 기독교화되기 이전 시기부터 피콜로미니가 활동하던 시기까지 활동했던 모든 인간들을 아우른다. 이는 후세에 『유럽에 관하여(De Europa)』라고 이름 붙여진 인문지리 저작에서도 나타난다. 이 작품에서 피콜로미니는 이교 고대에서 시작하여 유럽 각 국가들과 민족들의 역사를 서술함으로써 그의 유럽인 개념이 사실상 기독교 공동체의 구성원과 단순 등치될 수 없는 것임을 보여준다.[38]

피콜로미니가 이와 같은 유럽과 유럽인이라는 관념을 통해 무엇을 이야기하고자 하였는가에 대한 대답은 그들 안에 담긴 수사적 포텐셜에서 찾아져야 한다. 이는 아래의 문장에서도 나타난다.

법률을 발견하고 문화를 키워냈으며 모든 뛰어난 학예의 스승인 그리스는 어떤가? 누가 오늘날 고통받고 억눌리고 짓밟힌 이 민족에 동정을 보내지 않겠는가? 한때 그들의 제국은 비단 마케도니아의 알렉산더와 그의 후손만이 아니라도 아테네와 테베와 스파르타 아래서 강력하고 융성했건만, 오늘날은 유약한 터키인들에게조차 굴종하도록 사방에서 내몰리고 있지 않은가?[39]

38 Enea Silvio Piccolomini, *Enee Silvii Piccolominei postea Pii PP. II De Europa*, edited and commented by Adrianus van Heck, Vatican: Biblioteca Apostolica Vaticana, 2001. 독일어 역은 *Europa*, edited by Günter Frank and Paul Metzger, Translated by Albrecht Hartmann, Heidelberg/ Ubstadt-Weiher/ Basel: regional-kultur, 2005.

39 Ibid., X: "Sed quid Graecia, litterarum mater, inventrix legum, cultrix morum, atque omnium bonarum et optimarum artium magistra? Quem non misereat illius gentis afflictae, conculcatae, pessumdatae, cujus imperium non solum sub Alexandro Macedone suisque successoribus, sed sub Atheniensibus, Thebanis, Spartanis olim et floren- tissimum et potentissimum fuit, nunc vilibus effeminatisque Turcis cogitur oboedire?"

이교 고대로부터 통시적으로 파악된 역사 속에서 오늘날 그리스인이 겪고 있는 고통은 더욱더 강렬한 톤으로 채색된다. 동시에 비참한 현재와 대비된 찬란한 과거는 오늘날의 고통이 결코 극복할 수 없는 숙명이 아니라는 것을 말해준다.

아이러니한 것은 피콜로미니가 이와 같이 종교를 초월하는 유럽 인간의 역사적 연대성을 강조하는 가운데 정치종교적 공동체로서 유럽 개념을 넘어 역사적으로 형성, 진화해온 정치적·문명적 공동체로 바라볼 수 있는 길을 열었다는 것이다. 피콜로미니가 기독교 공동체로서의 정체성을 포기할 수 있다고 본 것은 물론 아니었다. 그가 교회의 주요 인물로서 활동하고 있었다는 점은 차치하고서라도 중세 이래 기독교 공동체로서 서유럽의 정당성은 의심받지 않았다. 그의 입장이 함축하고 있는 바는 정치종교적 공동체로서 유럽의 전사(前史)로서 이교적 고대 역시 포함되어야 한다는 것이다.

여기서 보이는 새로운 유럽 개념은 오스만 제국과의 대립이 지속되는 16세기로 흘러들어갔다. 그러한 유럽 개념의 영향은 1528~1529년간에 그려진 알브레히트 알트도르퍼(Albrecht Altdorfer)의 〈알렉산더의 이소스 전투(Alexanderschlacht bei Issos)〉(그림 1-1)에서 나타난다. 이 그림에서 투르크의 진격 앞에 위협받는 유럽의 현실에 대한 자위이자 동시에 극복을 위한 격려로서 이교 고대를 소환하고 있다는 점에서 알트도르퍼는 피콜로미니와 유사점을 보인다. 그림의 역사적 배경은 기원전 333년 마케도니아의 알렉산더 대왕이 소아시아로 건너가 아케메네스 제국의 다리우스 3세(Darius III)를 상대로 벌인 이소스(Issos)의 전투이다. 알렉산더의 아시아 정복전의 교두보가 된 이 전투를 알트도르퍼는 대륙과 문명 간의 대결

그림 1-1 알브레히트 알트도르퍼(Albrecht Altdorfer), 〈알렉산더의 이소스 전투(Alexanderschlacht bei Issos)〉, 알테 피나코텍(Alte Pinakotek), 뮌헨, 1528-1529

이라는 구도에서 파악하고 싶어 했다. 그래서 그는 의도적으로 원근법과 비례관계를 무시한 채 군이 그려 넣을 필요가 없는 지중해와 홍해, 아프리카까지 화폭 안에 표현하였다. 두 군대가 격돌하고 있는 장소는 소아시아이다. 저 너머로는 지중해가 보이고 가운데에는 키프로스 섬이 있다. 그 섬의 뒤로는 나일강의 델타가 펼쳐져 있고 이는 좁은 지협으로 아시아와 이어져 있다. 지협 너머에는 다시 홍해가 보인다. 이러한 그림의 구도는 이 전투가 아시아에서 벌어졌다는 것을 강조하기 위해 택한 것으로 보인다. 주의해서 볼 것은 가운데에서 전투를 벌이고 있는 두 군대의 복장이다. 알트도르퍼는 1800년이 넘는 시간의 차이를 무시하고 알렉산더의 군대와 다리우스의 군대를 16세기 유럽군대와 투르크군의 복장을 하고 있는 것으로 그렸다. 이러한 아나크로니즘은 알트도르퍼가 이 전투를 당시 투르크와의 대결구도 안에서 파악했음을 보여준다. 이 그림이 기획된 1529년은 슐레이만(Suleiman) 대제가 이끄는 투르크군이 비엔나 포위전을 벌였던 해이다. 이 작품은 당시 증대하는 투르크의 압박을 앞에 두고 이교 고대가 어떻게 프로파간다적 목적을 가지고 전용되었는가를 보여주는 예이다. 그림의 왼쪽 아시아의 하늘에 높이 뜬 초승달은 투르크의 깃발에 새겨진 문양으로서 투르크를 상징한다. 오른쪽 나일강 위로 떠오르는 해는 이 달이 비록 지금은 높이 떠있지만 이내 곧 사라지게 될 것임을 암시한다. 여기서 알트도르퍼의 그림은 현재 벌어지고 있는 유럽과 아시아의 대결이 어떤 결말을 보게 될 것인가에 대한 예언에 가까운 메시지를 담는다.

IV. 맺으며

이제까지 본 연구는 중세 유럽 개념의 형성과 발전에 있어서 가장 중요한 두 순간, 즉 8세기 후반부터 9세기 샤를마뉴 제국의 성립에 이르는 시기에 발전했던 정치종교적 공간 개념으로서의 유럽 개념의 발전과 그러한 유럽 개념이 15세기 중반 오스만 투르크와의 대결에 따른 긴장 속에서 부활하는 두 순간을 추적하였다. 그리고 후자의 발전 과정에서 어떻게 종교적 공동체관을 뛰어넘는, 보다 역사적이고 문화와 문명의 공통점에 초점을 두는 유럽 개념의 단초가 마련되는가를 논하였다. 일반적으로 유럽 개념의 발전을 다룰 때 고대로부터의 인종, 종교 및 기타 문화적 공통점과 그 연속성에 대해 지나친 강조를 하는 경우가 많다. 그러나 어떠한 정체성의 관념도 직선으로 자라나지 않듯이 유럽 혹은 유럽인이라는 정체성의 관념도 많은 변화를 겪어왔다. 그리고 그러한 변화를 불러일으키는 요인들 중 정치적 갈등요인이 큰 역할을 했다.[40]

오늘날의 유럽 역시 고정된 정체성의 개념을 반복하고 곱씹고 있는 것은 아니다. 지난 그리스 부채위기나 오늘날 브렉시트와 같은 정치적 사건들은 무엇이 유럽이고 무엇이 비유럽인지에 대해 지속적인 질문을 던지게 한다. 그리고 그 안에서 조금씩 유럽이 새롭게 정의되어 나아간다. 본 연구에서 살펴본 종교정치적 공간으로서의 유럽 개념의 탄생과 발전은 그러한 점에서 오늘날 유럽의 발전의 동인과 미래의 지향을 둘러싼 논의에 시사하는 바가 있다고 할 수 있다.

40　이에 관해서는 윤 비(2010: 25-44; 2014: 279-306) 참조.

참고문헌

김봉철. 2001. "고대 그리스에서의 유럽의 형성 과정에 관한 역사적 분석 – 유럽 개념의
    탄생과 변천 과정을 중심으로." 『역사학보』 170집. 205-233.
아리스토텔레스. 2017. 『정치학』. 김재홍 역. 서울: 도서출판 길.
요하네스 헬름라트. 2001. "중세의 유럽. 기독교 유럽의 문제." 이옥연 외, 『유럽의 정체』.
    서울: 서울대학교 출판문화원. 1-37.
윤 비. 2010. "유럽여제: 근대 초 의인화된 유럽의 알레고리와 정치적 레토릭."
    『한국정치학회보』 44-4. 25-44. (이옥연 외, 2011, 『유럽의 정체』, 서울대학교
    출판문화원에 재수록).
_____. 2014. "대륙의 알레고리와 패권의 프로파간다: 근대 유럽의 권력정치와 상징정치."
    『유럽연구』 32-4. 279-306.
이득수. 1994. "카롤링거 시의 '유럽(Europa)'의 개념." 『중세 문학』 2집. 23-39.
_____. 2003. "Mythos und Wirkung des Europa-Gedankens im Mittelalter." 『서양
    고전학연구』 19집. 117-153.
장–바티스트 뒤로젤. 2003. 『유럽의 탄생』. 이규현, 용재 역. 경기: 지식의 풍경.
투키디데스. 2011. 『펠로폰네소스 전쟁사』. 천병희 역. 경기: 도서출판 숲.
헤로도토스. 2016. 『역사』. 김봉철 역. 서울: 도서출판 길.

Anonymous. 1881. *Karolus Magnus et Leo papa*. Ernst Dümmler ed., MGH PLMA I.
    Berlin: Weidmannos. 368-379.
Alcuin. 1895. *Epistolae*. no. 7. Ernst Dümmler ed., *Epistolae Karolini Aevi II*, MGH
    Epistolae IV. Berlin: Weidmann.
Barbero, Alessandro. 2004. *Carlo Magno: un padre dell'Europa*. Roma: Laterza.
Becher, Matthias. 2002. "Die Kaiserkrönung im Jahr 800. Eine Streitfrage zwischen Karl
    dem Großen und Leo III." *Rheinische Vierteljahrsblätter* 66. 1-38.
Classen, Peter. 1988. *Karl der Große, das Papsttum und Byzanz*. Horst Fuhrmann and
    Claudia Märtl eds. Sigmaringen: Jan Thorbecke.
Den Boer, Pim et al. (eds.). 1995. *The History of the Idea of Europe*. London:
    Routledge.
Epperlein, Siegfried. 1982(1972). *Karl der Große* (9ed). Berlin: Deutscher Verlag der
    Wissenschaften.
Fischer, Jürgen. 1957. *Oriens-Occidens-Europa: Begriff und Gedanke "Europa" in der
    Späten Antike und im Frühen Mittelalter*. Wiesbaden: Franz-Steiner Verlag.
Fried, Johannes. 2013. *Karl der Große: Gewalt und Glaube*. München: C. H. Beck.
Garipzanov, Ildar H. 2008. *The Symbolic Language of Royal Authority in the
    Carolingian World* (c.751-877). Leiden: Brill.
Goez, Werner. 1958. *Translatio Imperii: Ein Beitrag zur Geschichte des Geschichts-
    denkens und der politischen Theorien im Mittelalter und in der frühen Neuzeit*.

Tübingen: Mohr Siebeck.

Gollwitzer, Heinz. 1964. *Europabild und Europagedanke. Beiträge zur deutschen Geistesgeschichte des 18. und 19.* Jahrhunderts. München: C. H. Beck'sche Verlagsbuchhandlung.

Hägermann, Dieter. 2001(2000). *Karl der Grosse: Herrscher des Abendlandes* (3ed.). Berlin: Propyläen Verlag.

Hartmann, Andreas. 2003. "Im Osten nichts Neues. Europa und seine Barbaren seit dem V. Jahrhundert v. Chr.." Andreas Michler and Waltraud Schreiber eds., *Blicke auf Europa: Kontinuität und Wandel.* Neuried: Ars Una. 31-79.

Hay, Denys. 1957. *Europe: The Emergence of an Idea.* New York: Harper and Row Publishers.

Hurten, Heinz, 2003. "Europa als Begriff politischer Orientierung." Andreas Michler and Waltraud Schreiber eds., *Blicke auf Europa: Kontinuität und Wandel.* Neuried: Ars Una. 189-198.

Isidore of Seville. 1911. *Isidori Hispaniensis episcopi Etymologiarum sive Originum libri XX.* W. M. Lindsay ed. Oxford: Oxford University Press.

_____. 2006. *The Etymologies of Isidore of Seville.* Stephen A. Barney, W. J. Lewis, J. A. Beach and Oliver Berghof trans. Cambridge: Cambridge University Press.

Jordan, William Chester. 2002. "'Europe' in the Middle Ages." Anthony Pagden ed., *The Idea of Europe: From Antiquity to the European Union.* Cambridge: Cambridge University Press. 72-90

Leyser, Karl J. 1992. "Concept of Europe in the Early and High Middle Ages." *Past and Present* 137. 25-47.

Malitz, Jürgen. 2003. "Imperium Romanum und Europagedanke." Andreas Michler und Waltraud Schreiber eds., *Blicke auf Europa: Kontinuität und Wandel.* Neuried: Ars Una. 79-101.

Mayr-Harting, Henry. 1996. "Charlesmage, the Saxons and the Imperial Coronation of 800." *English Historical Review* 111. 1113-1133.

Nelson, Janet L.. 2014. "Pater Europae? Karl der Große und Europa." Frank Pohle ed., *Karl der Grosse, Charlemagne: Orte der Macht.* Dresden: Sandstein kommunikation. 432-441

Ohnsorge, Werner. 1963. "Das Kaisertum der Eirene und die Kaiserkrönung Karls des Großen." *Saeculum* 14-2. 221-247.

Ohnsorge, Werner. 1975. "Neue Beobachtungen zum Kaisertitel Karls des Großen." *Archiv für Diplomatische Geschichte* 21. 1-14.

Oschema, Klaus. 2001. "Der Europa-Begriff im Hoch- und Spätmittelalter." *Jahrbuch für Europäische Geschichte* 2. 191-234.

_____. 2006. "Europa in der mediävistischen Forschung – eine Skizze." R. C Schwiges, Christian Hesse and Peter Moraw eds., *Europa im späten Mittelalter.* Oldenbourg: Wissenschaftsverlag. 11-32.

_____. 2007. "Eine Identität in der Krise. Konstruktion des mittelalter- lichen Europa." Christian Dartmann und V. Meyer eds., *Identität und Krise? Zur Deutung vormoderner Selbst-, Welt- und Fremderfahrungen.* Münster: Rhema. 23-43.

Paravicini Bagliani, Agostino. 2016. "Carlo Magno e il concetto d'Europa." Ileana Pagani and Francesco Santi eds., *Il secolo di Carlo Magno: Istituzioni, letterature e cultura del tempo carolingio*. Firenze: Tavarnuzze. 3-8.

Piccolomini, Enea Silvio (Pius II). 2001. *Enee Silvii Piccolominei postea Pii PP. II De Evropa*. Adrianus van Heck ed. and comment. Vatican: Biblioteca Apostolica Vaticana.

_____. 2005. *Europa*. Günter Frank and Paul Metzger eds., Albrecht Hartmann trans. Heidelberg/ Ubstadt-Weiher/, Basel: regional- kultur.

_____. 2018. *Oration "Constantinopolitana clades" of Enea Sylvio Piccolomini* (15 October 1454, Frankfurt). Michael Cotta-Schønberg ed. and trans., Final edition, 1st version. (Orations of Enea Silvio Piccolomini / Pope Pius II; 22) ⟨hal-01097147⟩.

_____. 2018. *Oration "Moyses vir Dei"of Enea Silvio Piccolomini* (24 April 1452, Rome) Michael von Cotta-Schönberg ed. and trans., Final edition, 1st version. (Orations of Enea Silvio Piccolomini / Pope Pius II; 19), ⟨halshs-01064759⟩.

Schieffer, Rudolf. 2004. *Neues zur Kaiserkrönung Karls des Großen*. München: Bayerische Akademie der Wissenschaften.

_____. 2006. "Konzepte des Kaisertums." Bernd Scheidmüller and Stefan Weinfurter eds., *Heilig-Römisch-Deutsch. Das Reich im mittelalterlichen Europa*. Dresden: Sandstein Kommunikation. 44-56.

_____. 2014. "Karl der Große und Europa." Barbara Segelken ed., *Kaiser und Kalifen: Karl der Große und die Mächte am Mittelmeer um 800*. Darmstadt: Deutsches Historisches Museum. 322-329

_____. 2018. "Karl der Große und das Kaiserreich der Griechen." Rolf Grosse and Michel Sot eds., *Charlemagne: Les temps, les espaces, les hommes. Construction et déstruction d'u règne*. Turnout: Brepols. 283-290.

Schmale, Wolfgang. 2000. *Geschichte Europas*. Köln: Böhlau Verlag.

_____. 2008. *Geschichte und Zukunft der Europäischen Identität*. Stuttgart: W. Kohlhammer Verlag.

Schneidmüller, Bernd. 1997. "Die mittelalterliche Konstruktionen Europas." H. Duckhardt and A. Kunz eds., *Europäische Geschichte als historiograp- hisches Problem*. Mainz: Verlag Philipp von Zabern. 5-23

Schulze, Winfried. 1997. "Europa in der frühen Neuzeit-begriffsgeschichtliche Befunde." H. Duckhardt and A. Kunz eds., *Europäische Geschichte als historiographisches Problem*. Mainz: Verlag Philipp von Zabern. 35-65.

Scottus, Sedulius. 1991. *Carmina*. Jean Meyers ed., Corpus Christianorum Continuatio Mediaevalis, vol. 117. Turnhout: Brepols.

Segl, Peter. 1993. *Karl der Große und die Grundlegung Europas*. Abensberg: Verlag der Weltenberger Akademie.

Struve, Tilman. 1978. *Die Entwicklung der organologischen Staatsauffassung im Mittelalter*. Stuttgart: Hiersemann.

Von Pfeil, Sigurd Graf. 1959. "Der Augustus-Titel der Karolinger." *Die Welt als Geschichte: Eine Zeitschrift für Universalgeschichte* 19. 194-210.

Wintle, Michael. 2009. *The Image of Europe: Visualizing Europe in Cartography and Iconography throughout the Ages.* Cambridge: Cambridge University Press.

Yun, Bee. 2020. "Das Komische, das Moralische und das Politische. Der Pfaffe Amis in der Gedankenwelt der Stauferzeit." *Archiv für Kulturgeschichte* 102-1(2020. forthcoming).

유럽정체성의 규범적 기초
— 하버마스의 헌정적 애국주의를 중심으로[1]

김준석(가톨릭대학교)

I. 들어가며

앤드류 모라브칙(Andrew Moravcsik)에 의하면 유럽통합의 본질은
"민주주의 국가들이 경제적인 목적을 위해 평화적인 방법으로 추구
하는 전형적인 근대적 권력정치"(Moravcsik, 1998: 5)로 정의될 수
있다. 하지만 오늘날 유럽연합은 몇몇 심각한 위기에도 불구하고 통
합의 진전과 함께 국제기구 혹은 국가 간 지역 협의체의 수준을 넘
어 하나의 정체(政體)로서의 모습을 갖추어가고 있다. 통합의 어젠
다 역시 회원국들 간 경제적 이해관계를 협의하고 조율하는 데 국
한되지 않고 정치적으로 보다 민감한 분야로 확대되고 있다. 외교-
안보 분야에서의 협력을 명문화하고 제도화한 유럽안보방위정책

---

1   이 장은 『국제·지역연구』 제18권 제4호(2009년 겨울호)에 게재되었던 논문을 부분 수정
    한 것이다.

(ESDP)을 유럽연합이 새롭게 관심을 표명하기 시작한 대표적인 어젠다로 꼽을 수 있다.

이러한 추세에 발맞추어 최근 통합 유럽의 정체성 문제에 대한 관심이 높아지고 있다. 오늘날 유럽연합은 회원국 정부들뿐만 아니라 각 회원국 시민들, 즉 유럽시민들의 자발적인 협력을 끌어내야 할 필요성에 직면하고 있으며, 이에 따라 서로 다른 정치적·민족적·문화적 배경을 가진 시민들에게 일정한 소속감을 불러일으킬 방안이 다양하게 제시되고 있다. 특히 2005년 프랑스와 네덜란드의 국민투표에서 유럽헌법안이 부결되고, 회원국 확대에 대한 기존 회원국 시민들의 불만이 고조되는 등 이른바 "정당성의 위기"는 정체성의 문제를 시급한 현안으로 만들고 있다. 이와 관련하여 자크 들로르(Jacques Delors) 전 유럽집행위원장은 "공동시장과 사랑에 빠지기는 매우 어렵다. 무엇인가 다른 것이 필요하다"(Laffan, 1996: 95에서 재인용)고 언급하기도 했다. 최근 들어 유럽정체성에 관한 다양한 연구 성과가 쏟아져 나오고 있는 상황은 이러한 현실을 반영한 것이라 할 수 있다(e.g. 조홍식, 2005; Checkel and Katzenstein, 2009).

여기서 우리의 주목을 요하는 한 가지는 유럽정체성을 오로지 '문제해결'의 차원에서만 이해할 수는 없다는 것이다. 물론 전 유럽 차원에서 정체성을 구축하는 것은 정당성의 위기에 대처하는 데 유용한 수단이 될 수 있다. 하지만 정체성을 통해 시민들 사이의 연대의식을 촉진하는 것은 유용성 여부를 떠나 그 자체로 바람직한 통합의 목표이기도 하다. 각 회원국 시민들이 유럽 시민으로서 동질감과 소속감을 느끼게 하기 위해 유럽정체성을 촉진하는 것이 규범적으로 바람직한 목표라는 것이다. 이는 "민주주의 결여(democratic deficit)"문제를 해결하기 위해 일반시민들이 통합과정에 더 많이 참여하고 더 큰 목소리를 내도록 하는 것을 목적으로 하는 유럽연합의 "민주화"가 그 자체로 바람직하고 가치 있는 목표인 것과 마찬가지이다(김남국, 2004). 유럽정체성의 문제에 있어서도 정체성의 현실적인 가능성을 탐색하거나 정체성의 형성을 촉진할 수 있는 구체적인 방안 등을 모색하는 데 그치지 않고 정체성의 규범적인 측면을 체계적으로 탐색하는 것이 필요하다. 즉, 유럽정체성의 규범적인 기초를 이해하는 것이 필요하다.

다음에서는 바로 이러한 작업에 도전한다. 다음의 연구는 유럽정체성의 현실과 전망을 경험적인 차원에서 설명하는 대신 보다 일반적이고 추상적인 차원에서 규범적으로 바람직한 정체성의 내용과 형태를 규명하는 데 초점을 맞춘다. 이를 위해 다음에서는 우선 위르겐 하버마스의 헌정적 애국주의 개념에 주목한다. 독일의 저명한 정치, 사회철학자인 하버마스는 이 개념을 통해 합리적이고 보편적인 유럽정체성의 가능성을 제시하고자 했다. 하버마스는 이러한 새로운 종류의 정체성을 통해 배타적이고 공세적인 민족주의, 국가주의의 부정적인 유산을 극복하고자 했다. 이러한 하버마스의 시도는 야심적이지만 그만큼 큰 어려움에 봉착해 있다. 자신이 속한 민족공동체, 국가공동체에 대한 보편적, 합리적인 정체성으로서 헌정적 애국주의가 해결하기 매우 힘든 딜레마를 제기하기 때문이다. 우리는 크게 두 가지 문제에 부딪히게 된다. 첫째, 헌정적 애국주의는 현실적으로 과연 실현가능한가? 둘째, 헌정적 애국주의는 어떤 근거에서 규범적으로 정당한가? 헌정적 애국주의의 규범적 기초를 어떻게 설명할 수 있는가? 첫 번째 질문에 대해 하버마스는 자신의 사회이론에 호소하여 나름대로의 답변을 시도한다. 하지만 두 번째 질문에 대해 하버마스는 그다지 설득력 있는 답변을 내놓지 못하고 있고, 이는 헌정적 애국주의 개념을 둘러싼 혼란의 한 원인이 되고 있다.

문제의 핵심은 다음과 같다. 헌정적 애국주의는 보편적인 불편부당성을 규범적인 이상으로 삼는다. 하지만 그와 동시에 헌정적 애국주의는 각자가 속한 공동체와 그 구성원들에 대한 충성과 헌신의 태도를 의미하기도 한다. 이처럼 상충하는 태도를 동시에 포함하는 헌정적 애국주의는 이율배반적이다. 헌정적 애국주의가 불편부당성을 지향하는 한 특정 공동체에 대한 충성과 헌신의 규범적 지위는 모호한 채로 남을 수밖에 없다. 역으로 공동체에 대한 충성과 헌신의 태도로서 헌정적 애국주의가 지향하는 불편부당성의 이상은 매우 위태롭게 보인다. 헌정적 애국주의의 이와 같이 상호모순적인 두 측면을 화해시키거나 적어도 양립가능하게 만들 수 있는 방안은 무엇인가?

필자가 보기에 이러한 딜레마에 적절하게 대처하기 위해 하버마스 자신의 논의를 넘어 국제규범이론의 틀에서 헌정적 애국주의의 규범적 정당성을 조명하는 것이 필요하다. 본 논문에서는 특히 세계시민주의와 공동체주의의 스펙트럼에서 정체성의 문제를 설명하는 규범이론들의 주장을 살펴보고 헌정적 애국주의를 그러한 논의의 연장선상에 위치시킴으로써 위의 딜레마에 대한 답변을 모색해보고자 한다. 이러한 시도를 통해 우리는 유럽정체성의 문제를 보다 잘 이해할 뿐만 아니라 "정체성의 윤리학" 일반에 대해 체계적으로 생각해볼 수 있는 기회를 얻을 수 있을 것이다.

본 장은 다음의 순서로 구성된다. 2절에서는 유럽정체성에 관한 기존 논의를 간략하게 개관한다. 3절에서는 헌정적 애국주의에 관한 하버마스의 논의를 살펴보는데, 주로 새로운 정체성의 현실적인 가능성에 관한 하버마스의 주장에 주목한다. 4절에서는 헌정적 애국주의의 규범적 기초를 국제규범이론의 틀에서 살펴본다. 특히 규범적 정당성의 측면에서 헌정적 애국주의의 세계시민주의적인 측면과 애국주의적인 측면의 화해가 어떻게 가능한지의 질문에 대한 답변을 모색한다.

II. 유럽정체성에 관한 기존 논의

최근 들어 유럽통합과정에서 유럽정체성의 중요성에 대한 관심이 증가하고 있다. 가장 일반적인 차원에서 정체성은 어느 한 개인이나 집단을 다른 개인이나 집단으로부터 구분해주는 일련의 특징들을 의미한다. 즉, "나"와 "타인", "우리"와 "그들"을 구분해주는 속성들을 의미한다. 특히 일정 규모 이상의 집단 혹은 공동체의 경우 정체성은 공통의 속성을 정의함으로써 다른 집단, 다른 공동체로부터 스스로를 구별 짓는 이중의 과정을 통해 획득된다. 이러한 '구별짓기'로서의 정체성이 중요한 것은 개인의 경우에는 정체성이 타인과의 상호작용에 필수적인 사회적 맥락을 제공해주기 때문이고, 집단이나 공동체의 경우에는 공동의 목표나 계획을 추진하고 실현하는 데 필요한 정서적 유대의 기반을 제공해주기 때문이다.

유럽통합과정에서 정체성의 문제에 대한 관심이 증대하고 있는 것은 통합의 범위가 더 이상 경제협력의 촉진에 국한되지 않고 정치적으로 민감한, 특히 회원국의 주권유지에 핵심적이라 간주되는 영역으로 확대되어온 데 기인한다. 이와 같은 권한확대는 다른 무엇보다도 유럽연합의 제도와 관행에 대한 이른바 "정당성의 위기" 혹은 "정당성의 결핍"의 문제를 초래했다. 이는 유럽연합이 회원국 개개 시민들의 행동의 자유를 제약하는 정책과 규정을 만들어내고 일상의 세세한 부분에까지 영향력을 행사하게 됨에 따라 시민들이 그러한 제약과 영향력을 인정하고 수용해야 하는 이유와 근거에 대해 회의적이고 비판적인 태도를 취하기 시작했기 때문이다(Føllesdal, 2006: 442).

유럽정체성은 바로 이와 같은 정당성의 문제를 어떤 식으로든 해결해야 할 필요성이 제기되면서 관심의 대상이 되었다(Eriksen and Fossum, 2004: 441-443). 제도나 공동체에 대한 일차적인 소속감, "우리라는 의식 혹은 느낌"이야말로 정당성의 요구를 가장 만족스럽게 충족시킬 수 있는 경로를 제공하기 때문이다. 우선 경험적인 차원에서 보면 오늘날 유럽연합의 회원국 시민들은 상당한 정도로 유럽연합에 대한 소속감, 일체감을 피력하고 있음을 알 수 있다. 예를 들면, 지난 2004년에 실시된 한 여론조사 결과에 따르면 약 47%의 유럽인들이 스스로를 영국인, 프랑스인, 이탈리아인임과 동시에 유럽인인 것으로 정의한 것으로 나타났다. 이에 반해 자신의 국가에 대한 소속감만을 밝힌 유럽인의 비율은 41%에 그쳤다(European Commission, 2005: 94).[2]

2 물론 이러한 결과는 보다 신중하게 평가될 필요가 있다. 특히 만일 유럽통합이 중단되는 경우 어떤 반응을 보일지를 묻는 질문에 매우 유감스러울 것이라고 답변한 이들은 전체 응답자의 39%에 그친 반면, 43%의 응답자는 그다지 큰 관심사가 아닐 것이라고 답변했으며, 또 매우 안심이 될 것이라고 답변한 이들의 비율도 13%에 달했다는 사실에 주목할 필요가 있다(European Commission, 2005: 86). 이와 함께 자신의 조국과 유럽에 대한 애착

경험적인 차원을 넘어 보다 일반적인 차원에서 유럽정체성을 이해하고 그 전망을 예측하는 데 있어서 우리는 두 가지 문제에 부딪히게 된다. 먼저 유럽정체성과 민족정체성 또는 국가정체성(national identity)으로 개념화되는 민족과 국가에 대한 정체성, 이 양자 간의 관계를 어떻게 설정할 것인가의 문제가 대두된다. 민족과 국가는 이전과 같이 정체성의 가장 중요한 원천으로 남을 것인가, 아니면 전 유럽 차원의 새로운 초국가 정체성이 기존 정체성을 대체할 것인가? 많은 이들은 두 수준의 정체성이 다양한 방식으로 공존할 수 있다고 믿는다. 하지만 유럽정체성의 등장에 회의적인 견해를 피력하는 이들 역시 다수 존재한다. 이들은 다음의 세 가지 이유를 든다.

첫째, 회의론자들은 유럽통합의 성격과 역할은 매우 제한적이며 따라서 유럽연합이 기존의 민족정체성을 대체할 만한 초국가적 정체성의 주체가 되는 것은 현실적으로 그리 가능해 보이지 않는다는 점을 지적한다. 특히 유럽 연합은 기본적으로 경제협력을 위한 제도이고, 평균적인 유럽인들이 통합을 통해 주로 기대하는 것은 이동과 여행의 자유, 고용과 교육기회의 확대, 소비자 선택의 확대 등 극히 실용적인 부문에 국한되어 있다는 사실을 감안하면 이 제도에 대한 독자적인 충성심, 일체감을 기대하기는 어렵다. 데이비드 밀러(David Miller)가 지적했듯이 "소비패턴의 수렴이 반드시 정치적 정체성의 수렴을 동반하지는 않는다"(Miller, 1995: 157-158).

둘째, 국가정체성, 민족정체성은 흔히 생각되는 것보다 매우 견

심을 묻는 질문에 전자에 대해서는 92%의 유럽인들이 애착심을 가지고 있다고 밝힌 반면, 후자에 대한 애착심을 밝힌 이들의 비율은 67%에 지나지 않았다는 점 역시 기억할 필요가 있다(Ibid.: 103).

고하고 탄탄한 기초 위에 서 있다는 점을 기억할 필요가 있다. 이와 함께 새로운 유럽정체성의 형성이 매우 어렵고 오랜 시간을 요할 수 있다는 점 역시 기억할 필요가 있다. 이러한 점은 특히 모든 정체성은 유동적이고 가변적이라는 전제하에서 유럽에서 국가와 민족에 대한 정체성이 "상상"되고 "구성"되었음을 주장하는 최근의 연구동향에 비추어 강조될 필요가 있다. 정체성에 관한 "구성주의적" 시각에서 유럽정체성의 문제를 바라보는 이들은 만일 모든 정체성이 인위적으로 만들어진 것이라면 국가와 민족에 대한 유럽인들의 정체성이 상황의 변화에 관계없이 고정불변하리라 볼 수 있는 근거는 없으며, 또 유럽연합 혹은 통합유럽에 대한 정체성이 수월하게 구성되리라고 믿지 않을 이유도 없다고 지적한다.

이러한 지적에 대해 앤서니 스미스(Anthony Smith)와 같은 이는 기존 유럽의 민족국가는 그가 '에스니(ethnie)'라고 부르는 근대 이전부터 지속되어온 역사-문화 공동체에 그 뿌리를 두고 있다고 주장한다(Smith, 1992; 1993). 구성주의자들이 주장하듯이 정체성의 기반이 전적으로 유동적이고 가변적이지만은 않다는 것이다. 마찬가지로 공통의 역사-문화 공동체에 기반을 두지 않은 유럽정체성이 현실에 뿌리를 내릴 가능성은 그리 높지 않다. 유럽정체성에는, 스미스의 표현을 빌리자면, 민족정체성에서 발견되는 것과 같은 "정서적인 결속력과 역사적인 깊이"가 결여되어 있기 때문이다(Smith, 1992: 62). 스미스의 견해에 동의하지 않더라도 민족정체성의 지속가능성에 회의적일 필요는 없다. 설령 정체성이 상상되고, 구성되었더라도 일단 제도와 관행 속에 구체화되면 일종의 관성을 획득하기 때문이다. 정체성을 의식과 의미의 차원으로 국한시켜 그 객관적인 존재로서의 성격을 간과하지 말아야 한다(Cederman, 2001: 150-152, 157-163).

마지막으로, 유럽정체성의 등장에 회의적인 이들에 따르면 기존의 민족정체성을 초국가정체성으로 대체하는 것은 규범적인 차원에서 바람직하지 않다. 여기에는 여러 가지 이유가 있는데 가장 대표적으로 기존의 민족정체성이야말로 민주주의 사회에서 시민들이 각자의 이상을 실현할 수 있는 가장 현실적인 매개체인 동시에 사회적 결속력을 보장할 수 있는 가장 효과적인 수단이라는 밀러 등의 견해를 예로 들 수 있다(Miller, 1995: 164, 184).

유럽정체성을 이해하고 전망하는 데 있어서 부딪히는 두 번째 문제는 유럽정체성의 존재를 인정하고 이를 설명하는 경우에도 이 정체성의 형태와 내용을 두고 견해가 엇갈리고 있다는 데 있다. 특히 유럽인들 사이에 공유되는 정체성이 민족정체성의 확장된 형태로 간주될 수 있을 것인지의 여부가 논쟁의 초점이 되고 있다. 일반적으로 민족정체성은 공통의 역사와 문화를 매개로 형성된다고 알려져왔다. 또 이러한 정체성을 공유하는 국가나 민족의 구성원들은 서로에 대해 1차 집단적인 정서적 친밀감을 느끼는 것으로 여겨져왔다. 그렇다면 이와 같은 정서적 친밀감의 범위가 전 유럽적인 차원으로 확대되는 것은 가능하고, 또 바람직한가? 이에 관해 상반된 견해들이 존재한다.

일부에서는 유럽공통의 문화와 문명의 공약수에 기초하여 초국가적 정체성을 재구성하는 것이 얼마든지 가능하다고 주장한다. 예를 들면, 새뮤얼 헌팅턴(Samuel Huntington)은 이른바 '서구문명'의 가장 핵심적인 유산으로 그리스-로마 문명의 유산, 기독교, 법치주의, 대의제도, 개인주의 등을 들고 있다(Huntington, 1996). 유럽 정체성은 아마도 이러한 유럽공통의 역사적·문화적 유산을 원재료로 하여 비교적 수월하게 형성될 수 있을 것이다(Cederman, 2001: 149-150). 다른 한편으로 정서적 친밀감으로서의 유럽정체성을 지지하면서도 유럽 공통의 역사, 문화유산의 존재와 그 지속성에 대해서는 회의적인 견해 역시 존재한다. 이러한 견해를 지지하는 이들은 그 존재와 형태에 관한 명확한 합의가 부재한 과거의 유산에 의존하는 대신 유럽정체성의 형성을 위해 유럽인들과 유럽연합이 적극적인 노력을 기울일 것을 주문한다. 예를 들면, 유럽 통합을 상징하는 유럽연합기(旗)와 음악, 지도 등의 사용을 적극 권장한다든지(e.g. Shore, 2000: 40-65), '유럽문화도시(European Cities of Culture)' 프로그램 등을 통해서 유럽공통의 문화에 대한 각성을 촉구한다든지(Sassatelli, 2002), 장 모네(Jean Monnet)나 로베르 쉬망(Robert Schuman) 등 '건국의 아버지들'의 업적을 재평가하는 등의 노력을 통해 유럽정체성의 기반을 새롭게 다질 수 있다.

유럽정체성을 지지하지만 이 정체성이 민족정체성의 연장으로 이해되어서는 안 된다는 견해도 존재한다. 우선 모든 정체성이 정서적 친밀감의 형태를 취하지 않는다는 사실을 기억할 필요가 있다. 앞서 지적했듯이, 한 집단의 정체성은 타 집단과의 관계에서 "우리"의 집단을 정의하는 과정을 통해 획득된다. 하지만 이때의 '우리'가 반드시 1차 집단적인 정서에 의해서 결속될 필요는 없다. 그보다 훨씬 약화된 형태와 내용의 정체성도 얼마든지 가능하며, 현실적으로 그러한 정체성이 유럽정체성의 가장 일반적인 모습일 수 있다(Kantner, 2006). 실제로 몇몇 경험적인 연구들에 따르면 오늘날 유럽인들이 유럽연합에 대해 지니고 있는 정체성은 공동의 역사, 문화에 대한 정서적 일체감, 충성심이라기보다는 연합의 제도와 법률 혹은 정치체제 전반에 대한 지지와 승인의 형태를 취하는 것으로 나타났다(Mayer and Palmowski, 2004; Bruter, 2003). 예를 들어, 한 조사 결과에 따르면 유럽시민들은 유럽집행위원회, 유럽중앙은행, 유럽사법재판소 등 유럽연합의 초국가적 제도들을 매우 신뢰하는 것으로 드러났다. 특히 일부 유럽연합 제도와 기구에 대한 지지율은 회원국 정부기관에 대한 지지율보다도 더 높은 것으로 조사되기도 했다(Mayer and Palmowski, 2004: 585-589). 여기에서 주목해야 할 점은 유럽연합에 대한 정체성이 연합의 제도와 법의 효율성과 유용성에 대한 인식에서 비롯되고 있다는 사실이다. 즉, 유럽연합의 제도와 법률이 회원국 차원에서는 적절하게 다루어질 수 없는 일련의 문제들을 해결하되 매우 유용하고 효율적이라는 인식이 이 정체성의 핵심적인 내용을 이룬다는 것이다. 우리는 이러한 정체성을 '실용적 정체성(utilitarian identity)'으로 부를 수 있다(Kritzinger, 2005: 51-55).

이와 같이 유용성과 효율성에 기초한 정체성은 역사와 문화를 공유한 시민들 사이에 형성되는 정서적 친밀감으로서의 정체성에 비해 보다 반성적인, 보다 향상된 분별력을 갖춘 정체성으로 이해될 수 있다. 이는 한편으로는 근대화의 진전이 현대사회의 시민들로 하여금 정체성의 문제에 보다 합리적이고 비판적인 태도를 취하도록 했기 때문이고, 다른 한편으로는 20세기 전반기에 민족주의의 발흥이 가져온 끔찍한 결과를 경험한 유럽인들이 정체성이 자칫 맹목적인 열정으로 전락할 위험성을 매우 잘 인식하고 있기 때문이라 할 수 있다. 특히 오늘날의 유럽인들은 다른 집단, 다른 국가, 다른 지역과의 현실적이거나 잠재적인 대립과 갈등을 바탕으로 하는 폐쇄적이면서도 공격적인 정체성의 위험성을 잘 인식하고 있다. 이러한 점들을 감안하면 새롭게 등장하는 유럽정체성이 전통적인 민족정체성의 형태를 취하는 상황을 상상하기는 어렵다.

많은 이들은 전통적인 민족정체성을 전체 유럽 수준에서 재생산하는 것은 특히 규범적인 차원에서 수긍하기 어렵다고 주장한다. 조지프 웨일러(Joseph Weiler)는 유럽연합이 '유럽합중국'을 지향해야 한다는 일부의 주장을 비판하면서 "과도한 국가주의(statism)의 폐해를 시정하기 위해 설립된 정체가 스스로 초국가(superstate)로의 변신을 꾀하는 것은 매우 아이러니컬하다"고 지적한 바 있다(Weiler, 1999: 341). 유럽정체성에 관해서도 비슷한 이야기를 할 수 있다. 오늘날 유럽정체성이 요구되는 이유가 단순히 경제 분야에서의 통합을 수월하게 하는 데 있지는 않을 것이다. 그에 못지않게 중요한 이유는 민족정체성의 부정적인 측면들, 특히 국가공동체, 민족공동체의 동질성을 절대시하여 다른 국가, 다른 민족에 대해 배타적이고 공격적인 성향을 노정했던 과거의 역사를 극복하는 데 있다. 이러한 점에 동의할 수 있다면 유럽정체성이 민족정체성의 확대된 형태로서 일종의 '초민족(super-nation)'정체성의 모습을 취해야 한다는 주장이 이율배반이라는 데에도 동의할 수 있다. 이러한 시각에서 보면 가장 바람직한 유럽정체성은 유럽에 고유한 문화와 가치를 강조하는 대신 보다 합리적이고 보편화될 수 있는 원칙과 가치를 중심으로 구성되어야 한다. 정서적·문화적 동질성을 앞세우는 배타적인 정체성은 적절한 대안이 될 수 없다.

우리는 유럽정체성을 둘러싼 유럽인들의 고민과 딜레마에 관한 지금까지의 논의를 종합하여 다음과 같은 질문을 던질 수 있다. 기존의 민족정체성, 국가정체성이 유럽정체성으로 대체되거나 아니면 적어도 두 수준의 정체성이 공존하는 것이 현실적으로 가능하고 바람직한가? 만일 가능하다면 새로운 유럽정체성은 어떠한 형태를 취할 것인가? 어떤 형태의 유럽정체성이 유럽의 역사와 유럽통합의 세계사적 의미와 관련하여 가장 바람직한가? 이러한 질문에 답하기 위해 단순히 몇 퍼센트의 유럽인들이 스스로를 유럽인으로 간주하는지를 경험적으로 따지거나 정체성 증진을 위한 유럽연합의 정책들과 프로그램들을 열거하는 것만으로는 부족하다. 이제 유럽정체성에 관한 논의는 정체성의 구체적인 형태와 내용뿐만 아니라 일반적이고 규범적인 차원에서 바람직한 형태의 정체성을 비판적으로 검토하고 대안을 제시하는 작업까지를 포함해야 한다. 이를 위해서는 유럽정체성의 문제를 보다 포괄적인 정치이론, 사회이론의 관점에서 접근하는 것이 필요하다. 이와 관련하여 독일의 저명한 정치, 사회철학자 위르겐 하버마스(Jürgen Habermas)는 '헌정적 애국주의(constitutional patriotism)' 개념을 제시한 바 있다. 이 개념을 통해 하버마스는 민족정체성, 국가정체성을 대체할 유럽정체성의 필요성을 역설하는 한편, 이 정체성이 합리적이고 보편적인 원칙과 가치에 기초한 새로운 형태의 정체성이어야 한다고 주장한다. 3절에서는 이와 같은 하버마스의 헌정적 애국주의 이론을 검토한다. 특히 이 이론이 앞서 제기한 유럽정체성에 관한 유럽인들의 고민과 딜레마에 어떤 해결책을 제공하는지 살펴본다. 4절에서는 보다 포괄적인 규범 정치이론의 관점에서 헌정적 애국주의 이론의 의의를 평가하고 그 한계를 극복할 방안을 모색한다.

III. 하버마스의 헌정적 애국주의

우선 앞 절에서 제기한 유럽정체성의 두 가지 딜레마를 정리해보면, 유럽연합이 그 역할의 범위를 넓혀가는 현 상황에서 유럽인들은, 첫째, 과연 유럽정체성이 기존 민족정체성을 대체하는 것이 가능하고 바람직한지, 둘째, 유럽정체성은 민족정체성과 같이 문화와 역사를 매개로 하는 정서적 친밀감의 형성을 목표로 삼아야 하는지 아니면 민족정체성과는 다른 내용과 형태를 취해야 하는지 고민하고 있다. 첫 번째 딜레마와 관련하여 하버마스는 민족정체성이 서구 근대 민족국가의 정치적, 사회적 통합과정에서 긍정적인 역할을 했음을 인정한다. 특히 민족정체성은 민주주의 제도에 필수적인 시민들의 정치적 동원에서 결정적인 역할을 담당했다. 시민들로 하여금 민주주의 정치과정에 참여하도록 동기를 부여하는 데 있어서 이들이 공동의 역사와 언어, 문화 등을 매개로 결속된 운명공동체임을 반복적으로 환기시키는 것이 매우 유용했기 때문이다(Habermas, 1998: 112-113).

　문제는 20세기 후반 들어 민족정체성의 통합적 역할이 약화되고 있다는 점이다(Habermas, 2001: 80). 이는 두 가지 요인에 기인한다. 첫째, 한 국가 내에서 인종적·성적·문화적인 차이에 따라 다양한 정체성을 지닌 집단들이 독자적인 활동 영역의 확보를 주장하는 다문화주의의 등장으로 민족의식을 매개로 국가의 모든 구성원을 아우르는 유기적인 정체성을 형성하는 것이 힘들게 되었다. 보다 중요하게는 전 지구적인 차원에서 세계화의 진전으로 민족국가, 국민국가는 사회에 대한 독점적인 영향력 행사의 권한을 상당 부분 상실하게 되었다는 점을 들 수 있다(Habermas, 2003: 89). 국가의 자율성 상실은 민족정체성을 매개로 결속된 시민들이 민주주의 정치제도에의 참여를 통해 자치의 이상을 실현할 수 있는 기회의 박탈로 이어졌다. 이제 통제되지 않고 위임되지 않은 국외의 경제 권력이 시민들의 삶을 직접 제약하는 상황이 점점 더 빈번해지고 있다.

이러한 여건하에서 하버마스는 유럽 국가들의 경우에는 유럽통합이 초국가적인 차원에서 민주적인 정당성, 민주적인 통제의 가능성을 회복할 수 있는 유력한 수단이 될 수 있다고 역설한다. 전 세계적인 차원의 통합 움직임을 중단시키거나 역전시키는 것이 불가능하다면 지역수준에서의 세계화의 바람직하지 못한 효과들을 국제적인 차원의 민주주의 제도를 통해 적절하게 조절하고 통제하는 것이 가능하고 바람직하기 때문이다. 따라서 유럽통합의 가장 중요한 목표는 "전 유럽 차원의 정치적 장(場)"의 창출을 통해 "세계경제를 재(再)규제"하는 것이 되어야 한다(Habermas, 2001b: 12; Habermas, 2001a: 100). 하버마스가 유럽통합을 시장통합으로 간주하는데 반대하고, 유럽연합의 "정치화"를 주장하면서 유럽헌법의 채택을 강력하게 지지한 것은 바로 이러한 이유에서이다(Habermas, 2003: 95-96).

만일 이상과 같은 하버마스의 주장을 타당한 것으로 인정할 수 있다면 민족정체성을 대신하여 유럽연합 차원에서의 민주주의를 위해 시민들 사이의 신뢰와 결속을 보장하고 정치참여의 동기를 부여하기 위해 유럽정체성이 필요하다는 점에도 쉽게 동의할 수 있다. 적어도 다른 유럽국가의 시민들이 자신에게 "받아들이기 어려운 손해"를 입힐 수 있다는 두려움으로부터 자유롭기 위해서라도 유럽정체성은 반드시 필요하다(Habermas, 2001a: 99). 하버마스는 우리가 새로운 유럽정체성의 등장에 회의적이거나 비관적이어야 할 특별한 이유는 없다고 본다. 애초에 민족정체성이 지방, 지역 정체성으로부터의 인위적인 "추상화" 과정을 통해 등장한 것이 사실이라면 유사한 메커니즘이 국경선을 넘어 초국가적인 차원에서 작동하는 것도 충분히 가능하기 때문이다(Habermas, 2001b: 16).

여기에서 앞서 지적한 유럽정체성의 두 번째 딜레마와 관련하여 제기되는 한 가지 의문은 과연 이 새로운 정체성이 어떤 형태와 내용을 지니게 될 것인가 하는 것이다. 하버마스에 따르면 새로운 유럽정체성은 기존의 민족정체성과는 매우 상이한 방식으로 구성될 것이다. 이 새로운 정체성은 역사와 문화를 공유한 운명공동체에 대한 정서적인, 하버마스의 표현을 빌리자면 "전(前) 정치적인" 일체감 대신 공동의 제도와 이 제도가 구현하는 합리적이고 보편적인 규범과 가치의 동일시를 통해 획득될 것이기 때문이다. 즉, 유럽정체성은 유럽 공통의 역사와 문화, 문명을 매개로 형성되는 정서적 일체감으로 이해되기보다는 민주주의와 자유주의, 인권, 법치와 같은 보편화될 수 있는 가치들과 이 가치들을 실현할 수 있는 제도, 특히 헌법에 대한 "합리적인 충성심"으로 간주되어야 한다(Müller, 2007: 47). 우리는 이러한 정체성을 헌정적 애국주의로 부를 수 있다(Habermas, 1998a: 117-120).[3]

하버마스는 이 새로운 유럽정체성이 정체성의 대상을 공통의 문

---

3   하버마스가 헌정적 애국주의의 개념을 처음 사용하지는 않았다. 이 개념을 처음 제안한 이는 돌프 스테른베르거(Dolf Sternberger)로, 전후 독일의 헌법문제와 관련하여 "Verfassungspatriotismus"라는 용어를 처음 사용하기 시작했다(Müller, 2007: 21-22).

화나 역사, 언어 등으로부터 보편적인 정치제도와 가치 등으로 전환 시킴으로써 지난 세기 "민족주의의 과잉"으로 인한 "도덕적인 대혼 란"을 경험한 유럽인들에게 보다 안전하고 규범적인 정체성이 될 수 있다고 주장한다(Habermas, 2001b: 21; Markell, 2000: 39). 하버마스 는 특히 정체성의 문제를 해결하기 위해 "공통의 유럽 역사"를 복원 하려는 시도에 대해 비판적인데, 이와 관련하여 유럽인의 가장 중요 한 임무는 "중세시대로부터의 유럽 공동의 역사를 확인하는 데 있지 않고, 21세기 세계에서 유럽의 역할에 상응하는 새로운 정치의식을 발전시키는 데 있다"고 지적하기도 했다(Habermas, 1996: 507).

이와 같은 하버마스의 주장은 유럽통합의 진전과 함께 집중적인 관심의 대상이 되었고, 또 많은 비판의 대상이 되었다. 우선 하버마 스의 헌정적 애국주의가 충분히 보편적이지 못하다는 비판이 제기 되었다. 헌정적 애국주의는 다른 모든 애국주의와 마찬가지로 충성 심, 헌신 등의 태도를 강조하는데, 모든 종류의 충성심이나 헌신 등 의 태도는 어느 정도의 편파성과 배타성을 필연적으로 내포한다. 따 라서 헌정적 애국주의 역시 이러한 편파성, 배타성으로부터 결코 자 유로울 수 없다. 정체성의 대상이 아무리 보편적인 제도와 원칙에 국한되더라도 모든 고정된 대상에 대한 정체성은 필연적으로 편파 적이고 배타적인 경향을 지니게 될 수밖에 없다는 것이다. 이러한 점 때문에 헌정적 애국주의는 모든 종류의 정체성, 모든 종류의 일 체감에 저항하는 전략과 실천으로 개념화되는 것이 바람직하다는 견해도 개진되었다(Markell, 2000: 54-58).

하지만 편파성과 배타성을 이유로 헌정적 애국주의에 비판적이 거나 회의적인 견해는 비교적 소수에 그치고 있다. 오히려 대다수

비판자들은 헌정적 애국주의가 지나치게 보편적이어서 비현실적이라는 점을 비판의 초점으로 삼고 있다. 이들은 특히 보편적인 가치에 대한 합리적인 일체감으로서의 정체성이 과연 가능한지의 여부와, 설령 가능하더라도 그러한 정체성이 정치적·사회적 통합의 역할을 담당할 수 있을지의 여부를 문제 삼는다. 첫 번째 의문과 관련하여 비판자들은 합리적인 정체성이 가능하다는 헌정적 애국주의 이론이 정체성의 문제에 관해 지나치게 낙관적이고 이상주의적인 전제 위에 서 있다는 견해를 보인다. 이것은 이 이론이 기본적으로는 규범적으로 바람직한 형태의 정체성에 관한 이론이라는 점을 감안하더라도 그렇다. 정체성이란 결국 '나의 것', '우리 것'에 대한 합리화되기 어려운 '열정'이 아닌가? 이러한 지적과 관련하여 20세기 전반기에 주로 활동했던 프랑스의 철학자 줄리앙 방다(Julien Benda)의 다음과 같은 언급에 주목할 필요가 있다.

> 민족주의적인 열정을 제어하는 유일한 길은 다른 종류의 열정을 동원하는 것이다. 아마도 우리는 이성의 열정(passion of reason)을 동원할 수도 있을 것이다. 하지만 이성의 열정 역시 열정이며, 더군다나 이성 그 자체와는 전혀 다른 종류의 것이다(Müller, 2007: 145에서 재인용).

두 번째 의문과 관련하여 비판자들은 시민들 사이의 결속과 신뢰관계의 구축을 위해서는 헌정적 애국주의보다는 훨씬 유기적이고 '두터운(thick)' 정체성이 필요하다는 점을 강조한다. 많은 이들은 특히 제도와 원칙에 대한 정체성만으로는 전 유럽 차원에서 민주적인 정치제도를 운용하는 데 필수적인 시민들 사이의 책임과 의무의 상호관계를 지탱할 수 없다는 점을 거듭 지적한다. 예를 들면, 유럽연합의 각종 제도들이 유럽사회 전반에 뿌리를 내리지 못한 채 정당성 확보에 어려움을 겪는 것은 유럽시민들로 하여금 이 제도들이 "우리에게 특별한 어떤 것"이라고 느끼게 할 수 있는 정체성이 아직 형성되지 못했기 때문이다. 그 결과 전 유럽 차원에서 민주적 통치 체제를 구축하려는 시도는 "민주주의 제도와 규칙에 대한 냉소주의, 사회적 정의의 실현을 위한 부담을 지려하지 않는 태도, 일반대중들로부터 유리되어 군림하는 엘리트들에 대한 반감" 등에 부딪혀 별다른 진전을 보지 못하고 있다(Laborde, 2002: 601). 헌정적 애국주의자들은 정치, 사회적 통합을 위해 보편적인 제도와 원칙을 대상으로 하는 유럽정체성만으로 충분하다고 주장하지만 사실 그러한 제도와 원칙이 제대로 기능하고 현실화되기 위해서는 먼저 유기적으로 결속된 시민들이 강력하게 지지하는 초국가기구가 존재해야 한다(Canovan, 2000: 423). 헌정적 애국주의의 지지자들은 현실적으로 실현 불가능한 계획을 옹호하고 있다.

이와 같은 헌정적 애국주의에 대한 비판에 직면하여 다음의 두 가지를 강조할 필요가 있다. 먼저 헌정적 애국주의가 언제나 추상적인, '차가운' 정체성인 것만은 아니라는 점을 지적할 수 있다. 특히 얀-베르너 뮐러(Jan-Werner Müller) 등에 의하면 헌정적 애국주의자는 경우에 따라서는 "수치심, 의분(義憤, righteous indignation), 활달함, 노여움, 죄의식"과 같은 일련의 감정들을 표출하며 또 이러한 감정들에 의거해서 행동한다(Müller, 2007: 62-63). 이와 관련하여 지난 2000년 발생한 이른바 "하이더 사건(Haider Affair)"은 보편적인 원칙의 침해가 격렬한 분노의 감정을 불러일으킬 수 있으며 이것이 실질적인 행동의 원인이 될 수 있다는 점을 잘 보여주었다(Müller, 2007: 113-14).

다음으로 우리는 하버마스가 오랜 기간 개진해온 사회이론의 틀 내에서 헌정적 애국주의의 추상성과 비현실성을 비판하는 견해에 대한 답변의 실마리를 발견할 수 있다. 하버마스는 오늘날의 유럽사회를 비롯한 현대사회의 가장 중요한 특징들 중 하나가 인간 삶의 배경조건, 전제조건에 대한 체계적인 반성과 숙고가 이루어지는 데 있음을 지적한다. 이렇게 체계화된 반성과 숙고를 통해 인간 자신의 정체성을 객관화하는 동시에 정체성의 틀을 넘어 보다 보편적인 기준에 맞춰 행동하고자 노력한다. 하버마스에 따르면 이러한 사회 내에서 시민들은 그가 "탈(脫)인습적 정체성(post-conventional identity)"이라 부르는 종류의 정체성을 보유한다. 과거의 인습적 정체성이 문화와 전통에 대한 무비판적이고 절대적인 동일시에 기초했다면 이 탈인습적 정체성을 보유한 이들은 정체성의 대상을 보다 일반적이고 객관적인 시각에서 평가하려는 경향을 보인다. 이러한 탈인습적 정체성을 우리는 "반성적인(reflexive)" 정체성으로 이해할 수 있다(Cronin, 2003: 7에서 재인용). 오늘날 유럽에서 정체성이 이와 같이 반성적인 형태를 취하게 된 것은 현대사회의 변화속도가 눈에 띄게 빨라짐에 따라 "안정적인 삶의 모습"을 유지하는 것이 점점 더 어려워지고 있다는 데 기인한다. 이와 함께 이러한 변화를 거치면서 전통과 관습의 확실성에 기대지 않고 삶을 영위하는 "탈중심화된" 인간형이 점차 보편화되고 있다는 데 기인한다(Habermas, 1998b: 223; Markell, 2000: 43). 헌정적 애국주의는 탈인습적 정체성의 한 형태로 이해될 수 있다.

물론 이와 같은 하버마스의 견해를 유럽인들이 문화와 전통에 대한 일체의 정서적인 친밀감과 일체감을 포기했다거나 혹은 그래야 한다는 주장으로 이해할 필요는 없다. 하버마스는 다만 그러한 친밀감을 무비판적으로 당연시하는 것이 오늘날 더 이상 가능하지 않음을 의미한 것으로 보인다(Cronin, 2003: 9). 혹은 오늘날의 유럽사회에서 시민들이 자신의 정체성을 반성적으로 숙고하는 "성숙함"을 보여주고 있음을 의미한 것으로 보인다. 하버마스에 따르면 이러한 성숙함은 현대사회에서 종교적 정체성까지도 점차 반성적인 형태를 띠어가고 있다는 사실에서 잘 드러난다. "탈주술화된" 현대사회에서 그 누구도 종교적 진리에 관해 절대적이고 무조건적인 믿음을 갖는 것은 불가능하다. 이는 우리 각자가 스스로도 인지하지 못하는 사이에 자신의 믿음을 다른 종교적, 세속적인 이념들과의 관계에서 객관화하고 일반화하려 시도하기 때문이다(Habermas, 2006: 14). 헌정적 애국주의는 바로 이와 같이 객관화하고 일반화하는 "성숙한" 시민들이 기존의 정체성을 넘어 보편적인 제도와 원칙에 대한 헌신의 태도를 발전시켜가는 과정으로 이해될 수 있다.

현대사회의 기본 속성에 관한 이상과 같은 하버마스의 분석에 모든 이들이 기꺼이 동의하지는 않을 것이다. 많은 이들은 인간의 이성적이고 합리적인 능력에 대한 하버마스 주장의 설득력이 크지 않다고 여길 것이다. 이들에게 자기 자신의 믿음과 행동방식에 대해 반성적이고 "탈중심화된" 태도를 취하는 것은 "성숙함"의 표식이 아니라 "불완전성"의 증거로 간주될 것이다. 하지만 그 현실적인 가능성과 별개로 우리는 헌정적 애국주의가 규범적인 개념이라는 점을 기억할 필요가 있다. 앞서 언급했듯이 헌정적 애국주의는 현실적으로 그 실현가능성이 가장 높은 정체성이라기보다는 규범적으로 가장 바람직한 정체성이다. 헌정적 애국주의는 지난 세기 유럽이 겪었던 파괴와 혼란의 원인을 제공한 민족정체성, 국가정체성을 극복할 대안으로 간주될 수 있다.

하지만 규범적 정체성으로서 헌정적 애국주의가 여전히 일정한 문제점을 지니고 있는 것이 사실이고, 따라서 유럽에 특수한 역사적 맥락을 넘어 보다 일반적이고 추상적인 차원에서 헌정적 애국주의의 규범적 정당성에 대해 생각해볼 필요가 있다. 우리는 다음과 같은 질문을 던져볼 수 있다. 어떤 의미에서 헌정적 애국주의가 도덕적으로 우월한 형태의 정체성인가? 어떤 근거에서 보편적이고 합리적인 가치와 원칙에 대한 헌신으로서의 정체성이 그렇지 않은 정체성에 비해 규범적으로 바람직한가? 공통의 역사와 문화, 언어 등에 기초한 보다 전통적인 정체성은 그 자체로 규범적인 적합성의 측면에서 거부되어야 하는가? 우리는 어떤 규범적인 동기에서 보편적, 합리적인 정체성으로서의 헌정적 애국주의를 지지하는가? 혹은 정서적 친밀감에 기초한 전통적인 정체성을 지지하는가?

이러한 질문에 답하기 위해서 헌정적 애국주의가 전제하는 규범적인 세계관 혹은 "배경이론(background theory)"을 체계적으로 살펴보는 것이 필요하다(Müller, 2008: 544-545). 즉, 헌정적 애국주의 개념에 전제된 규범적인 이상(理想)의 논리적인 설득력을 보다 일반적이고 추상적인 차원에서 따져볼 필요가 있다. 이를 위해 다음 4절에서는 오늘날 국제규범이론의 중요한 두 축을 이루는 '세계시민주의(cosmopolitanism)'와 '공동체주의(communitarianism)' 간 논쟁의 맥락에서 헌정적 애국주의의 규범적 적실성을 검토하고 평가한다. 특히 한편으로는 보편성, 보편주의를 지향하면서도 다른 한편으로는 특정한 대상에 대한 일체감을 강조하는 헌정적 애국주의의 독특한 논리구조가 규범이론적으로 쉽게 해결하기 힘든 딜레마를 제기한다는 점에 주목한다.

이러한 시도의 목적이 단순히 하버마스의 주장을 보다 잘 이해하는 데 있지 않다. 헌정적 애국주의를 포괄적인 규범이론의 시각에서 살펴보는 가장 중요한 목적은 이 개념이 제기하는 도덕적 딜레마를 단초로 삼아 유럽정체성의 규범적 기초를 보다 체계적으로 규명하고 이 문제에 대한 보다 많은 관심을 촉진하는 데 있다. 궁극적으로 유럽통합 전반을 규범적인 관점에서 이해하는 일의 중요성에 대한 인식을 고양하는 것도 중요한 목표가 될 것이다.

IV. 세계시민주의, 공동체주의, 유럽정체성

1. 세계시민주의, 공동체주의, 자유주의적 민족주의

헌정적 애국주의의 규범적 세계관 혹은 규범적 배경이론을 어떻게 정의할 것인가? 먼저 세계시민주의로 알려진 규범적인 입장이 헌정적 애국주의 배경이론의 중요한 한 축을 구성함을 지적할 수 있다. 일반적으로 세계시민주의는 다음을 의미한다. 세계시민주의자들에 따르면 우리들 각자는 정치적, 문화적, 인종적 차이에 관계없이 인류 전체에 대해 일정한 도덕적인 의무를 진다. 즉, 우리가 다른 인간에 대해 가지는 도덕적 의무의 범위가 특정 집단 혹은 특정 공동체, 특정 정체로 제한되어서는 안 된다. 이는 세계시민주의자들이 모든 인간은 국적, 인종, 민족에 관계없이 평등한 존재이며, 전 세계 모든 인간이 최소한의 인간다운 삶을 누릴 권리를 가진다고 믿기 때문이다(Pogge, 1992: 48-49). 따라서 세계시민주의자에게 '나의 집단', '나의 나라'에 속한다는 이유로 동족과 동포에게 특별한 관심과 혜택을 제공하거나 그에 속하지 않는다는 이유로 타인을 차별적으로 대우하는 것은 어떠한 경우에도 도덕적으로 정당화될 수 없다. 세계시민주의자의 가장 중요한 덕목은 다름 아닌 '불편부당성(impartiality)'이다.

그렇다면 세계시민주의는 어떤 의미에서 헌정적 애국주의의 규범적 배경 이론을 이루는가? 앞서 지적했듯이 헌정적 애국주의의 핵심은 자유와 평등, 인권, 민주주의 등 보편적이고 합리적인 가치와 원칙을 어떤 국가 혹은 정체에 대한 소속감의 원천이자 정체성의 근거로 삼는 데 있다. 헌정적 애국주의자는 따라서 공통의 역사, 문화, 언어 등에 대한 원초적인 정서적 일체감 혹은 자신이 속한 정체가 단순히 '나의 것', '우리의 것'이라는 사실에 근거한 정체성을 규범적으로 부적절한 것으로 간주한다. 보편적·합리적 가치에 근거한 헌정적 애국주의가 도덕적으로 정당한 데 반해 그렇지 않은 정체성이 규범적으로 부적절한 이유는 무엇인가? 이는 다른 무엇보다도 헌정적 애국주의가 비배타적·비차별적인 정체성이기 때문이다. 헌정적 애국주의는 나/우리와 다른 국가, 다른 정체의 구성원들 사이의 구분이 그들에 대한 차별적인 대우로 이어져서는 안 된다고 요구한다. 이에 반해 공통의 역사와 문화, 언어에 기초한 전통적인 정체성은 헌정적 애국주의에 비해 덜 개방적이고 더 배타적이다. 이러한 배타적인 정체성은 타 집단 구성원에 대한 차별적인 대우를 상당 부분 용인한다.

결국 규범적인 차원에서 헌정적 애국주의의 핵심은 다른 국가, 다른 정체 구성원들과의 관계에서 세계시민주의적인 불편부당성을 요구한다는 데 있다. 다른 문화공동체, 다른 역사공동체에 속한다는 사실이 배타적이고 차별적인 대우의 근거가 되어서는 안 된다는 것이다. 헌정적 애국주의자들에게 이러한 불편부당성이야말로 자신들의 정체성을 규범적인 차원에서 보다 전통적인 정체성으로부터 구분해주는 가장 중요한 기준이다. 즉, 헌정적 애국주의가 도덕적인 지위를 주장할 수 있는 것은 모든 인간에 대한 동등한 관심과 배려를 규범적인 이상으로 전제하기 때문이다. 세계시민주의가 헌정적 애국주의의 규범적 배경이론에서 중요한 축을 구성하는 것은 바로 이러한 이유에서이다.

물론 헌정적 애국주의의 규범적 정당성이 오직 세계시민주의의 관점에서만 설명될 수 있는 것은 아니다. 이는 헌정적 애국주의가 한편으로는 세계시민주의를 지향하지만 다른 한편으로는 애국주의를 지향하기 때문이다. 즉, 헌정적 애국주의가 한편으로는 전체 인류에 대한 불편부당성을 지향하면서 다른 한편으로는 전체 인류보다 낮은 단계의 집단과 그 구성원에 대한 애착과 헌신의 태도를 지향하기 때문이다. 따라서 헌정적 애국주의의 규범적 정당성을 설명하기 위해 그 애국주의적인 측면에도 주목할 필요가 있다.

먼저, 애국주의란 무엇인가? 일반적으로 애국주의는 "조국에 대한 애착, 조국과의 동일시, 조국의 번영과 그 구성원, 즉 동포들의 번영에 대한 특별한 관심"을 의미한다(Primoratz, 2009). 따라서 얼핏 보기에도 애국주의로서의 헌정적 애국주의는 세계시민주의로서의 헌정적 애국주의와는 사뭇 다르게 보인다. 애국주의는 자신이 속한 국가와 정체에 대한 충성의 태도, 동족·동포에 대한 특별한 관심을 의미하고, 그러한 관심의 논리적 귀결로서 다른 국가, 다른 정체에 대한 배타적인 태도와 그 구성원들에 대한 차별적인 대우를 의미하기 때문이다. 여기서 우리는 애국주의로서의 헌정적 애국주의는 규범적으로 정당한지, 만약 그렇다면 어떤 의미에서 그러한지 질문을 던져볼 수 있다.

조국과 동포에 대한 애착과 헌신으로서의 애국주의는 도덕적인가? 규범이론에서 공동체주의의 입장을 지지하는 이들에 의하면 그렇다. 공동체주의자들은 정체성의 문제에 관해 세계시민주의자들과는 매우 다른 입장을 취한다. 공동체주의는 인간 개개인의 삶은 그가 속해 있는 공동체에 의해서 "구성되며", 특히 인간의 가치와 그가 삶에 부여하는 의미는 필연적으로 공동체 내에서 찾아질 수밖에 없다는 입장으로 정의될 수 있다(Morrice, 2000: 235; Brown, 1992: 55). 이러한 정의는 얼핏 보기에는 단순한 사실의 기술에 불과하다. 하지만 인간이 공동체 내에서 삶을 영위한다는 것은 경험적인 일반화일 뿐만 아니라 규범적인 명제이기도 하다(Morrice, 2000: 240). 인간의 삶이 공동체에 의해 구성된다는 것은 인간은 오직 공동체 내에서만 가장 인간다운, 규범적으로 가장 바람직한 삶을 영위할 수 있음을 의미하기 때문이다. 또 만일 공동체와의 끈이 떨어진다면 인간은 도덕과 규범의 문제에서 모든 판단기준과 실행능력을 상실하게 될 것임을 의미하기 때문이다. 인간은 공동체를 떠나서 혹은 공동체의 관점을 포기하고서 어떻게 행동하는 것이 진정으로 도덕적인지, 어떤 삶이 진정으로 규범적으로 바람직한 삶인지 알 수 없고, 또 설령 알 수 있다 하더라도 그렇게 알고 있는 바를 적절하게 실행에 옮길 수 없다. 인간은 오직 특정 공동체 내에서만, 그리고 그 공동체 내에서 다른 인간들과 맺는 관계들을 준거틀로 해서만, 도덕적인 인간으로서의 역할을 다할 수 있다는 것이다(MacIntyre, 1995: 217). 이러한 관점에서 공동체주의자들은 세계시민주의자들이 주장하듯이 불편부당성의 보편적인 이상에 따라 삶을 영위하는 인간이 존재한다면 이 "급진적인 선택자(radical chooser)"로서의 인간은 어디에도 속하지 못하는 "뿌리를 상실한" 인간일 뿐이며, 따라서 규범적으로 사고하고 행동할 수 있는 능력을 상실한 인간일 뿐이라고 주장한다(Miller, 1995: 44).

인간은 오직 자기 자신이 속한 공동체 내에서만 도덕적일 수 있다는 이와 같은 공동체주의의 관점에서 보면 자신의 공동체에 대한 충성과 헌신은 "도덕적인 삶의 필수적인 전제조건"이다(MacIntyre, 1995: 218). 내가 나의 공동체에 충성하고 헌신하는 것은 나의 도덕성의 원천에 대한 충성과 헌신으로 간주될 수 있기 때문이다. 자신의 공동체에 충성하고 헌신하지 않는다면 그것은 도덕적인 삶을 살기를 포기하는 것과 같다. 따라서 애국주의가 규범적으로 정당한지 여부를 묻는 것은 무의미한 질문이다. 우리의 도덕적 삶 자체가 애국주의의 실현 여부에 달려 있기 때문이다. 즉, 애국적이지 않은 사람은 도덕적일 수도 없기 때문이다.

공동체주의는 헌정적 애국주의의 애국주의적 측면을 규범적으로 정당화하는가? 헌정적 애국주의자들은 그러한 가능성에 매우 회의적이다. 물론 공동체주의자들의 주장은 도덕적 삶에 관한 우리의 직관에 잘 부합한다는 점에서 큰 호소력을 지닌다. 하지만 세계시민주의의 시각에서 보면 그 한계가 명확하다. 이는 특히 다음의 두 가지 점에서 그렇다. 첫째, 세계시민주의자들은 공동체주의자들이 인간의 도덕적 능력을 매우 협소하게 해석한다는 점을 지적한다. 우리의 도덕성이 공동체의 역사와 문화의 산물일 수밖에 없다고 주장하는 공동체주의자들은 도덕성의 범위가 공동체의 경계를 넘어서 확장될 가능성에 매우 회의적이다. 세계시민주의자들은 공동체주의자들의 그러한 견해가 지나치게 비관적이라고 지적한다. 불편부당한 관점을 지니고 그에 따라 행동하는 것이 항상 초인적인 노력과 비범한 능력을 필요로 하는 것은 아니기 때문이다(Lu, 2000: 256).

둘째, 세계시민주의자들이 보기에 공동체주의자들은 공동체의 존재와 그에 대한 충성과 헌신을 도덕적 삶의 전제조건으로 간주하는 가운데 다른 공동체와의 관계에서 자신의 공동체를 절대시하는 경향을 보인다. 그 결과 자신이 속한 공동체의 번영을 위해 다른 공동체들과의 갈등이 불가피하거나 그들의 희생이 요구될 때에도 공동체에 대한 충성과 헌신의 태도를 견지해야 한다고 주장한다. 공동체의 정책으로 인해 도덕적으로 명백하게 위험스러운 결과가 예상되는 경우에도 그에 대한 지지를 철회하지 말아야 한다는 것이다. 물론 대부분의 합리적인 공동체주의자들은 이와 같은 극단적인 집단주의로부터 일정한 거리를 두려 한다. 하지만 공동체주의의 주장 내에서 그러한 집단이기주의의 출현을 원천적으로 막을 수 있는 근거를 찾기 어려운 것도 사실이다. 공동체주의의 이론적 전제에 그러한 위험성이 내포되어 있다는 것이다. 도덕성의 실현이 공동체 내에서만 가능하고 공동체를 떠나서는 도덕적인 것과 비도덕적인 것을 구분하는 것이 무의미하다면, 국익을 위해 다른 국가에 위해를 가하거나 그 시민들에게 희생을 강요하는 자신의 조국에 충성하고 헌신하는 것이 별 문제가 되지 않는다(MacIntyre, 1995: 223).

이러한 점들을 고려하면 공동체주의의 시각에서 헌정적 애국주의의 애국주의적 측면을 규범적으로 정당화하려는 시도는 성공을 거두기 힘든 것으로 보인다. 헌정적 애국주의는 특정 국가나 정체에 헌신하고 충성하면서도 다른 국가와 정체의 구성원들에 대해 불편부당한 태도를 견지하려는 정체성으로 정의될 수 있고, 공동체주의의 시각에서 이해된 애국주의는 이러한 조건을 충족시키기 어렵다. 그렇다면 헌정적 애국주의의 규범적 정당성은 어떻게 설명될 수 있는가? 불편부당성의 이상을 포기하지 않으면서 공동체에 대한 헌신과 충성의 태도를 인정하는 것은 과연 가능한가?

이러한 의문과 관련하여 먼저 일부 온건한 성향의 공동체주의자들이 자신의 공동체에 대한 헌신과 충성이 어떠한 경우에도 유지되어야 한다는 완고한 공동체주의자들의 원칙론적인 결론에 유보적인 입장을 취하고 있음에 주목할 필요가 있다(Nathanson, 1989). 특히 자유주의적 민족주의자들은 공동체주의의 기본전제에 근본적인 수정이 필요하다고 주장한다. 야엘 타미르(Yael Tamir)에 따르면 우리의 도덕적 삶이 공동체를 통해 구성되기는 하지만 규범과 도덕의 문제를 반성적으로 평가하고 숙고할 수 있는 능력이 우리에게 있음을 또한 간과해서는 안 된다. 우리의 도덕성이 공동체의 산물임을 부인할 수 없지만 우리는 그에 대해 제3자의 관점을 취할 수 있다는 것이다. 보다 근본적인 차원에서 타미르는 인간의 삶은 "맥락적"이지만 그러한 특징이 인간이 삶의 목적과 가치를 선택할 수 있는 능력까지 배제하지 않음을 지적한다. 공동체에 대한 무조건적인 충성과 헌신이 도덕적인 삶을 영위하고자 하는 모든 인간의 숙명은 아니라는 것이다(Tamir, 1993: 32-33).

자유주의적 민족주의자들에게 오늘날의 세계에서 민족공동체는 여전히 가장 중요한 정치단위체이다. 이는 모든 인간은 민족의식 혹은 민족정체성을 통해서만 충족될 수 있는 심리적인 욕구를 지니고 있고, 또 개개 인간은 특정한 민족 집단에 소속되는 경우에만 도덕적으로 의미 있고 창조적인 삶을 살 수 있기 때문이다(Miller, 1995: 138; Tamir, 1993: 5). 하지만 또한 자유주의적 민족주의자들은 인간의 객관화하는 능력 덕분에 민족정체성에 내재된 배타성과 차별성의 위험성을 인식하는 것이 어렵지 않다고 본다. 인간은 공동체의 제약을 넘어설 수 있는 합리적인 능력을 지니고 있고, 정체성이 지나치게 배타적으로 되는 것을 자율적으로 규제할 수 있다는 것이다.

헌정적 애국주의의 관점에서 자유주의적 민족주의의 이러한 시도는 어떻게 이해되고 평가될 것인가? 자유주의적 민족주의가 완고한 공동체주의의 한계를 뛰어넘으려는 의미 있는 시도라는 데에는 의심의 여지가 없다. 하지만 헌정적 애국주의자들은 자유주의적 민족주의자들이 민족정체성의 중심성을 옹호하면서 내세우는 근거의 타당성에 의문을 제기할 것이다. 자유주의적 민족주의자들에게 민족공동체에 충성하고 헌신해야 하는 가장 중요한 이유는 인간은 오직 민족공동체의 구성원으로서만 도덕적으로 의미 있는 삶을 영위할 수 있다는 데 있다. 즉 민족공동체의 일원으로서의 정체성이 규범적 행위자로서의 역할수행에 필수적인 조건이라는 것이다. 이러한 견해는 인간의 삶의 의미가 각자가 속해 있는 공동체에 의해 구성된다는 공동체주의적인 신념에 그 기원을 두고 있다.

헌정적 애국주의의 시각에서 이러한 주장은 받아들이기 어렵다. 헌정적 애국주의는 세계시민주의의 시각에서 특정한 공동체에 대한 충성과 헌신의 의무를 정의하려는 시도이며, 세계시민주의의 가장 중요한 목표는 도덕적이고 규범적인 삶의 보편적인 판단기준을 찾아내는 데 있다. 헌정적 애국주의가 규범적으로 정당화되기 위해서는 특정 국가나 정체에 대한 헌신이 보편적인 불편부당성의 관점에서 인정되고 용인되어야 한다. 이는 정체성에 대한 자유주의적 민족주의의 접근법과는 큰 차이를 보인다. 자유주의적 민족주의는 기본적으로 공동체주의에서 출발하여 세계시민주의적인 관점을 제한적으로 포용하려는 시도이다. 이에 반해 헌정적 애국주의는 세계시민주의에서 출발하여 특정 공동체에 대한 정체성을 포용하려는 시도라고 할 수 있다. 이는 헌정적 애국주의자는 자유주의적 민족주의자와 규범적으로 다른 이유에서 자신의 국가나 정체에 헌신하고 충성해야 함을 의미한다. 그렇다면 세계시민주의의 시각에서 인정될 수 있는 헌정적 애국주의자의 애국주의는 어떻게 가능한가? 불편부당성의 관점에서 용인될 수 있는 공동체에 대한 정체성은 어떤 형태를 취하는가? 여기서 이 질문에 대한 해답을 찾기 위해 헌정적 애국주의의 문제에서 잠시 관심을 돌려 '국제분배정의(international distributive justice)'의 문제에 주목할 필요가 있다.

2. 국제분배정의의 사례

오늘날 국제적 차원의 분배정의를 둘러싼 여러 이슈들 중 특별히 우리의 관심을 끄는 이슈는, 경제적으로 부유한 선진국 정부와 시민들이 기아, 질병, 극심한 빈곤 등으로 고통받고 있는 저개발국 시민들을 지원하고 원조해야 할 의무를 가진다면, 그러한 의무의 도덕적으로 타당한 범위는 어디까지인가 하는 것이다. 이 문제에 관해 세계시민주의의 입장을 취하는 이들은 선진국의 부유한 시민은 전 세계 모든 이들에 대해 불편부당한 원조의 의무를 진다고 주장한다. 국적이나 인종, 민족정체성 등에 상관없이 도움을 가장 필요로 하는 이들에게 원조가 우선적으로 제공되어야 한다는 것이다. 이는 역시 일정한 도움을 필요로 하지만 절대적인 빈곤수준에서는 저개발국 빈민들보다는 훨씬 나은 처지에 있는 자국 시민들, 동포들을 우선적으로 지원하는 것이 도덕적으로 정당화될 수 없음을 의미한다. 모든 인간은 동등한 삶의 기회를 누릴 권리가 있고, 우리는 이를 존중해야 한다는 것이다. 예를 들면, 경제적인 지원을 필요로 하는 자국 시민들이 도움을 받은 결과 의식주 문제를 별 어려움 없이 해결할 수 있을 정도의 생활수준을 누리게 되었다면 그 이상의 원조는 도덕적으로 정당화될 수 없다. 그러한 '잉여' 원조는 훨씬 더 긴급한 도움을 필요로 하는 저개발국 국민들을 돕는 데 훨씬 요긴하게 사용될 수 있기 때문이다. 저개발국 빈민들의 매우 긴급한 필요를 충족시키는데 사용될 수 있는 원조를 자국민의 그다지 긴급하기 않은 필요를 충족시키는 데 사용한다면 그러한 행위는 도덕적으로 부적절하다.

이러한 주장은 세계시민주의의 대의를 수긍하는 많은 이들에게 매우 강력한 호소력을 지닌다. 하지만 이는 또한 원칙론적인 주장이며, 실제로 이러한 논리에 따라 행동하는 정부나 개인을 쉽게 상상하기란 어렵다. 또 상당수 세계시민주의자들이 불편부당성의 원칙을 문자 그대로 적용하는 이런 식의 주장에 불편해하는 것도 사실이다. 이들은 "먼 나라에서 많은 이들이 기아와 질병에 시달리는 모습에 감정의 동요를 느끼는 한편으로 우리의 생활수준을 떨어뜨리는 수준으로까지 우리의 책임범위가 확장되어야 한다"는 주장에는 심한 거부감을 갖는다(Scheffler, 2001: 65). 이들은 또한 모든 인간은 그들 각자와 "특별한 관계"에 있는 자국의 시민들, 민족공동체의 동포들을 도와야 할 "특별한 책임"을 갖는다고 믿는다(Scheffler, 1997: 201). 다시 말해 상당수 세계시민주의자들은 국제분배정의의 문제와 관련하여 한편으로 "세계시민주의적인 평등주의"를 옹호하면서도 다른 한편으로 자국 시민들과 동포들을 특별하게 대우해야 한다고 믿는다.

이와 같은 상반된 요구에 세계시민주의자는 두 가지 방식으로 대응할 수 있다. 먼저 토머스 포게(Thomas Pogge, 1992)를 비롯한 완고한 세계시민주의자들은 특별한 관계에 있는 타인에게 특별한 책임을 진다는 견해 자체가 세계시민주의 시각에서 용인될 수 없음을 지적한다. 포게에 의하면 현실과 세계시민주의의 괴리에 직면하여 우리가 해야 할 일은 현실을 이상에 맞추어 바꾸는 것이지 그 역이 되어서는 안 된다. 만일 기존 국제관계의 제도적 틀이 전 인류의 자유와 복지증진 측면에서 최선의 결과를 낳지 못한다면 이는 도덕적으로 열등한 것으로 간주되어야 하고 우리는 그 틀의 변경을 모색해야 한다. 하지만 보다 온건하고 타협적인 입장을 취하는 이들은 두 요구를 통합적으로 매개하는 것이 가능하다고 본다. 이들은 특히 세계시민주의 원칙을 포기하지 않으면서 자국 시민들과 동포들에 대한 특별한 책임을 긍정하는 것이 가능하다고 주장한다. 즉 자신이 속한 공동체의 구성원들에게 제공되는 특별한 지원을 세계시민주의 관점에서 포용할 수 있다는 것이다. 실제로 몇 가지 흥미로운 포용의 공식이 제시되었다. 우리는 이 두 번째 대응방식에 주목할 필요가 있다.

먼저 로버트 구딘(Robert Goodin)과 같은 이는 기존 국가와 민족집단, 지역 공동체 등을 인류 전체에 대한 우리의 도덕적인 의무를 보다 효율적으로 배분하기 위해 필요한 "행정적인 도구(administrative device)"로 간주할 것을 제안한다(Goodin, 1988: 678-686). 그런 경우 자신이 속한 공동체의 구성원들에게 지는 특별한 책임은 인류 전체에 대한 보편적인 의무와 책임을 더 잘 수행하기 위해 할당된 의무와 책임으로 이해될 수 있다. 즉 다른 국가, 다른 공동체 구성원들의 어려움보다 이웃과 동포의 어려움에 더 큰 관심을 기울이는 것은 일종의 도덕적 노동 분업체계의 결과로 볼 수 있다는 것이다.

구딘의 주장은 위에서 제기한 통합과 매개의 문제에 대한 매우 '영리한' 답변이다. 우리가 자국의 시민들과 동포들에게 특별한 책임을 지고 특별한 대우를 제공하는 것이 오히려 세계시민주의 이상의 달성을 용이하게 한다고 주장하기 때문이다. 하지만 구딘의 주장은 결과론적인 답변이기도 하다(Tan, 2004: 167-169). 그의 주장은 국가나 민족공동체의 존재이유가 국제분배정의를 위한 기능적 필요성으로 환원되어 설명될 수 있다는 것인데, 이러한 해석은 설득력이 그리 크지 않다. 필자가 보기에 이 문제에 관한 보다 설득력 있는 대안은 구딘식의 결과론적인 설명 대신 국가의 특수한 성격에 주목하는 것이다. 국가는 특별한 존재이고, 우리는 이 특별한 존재로서의 국가와 그 구성원들에게 특별한 책임을 진다는 것이다. 그렇다면 국가는 어떤 의미에서 특별한 존재인가?

먼저 국가는 집단적인 협력체로 간주될 수 있다. 국가는 개인의 안전보장, 재산권을 비롯한 각종 권리의 보존 등과 같이 인간다운 삶을 영위하는 데 필요한 공공재를 구성원들의 협력을 통해 제공하는 것을 목적으로 하는 조직으로 이해될 수 있다. 이러한 점에서 국가는 회원국들의 협력을 통해 공동의 목적을 달성하고자 결성된 상호부조모임과 유사하다고 할 수 있다. 문제는 국가가 그러한 공공재를 창출하고 유지하는 데 있어서 모든 이들에게 공평하게 혜택을 제공하지 못한다는 점이다. 즉 어떤 이들은 국가의 존재로부터 기여한 바에 비해 상대적으로 큰 혜택을 얻는 반면, 다른 이들은 상대적으로 적은 혜택만을 얻는다. 이는 공정성의 원칙 혹은, 안드레아 산조반니(Andrea Sangiovanni)의 표현을 빌리면, "상호성(reciprocity)"의 원칙이 심각하게 손상된 것으로 간주될 수 있다(Sangiovanni, 2007). 모든 이들은 자신이 국가의 역할수행에 기여한 만큼의 혜택을 국가로부터 받을 권리를 가지는데 그러한 권리가 침해되었다는 것이다. 이런 경우 국가의 존재로부터 상대적으로 큰 혜택을 받는 이들은 사회적으로 불리한 위치에 있는 구성원들이 정당한 자기 몫을 받을 수 있도록 도와야 할 도덕적인 의무를 진다. 예를 들면, 한 국가 내에서 부유한 시민이 자신의 성취가 오직 일정한 제도적 틀 내에서만 가능하며 그러한 틀이 적절하게 유지되기 위해서는 사회 구성원 모두의 협력이 필수적이라는 점을 인정할 수 있다면, 그런 경우 그는 사회적 약자에 대한 관심과 원조를 자신의 도덕적 의무로 수용해야 한다(Sangiovanni, 2007: 25-26).

국가가 특별한 존재인 또 하나의 이유는 국가가 다른 공동체들과는 달리 그 구성원들에게 강제력을 행사하는 조직체라는 점에서 찾을 수 있다. 마이클 블레이크(Michael Blake)에 따르면 국가는 시민들의 자발적인 협력에 기초하여 그 역할을 수행하지만 아무리 민주적인 국가일지라도 강제적인 권력행사에 의존하지 않고는 그 역할을 다하기 어려운 것이 사실이다(Blake, 2001). 국가가 오직 시민들의 동의에만 근거하여 역할을 수행하는 것은 불가능하다는 것이다. 블레이크는 국가가 강제적인 권력을 행사해야만 하는 이유를 국가의 정책과 법률, 제도가 모든 시민에게 동등하게 영향을 미치지 않는다는 사실에서 찾는다. 일부 시민들의 경우 다른 시민들에 비해 국가로부터 상대적으로 적은 혜택만을 받거나 혹은 국가에 의해 과도한 부담을 담당할 것을 요구받으므로 국가의 법률과 정책을 자발적으로 준수할 동기를 상실하기 때문에 이들에 대한 일정 정도의 강제력 행사가 불가피하다.

블레이크는 강제적인 권력행사의 결과 상대적으로 적은 혜택을 얻거나 과도한 부담을 지는 시민들의 자율성이 침해된다고 지적한다. 모든 인간은 스스로 세운 목표에 맞추어 혹은 자신이 선택한 가치의 우선순위에 따라 삶을 자신이 원하는 방식으로 영위해나갈 권리를 지니는데, 국가의 강제적인 권력 행사로 인해 이 시민들의 권리가 크게 제약된다는 것이다. 자율성의 침해는 그 자체로도 심각한 문제이지만 정치적으로도 매우 부정적인 결과를 낳는다. 특히 사회 구성원들 간 상호존중과 신뢰의 관계를 손상시킬 뿐 아니라 사회적 약자들로 하여금 자기존중의 태도를 유지하기 어렵게 함으로써 정치 과정에의 참여를 어렵게 만든다(Miller, 1998: 212-216). 따라서 상호성의 훼손이 사회적 약자에 대한 일정한 지원을 도덕적으로 정당화하는 것과 같이 국가권력의 강제적인 행사로 초래되는 시민들의 자율성의 상실, 상호신뢰 관계의 훼손은 사회 내에서 상대적으로 유리한 위치를 선점한 구성원에게 사회적 약자들이 최소한의 품위 있는 삶을 영위하고 자율적인 행위자로서의 능력을 회복하도록 지원해야 할 도덕적 의무를 부과한다.

블레이크나 산조반니 등의 이상과 같은 설명에서 핵심적인 포인트는 국가가 특별한 존재라는 사실로부터 자국민과 동포에 대한 특별한 책임을 이끌어내고자 하는 이러한 시도가 세계시민주의의 관점에서 충분히 인정되고 용인될 수 있다는 것이다(Blake, 2001: 264). 즉 자신이 속한 국가의 구성원들에게 특별한 대우를 제공해야 할 도덕적 의무가 불편부당성의 도덕적 의무와 상치되지 않는다는 것이다. 상호성과 자율성, 상호존중과 신뢰 등은 인간이 마땅히 누려야 할 보편적인 가치에 속한다. 만약 동료시민들이 인간의 기본권에 해당하는 가치들을 온전히 누리지 못한다면 같은 국가의 구성원으로서 우리는 그러한 상황에 일조한 책임을 져야 하고 그들을 특별하게 원조해야 할 의무를 진다. 이러한 경우 동료시민들에 대한 특별한 연대의식은 세계시민주의의 규범과 충돌하지 않는다. 즉, 불편부당성을 행위의 준거틀로 삼는 이들이 자신이 속한 국가공동체의 구성원들에게 특별한 관심을 보이고 책임을 져야 할 합리적이고 보편적인 이유가 존재하는 것이다.

3. 세계시민주의적 애국주의로서의 헌정적 애국주의

국제분배정의의 문제에서 세계시민주의의 관점과 양립가능한 방식으로 자국민과 동포에 대한 특별대우를 정당화하려는 이상과 같은 시도가 과연 얼마나 성공적이었는지의 여부를 단정하기는 아직 힘들다. 하지만 적어도 이러한 시도는 헌정적 애국주의의 규범적 정당성을 규명하는 데 유용한 시사점을 제공하는 것으로 보인다. 세계시민주의의 신념을 가진 헌정적 애국주의자가 어떤 규범적 근거에서 자신이 속한 공동체에 헌신하고 그 구성원들에게 특별한 관심을 보여야 하는지의 질문에 우리는 블레이크나 산지오반니 등의 주장을 원용하여 다음과 같이 답할 수 있다. 헌정적 애국주의자는 세계시민주의의 불편부당성을 지향하지만 그는 또한 다수의 주권국가들이 공존하는 오늘날의 세계에서 특정국가의 시민이기도 하다. 시민으로서 헌정적 애국주의자는 국가의 역할수행과정에서 동료시민들이 보편적인 권리의 침해를 겪지 않도록 특별한 관심을 기울여야 하며, 그러한 권리가 훼손되는 경우 이에 대해 일정한 책임을 질 의무가 있다. 이는 곧 헌정적 애국주의자에게 자신의 국가에서 보편적인 권리가 보호되고 보편타당한 가치가 실현되는 데 헌신해야 할 의무가 있음을 의미한다. 이러한 헌정적 애국주의자의 의무는 그의 불편부당성에 대한 신념과 양립가능하다.

종합하면, 헌정적 애국주의자의 애국주의는 자신의 국가에서 보편적인 권리와 가치가 실현되는 것에 대한 특별한 관심과 헌신으로 정의될 수 있다. 한편으로는 세계시민주의적인 불편부당성을 지향하지만 다른 한편으로는 자신의 공동체에 대한 충성과 헌신을 강조하는 헌정적 애국주의는 바로 이러한 의미에서 규범적으로 정당하다. 이를 보다 포괄적으로 해석하면 헌정적 애국주의자의 애국주의는 그가 자신의 조국이 보편타당한 기준에 비추어 정의롭기를 원하는 한에서, 또 그렇게 정의로운 국가의 실현에 자신 역시 일정하게 기여할 책임이 있음을 기꺼이 인정하는 한에서 도덕적이라고 할 수 있다. 이러한 애국주의는 자신의 국가가 옳건 그르건 간에 이에 충성하고 헌신하는 태도와는 거리가 멀다. 오히려 그러한 무조건적인 애국주의야말로 헌정적 애국주의가 극복하고자 하는 대상이다. 헌정적 애국주의는 충성과 헌신의 대상으로부터 비판적인 거리를 견지하는 가운데 충성과 헌신의 이유와 근거를 보편타당한 원칙의 실현에서 구하는 '합리적인' 정체성 혹은 '조건부' 정체성으로 간주될 수 있다.

헌정적 애국주의의 규범적 정당성에 관한 이상의 논의에서 이 글의 주제와 관련하여 부딪히는 문제점 중 하나는 유럽연합과 같이 주권국가가 아닌 초국가기구에도 동료시민들에 대한 특별한 책임의 논리가 적용되는지의 여부이다. 앞서 살펴보았듯이 세계시민주의자는 자신의 조국과 그 구성원에 대해 특별한 책임을 지고 특별한 대우를 제공해야 하는 이유를 집단적인 협력체로서 또는 강제적인 권력행사의 주체로서 국가의 특별한 성격에서 찾을 수 있다. 문제는 오늘날의 유럽연합이 그 형태와 역할에서 일반적인 주권국가와는 큰 차이를 보인다는 점이다(Nagel, 2005: 143-144). 과연 유럽연합의 특수한 성격으로부터 유럽시민들에 대한 특별한 책임을 논리적으로 끌어낼 수 있는가? 필자가 보기에 오늘날 유럽연합은 그 역할범위를 점차 확대해나가고 있고, 유럽시민들의 삶은 전체 연합 차원의 정책

결정과 법집행에 의해 점점 더 큰 영향을 받으면서 상호의존적으로 되어가고 있다. 단적인 예로, 현재 유럽연합은 유로화의 안정적인 관리를 위해 통화동맹 가입국들이 재정적자 폭을 일정한도 내로 제한할 것을 요구하고 있다. 이러한 정책으로 인해 특정회원국과 그 회원국 시민들에게 상대적으로 더 많은 희생과 행동의 제약이 요구되는데, 이러한 상황은 유럽연합의 역할수행 결과 앞서 살펴본 주권국가의 맥락에서와 유사하게 상호성, 자율성의 측면에서 일부 유럽시민들의 권리가 심각하게 침해된 것으로 이해될 수 있다. 이는 유럽시민들이 상호간에 특별한 대우를 제공할 책임을 지는 중요한 근거로 간주될 수 있다.

이러한 논리는 유럽정체성으로서 헌정적 애국주의의 규범적 정당성에 관한 문제에도 적용될 수 있다. 세계시민주의를 지향하는 유럽의 헌정적 애국주의자가 유럽연합과 유럽시민들에게 특별한 관심을 보이는 것이 도덕적으로 정당화되는 것은 그가 유럽연합의 정책수행과 법집행 과정에서 동료시민들의 보편적인 권리가 훼손되는 경우 그러한 권리침해에 관심을 보이고 일정한 책임을 져야 하기 때문이다. 즉 유럽연합에 대한 헌정적 애국주의는 그것이 유럽시민들의 보편타당한 권리와 가치가 실현되는 데 대한 관심과 헌신이고, 유럽연합이 보다 정의로운 초국가연합체가 되는 데 대한 관심과 헌신인 한에서 규범적으로 정당화될 수 있다. 유럽정체성을 유럽에 공통적인 역사나 문화 등에 대한 정서적 일체감으로 이해하는 것에 대한 헌정적 애국주의자들의 비판은 바로 이러한 이유에서 설명될 수 있다.

결론적으로, 다시 강조하건대, 헌정적 애국주의는 기존 정체성에 대한 규범적인 대안이다. 공동체에 대한 정체성이 합리적이고 반성적으로 구성되기를 주장하는 헌정적 애국주의의 의의는 현실적인 문제해결의 차원뿐만 아니라 규범적인 정당성의 측면에서 이해되어야 한다. 따라서 그 비현실성을 이유로 헌정적 애국주의에 회의적인 태도를 취한다면 이 개념의 의미를 온전하게 이해하지 못한 것이 된다. 다만 문제는 헌정적 애국주의가 불편부당성을 지향할 뿐만 아니라 특정 공동체에 대한 충성과 헌신의 태도 역시 옹호한다는 것이다. 세계시민주의와 애국주의를 동시에 옹호하는 헌정적 애국주의는 규범적으로 정당한가? 즉, 양자 모두를 지향하는 헌정적 애국주의자는 자기 신념의 도덕성을 주장할 수 있는가? 그리하여 헌정적 애국주의는 유럽정체성의 규범적 이상으로서의 지위를 주장할 수 있는가? 지금까지의 논의를 종합하면 분명히 이러한 질문에 합리적인 이유에서 "그렇다"고 대답할 근거가 있다. 헌정적 애국주의의 규범적 배경이론을 조명하기 위해 지금까지의 다소 장황하고 번잡한 논의가 필요했던 것은 바로 이러한 의문에 답하기 위해서였다고 할 수 있다.

V. 맺으며

지금까지 유럽정체성의 새로운 대안으로 헌정적 애국주의 개념을 제시하고, 이 개념의 현실적, 규범적인 가능성을 살펴보았다. 특히 헌정적 애국주의의 규범적 정당성을 체계적으로 조명하는 시도의 중요성을 거듭 강조했다. 불편부당성의 이상을 견지하는 가운데 특정한 공동체나 정체에 충성하고 헌신하는 것이 도덕적으로 정당화될 수 있음을 증명함으로써 헌정적 애국주의의 설득력 역시 강화될 수 있다. 하지만 이러한 시도에도 불구하고 여전히 많은 이들은 헌정적 애국주의의 비현실성을 강조하면서 이 개념에 대한 비판적이고 회의적인 태도를 포기하지 않을 것이다. 이들에게 정체성이란 결국 나와 너, 우리와 그들의 구분을 통한 나의 확인, 우리의 확인에 다름 아니고, 따라서 보편적인 원칙과 제도를 정체성의 대상으로 삼을 수 있다는 헌정적 애국주의자의 주장은 정체성의 존재 그 자체를 부인하려는 시도로 간주될 수 있기 때문이다. 최근 들어 위르겐 하버마스 자신이 헌정적 애국주의에 대한 견해에서 약간의 혼란을 겪는 모습을 보이고 있는데, 이는 비판론과 회의론을 더욱 강화하는 요인이 될 수 있다. 특히 하버마스는 지난 2003년 자크 데리다(Jacques Derrida)와 공동으로 유럽지식인들을 대표하여 미국의 이라크 침공에 반대하는 성명을 발표한 이래 미국과 대조되는 유럽 고유의 가치에 기초한 유럽정체성의 등장에 호의적인 태도를 보여왔다. 즉 전통적인 유럽정체성을 옹호하는 모습을 보이고 있다는 것인데, 이는 하버마스가 유럽정체성의 문제를 더 이상 헌정적 애국주의의 시각에서 이해하기를 포기한 것이 아닌가하는 의구심을 자아내고 있다 (Lacroix, 2009).[4]

---

4   다른 한편으로, 하버마스가 정서적, 문화적인 결속력을 강조하는 방향으로 헌정적 애국주의를 '재해석'하려는 움직임을 보이고 있다는 주장이 제기될 수 있다. 특히 세속화된 현대사회에서 종교의 문제에 관한 최근의 저작에서 하버마스는 이러한 움직임을 보인다. "민주적 입헌국가의 정치 이전의 도덕적 토대들"이라는 짤막한 글에서 하버마스는 "개인의 자유에 선행하는 결속의 끈 없이 오로지 개인의 자유의 보장에 기반해 단일 국가를 이룬 민족이 얼마나 존속될 수 있을까"라는 질문에 답하는 과정에서 헌정적 애국주의가

사실 정도의 차이는 있을지언정 이러한 종류의 혼란은 하버마스뿐만 아니라 비판적이고 합리적인 관점에서 정체성의 문제에 접근하고자 하는 모든 시도에 공통적인 현상이라 할 수 있다. 이는 정체성에 관한 전통적인 견해를 완전히 극복하는 것이 얼마나 어려운지 잘 보여준다. 하지만 이러한 어려움이 헌정적 애국주의에 대한 논의를 전혀 무의미하거나 무가치하게 만드는 것은 아니다. 특히 4절에서 시도된 바와 같이 이 개념의 규범적 기초에 대해 논의하는 것은 매우 중요하다. 설령 헌정적 애국주의가 액면 그대로 현실화되는 것이 사실상 불가능하더라도 그러한 논의는 정체성의 문제에 대해 합리적이고 비판적인 태도를 취하는 이들에게 정체성의 도덕성에 관해 체계적으로 생각해볼 수 있는 기회를 제공한다는 점에서 매우 유용하다. 도덕적으로 왜 옳은지, 그렇지 않은지 따져봄으로써 정체성 문제에 대해 보다 신중하고 절제된 태도를 효과적으로 견지할 수 있기 때문이다.

국민 정서 속에 자리 잡기 위해서는 "정의의 원리들이 문화적 가치 지향들의 복합체 속으로 더욱 깊숙이 파고들" 필요가 있음을 지적한다(Habermas and Ratzinger, 2009: 39-41).

참고문헌

김남국. 2004. "유럽통합과 민주주의의 결여." 『국제정치논총』 44-1. 281-302.
조홍식. 2005. "유럽정체성의 형성에 관한 고찰." 『국제지역연구』 14-3. 41-68.

Blake, Michael. 2001. "Distributive Justice, State Coercion, and Autonomy." *Philosophy and Public Affairs* 30-3. 257-96.
Brown, Chris. 1992. *International Relations Theory: New Normative Approaches.* New York: Columbia University Press.
Bruter, Michael. 2003. "Winning Hearts and Minds for Europe: The Impact of News and Symbols on Civic and Cultural European Identity." *Comparative Political Studies* 36(10). 1148-1179.
Caney, Simon. 2008. "Global Distributive Justice and the State." *Political Studies* 56-3. 487-518.
Canovan, Margaret. 2000. "Patriotism Is Not Enough." *British Journal of Political Science* 30-3. 413-32.
Cederman, Lars-Erik. 2001. "Nationalism and Bounded Integration: What It Would Take to Construct a European Demos." *European Journal of International Relations* 7-2. 139-174.
Checkel, Jeffery T. and P. J. Katzenstein eds. 2009. *European Identity.* Cambridge: Cambridge University Press.
Cronin, Ciaran. 2003. "Democracy and Collective Identity: In Defense of Constitutional Patriotism." *European Journal of Philosophy* 11-1. 1-28.
Eriksen, Erik Oddvar and John Erik Fossum. 2004. "Europe in Search of Legitimacy: Strategies of Legitimation Assessed." *International Political Science Review* 25-4. 435-459.
Erskine, Toni. 2002. "'Citizens of nowhere' or 'the point where circles intersect'? Impartialist and embedded cosmopolitanisms." *Review of International Studies* 28-3. 457-478.
European Commission. 2005. *Eurobarometer 2005.*
Føllesdal, Andreas. 2006. "The Legitimacy Deficits of the European Union." *Journal of Political Philosophy* 14-4. 441-468.
Goodin, Robert E. "What is So Special about Our Fellow Countrymen?" *Ethics* 98-4. 663-686.
Habermas, Jürgen. 1996. "Citizenship and National Identity." in Jürgen Habermas *Between Facts and Norms: Contributions to a Discourse Theory of Law and Democracy.* William Rehg trans. Cambridge, MA: MIT Press. 491-515.
_____. 1998a. "The European Nation-State: On the Past and Future of Sovereignty and Citizenship." Jürgen Habermas, *The Inclusion of Others: Studies in Political Philosophy.* Ciaran Cronin and Pablo De Greiff eds.. Cambridge, MA: MIT Press. 105-127.

_____. 1998b. "Struggle for Recognition in the Democratic Constitutional State." *The Inclusion of Others* 203-236.

_____. 2001a. "Postnational Constellation and the Future of Democracy." Jürgen Habermas, *Postnational Constellation*. Cambridge, MA; MIT Press. 58-112.

_____. 2001b. "Why Europe Needs a Constitution." *New Left Review* 11-5. 5-26.

_____. 2003. "Toward a Cosmopolitan Europe." *Journal of Democracy* 14-4. 86-100.

_____. 2006. "Religion in the Public Sphere." *European Journal of Philosophy* 14-1. 1-25.

Habermas, Jürgen and Joseph Ratzinger. 2009. 『대화 – 하버마스 對 라칭거 추기경』. 윤종석 역. 서울: 새물결.

Huntington, Samuel. 1996. "The West Unique, Not Universal." *Foreign Affairs* 75-6. 28-46.

Kantner, Cathleen. 2006. "Collective Identity as Shared Ethical Self-Understanding: The Case of the Emerging European Identity." *European Journal of Social Theory* 9-4. 501-523.

Kritzinger, Sylvia. 2005. "European Identity Building from the Perspective of Efficiency." *Comparative European Politics* 3-1. 50-75.

Laborde, Cécile. 2002. "From Constitutional to Civic Patriotism." *British Journal of Political Science* 32-4. 591-612.

Lacroix, Justine. 2002. "For a European Constitutional Patriotism." *Political Studies* 50-5. 944-58.

Lacroix, Justine. 2009. "Does Europe Need Common Values?: Habermas vs Habermas." *European Journal of Political Theory* 8-2. 141-156.

Laffan, Brigid. 1996. "The Politics of Identity and Political Order in Europe." *Journal of Common Market Studies* 34-1. 81-102.

Lu, Catherine. 2000. "The One and Many Faces of Cosmopolitanism." *Journal of Political Philosophy* 8-2. 244-267.

MacIntyre, Alasdair. 1995. "Is Patriotism A Virtue?" in edited by Ronald Beiner *Theorizing Citizenship*. Albany: SUNY Press. 209-228.

Markell, Patchen. 2000. "Making Affect Safe for Democracy: On 'Constitutional Patriotism'." *Political Theory* 28-1. 38-63.

Mayer, Franz C. and Jan Palmowski. 2004. "European Identities and the EU-The Ties that Bind the Peoples of Europe." *Journal of Common Market Studies* 42-3. 573-598.

Miller, David. 1995. *On Nationality*. Oxford: Oxford University Press.

Miller, Richard W. 1998. "Cosmopolitan Respect and Patriotic Concern." *Philosophy and Public Affairs* 27-3. 202-224.

Moravcsik, Andrew. 1998. *The Choice for Europe: Social Purpose and State Power From Messina to Maastricht*. Ithaca: Cornell University Press.

Morrice, David. 2000. "The liberal-communitarian debate in contemporary political philosophy and its significance for international relations." *Review of International Studies* 26-2. 233-251.

Müller, Jan-Werner. 2007. *Constitutional Patriotism*. Princeton: Princeton University Press.

_____. 2008. "A European Constitutional Patriotism? The Case Restated." *European Law Journal* 14-5. 542-557.

Nagel, Thomas. 2005. "The Problem of Global Justice." *Philosophy and Public Affairs* 33-2. 113-147.

Nathanson, Stephen. 1989. "In defense of 'moderate patriotism'." *Ethics* 99-3. 535-552.

Petersson, Bo and Anders Hellström. 2003. "The Return of the Kings: Temporality in the Construction of EU Identity." *European Societies* 5-3. 235-252.

Pogge, Thomas. 1992. "Cosmopolitanism and Sovereignty." *Ethics* 103-1. 48-75.

Primoratz, Igor. 2009. "Patriotism." Stanford Encyclopedia of Philosophy. http://plato.stanford.edu/entries/patriotism/

Sangiovanni, Andrea. 2007. "Global Justice, Reciprocity, and the State." *Philosophy and Public Affairs* 35-1. 3-39.

Sassatelli, Monica. 2002. "Imagined Europe: The Shaping of a European Cultural Identity through EU Cultural Policy." *European Journal of Social Theory* 5-4. 435-451.

Scheffler, Samuel. 1997. "Relationships and Responsibilities." *Philosophy and Public Affairs* 26-3. 189-209.

_____. 2001. *Boundaries and Allegiances: Problems of Justice and Responsibility in Liberal Thought*. Oxford: Oxford University Press.

Shore, Chris. 2000. *Building Europe: The Cultural Politics of European Integration*. London & New York: Routledge.

_____. 2004. "Wither European Citizenship? Eros and Civilization Revisited." *European Journal of Social Theory* 7-1. 27-44.

Smith, Anthony D. 1992. "National Identity and the Idea of European Unity." *International Affairs* 68-1. 55-76.

_____. 1993. "A Europe of Nations-or the Nation of Europe?" *Journal of Peace Research* 30-2. 129-135.

Tamir, Yael. 1993. *Liberal Nationalism*. Princeton: Princeton University Press.

Tan, Kok-Chor. 2004. *Justice Without Borders: Cosmopolitanism, Nationalism and Patriotism*. Cambridge: Cambridge University Press.

Weiler, Joseph H. H. 1999. *The Constitution of Europe*. Cambridge: Cambridge University Press.

신자유주의와 '민족' 없는 민족주의의 등장
― 21세기 유럽 극우민족주의에 대한 이해를 위하여[1]

홍태영(국방대학교)

I. 들어가며

국민국가라는 근대의 정치공동체 형태를 넘어서 새로운 정치적 실험으로 간주되었던 유럽연합(EU)이 그리스 등 남부유럽의 경제위기, 시리아 난민사태에 따른 국경의 강화, 그리고 최근의 브렉시트(Brexit) 진행 등으로 위기를 맞고 있다. 유럽연합이 1980년대 이후 마스트리히트조약, 유로화 출범, 리스본조약 등으로 점차 결속력이 강화되는 듯하더니 최근의 사태는 통합의 위기와 함께 그 붕괴를 우려하게 한다. 그리고 그 위기를 더 가속시키는 요인 중의 하나가 극우민족주의의 득세와 그 세력에 의한 국가주권의 회복에 대한 요구이다. 더구나 2016년 미국 대통령 선거에서 트럼프가 당선되면서

---

1 이 장은 『다문화사회연구』(2017)에 게재되었던 논문 "국민국가의 민족주의에서 '민족' 없는 민족주의로"를 이 책의 취지에 맞게 새롭게 재구성하고 수정·보완한 것이다.

그의 고립주의 및 반이민정책의 강화 등은 전 세계적으로 극우적 정치성향 혹은 극우민족주의의 득세를 가져오고 있다. 국민국가 형성 시기에 주요한 작동 이데올로기였던 민족주의는 신자유주의가 득세하고 유럽의 통합이 가속화되는 시점에서는 사라질 이념처럼 보였지만, 이제 다시 힘을 회복하면서 그 세력을 확장하고 있다. 유럽 각 나라에서 세력을 확장하고 있는 극우정당들은 민족주의를 표방하면서 영국의 브렉시트 결정에 환호하고 자신의 나라에서도 유럽연합 탈퇴를 묻는 국민투표를 실시할 것을 주장하고 있다.

　최근의 시리아 난민 사태로 인해 유럽의 국경은 더 높아지고 있으며 이방인에 대한 반감은 더 강해지고 있다. 이러한 상황은 극우민족주의 세력의 강화를 가져오고 나아가 전반적으로 유럽의 정치 지형을 우경화시키고 있다. 하지만 1970년대 말부터 시작된 신자유주의적 세계화와 그에 대응하기 위한 유럽 통합의 경향 역시 강하다. 극우민족주의가 유럽에서 세력을 확장하고 있지만, 그것이 국민국가의 한계를 극복하고자 시도했던 유럽연합의 후퇴를 의미하지는 않는다. 국민국가와는 다른 정치공동체에 대한 실험으로서 유럽연합은 지속될 것으로 기대되며, 다만 그것의 방향성은 열려 있다. 무엇보다도 유럽이 통합의 속도를 강화한 것은 1980년대 초 신자유주의적 세계화 속에서 미국을 중심으로 하는 북미경제권과 일본을 중심으로 하는 동아시아 경제권 등에 맞서 규모의 경제를 갖추려는 유럽 나라들의 자구적 필요에서 비롯된 것이기 때문이다. 그리고 통합의 과정에서 '사회적 유럽' 그리고 민주주의적 유럽이라는 유럽적 정체성 구성의 필요성 역시 동시에 작동하였다. 유럽헌법의 제정을 통한 정치적 통합의 강화 시도가 실패하고 리스본조약이라는 약화된 형태로 정치적 통합의 속도는 늦춰지고 있지만, 경제적 통합은 지속되고 있다. 양적으로 동유럽으로의 확대가 이루어지면서 자본과 노동력의 자유로운 이동의 범위가 확대되고 있으며, 남부유럽의 경제위기 이후 유럽연합 차원의 신재정협약을 통한 경제 거버넌스가 강화되면서 각국의 경제적 주권을 제약하는 등의 조치는 질적 통합을 높이는 계기가 되고 있다. 하지만 이것은 독일, 프랑스 등의 중심 국가와 남부유럽의 주변부 국가들의 위계적 통합을 통한 민주주의의 상대화의 가능성을 말하는 것이기도 하다.

이러한 상황 속에서 극우민족주의 세력의 확장, 국민국가적 통합의 강조, 이민자들에 대한 선별적 수용 등 유럽의 통합에 반대하는 흐름이 강세를 보이는 것이 사실이다. 특히 극우민족주의 세력이 이전과는 다른 모습을 보이면서 그 지지층을 확대해가고 있는 것이 현 상황이며, 그것은 유럽연합의 진행 방향에 새로운 변수로 떠오르고 있다. 이 글은 최근 득세하는 극우민족주의가 과거 국민국가 시기의 민족주의와는 어떠한 차별성과 유사성을 지니는지, 그리고 국경의 약화를 주장하는 신자유주의 시대에 그 반대의 요구를 하고 있는 극우민족주의의 득세라는 아이러니한 상황이 왜 발생하는지, 극우민족주의가 주장하는 바가 현재의 상황에서 어떠한 정치적 의미를 지니는지 등의 질문에 답을 찾아가고자 한다.

II. 유럽의 우경화와 신자유주의

1. 정치지형의 우경화

각 나라의 의회에서 상대적으로 취약함을 보이거나 진출 자체가 어려운 극우정당들은 아이러니하게 자신들이 반대하는 유럽연합 의회의 선거에서는 상당한 의석을 확보하기 시작하였다. 지난 2014년 유럽의회 선거에서 프랑스의 국민전선(FN)은 74석 중 23석, 영국의 독립당(UKIP)은 73석 중 24석을 획득하여 좌파정당들을 밀어내고 2위를 기록하였다. 독일의 극우정당도 처음으로 유럽의회에 진출하였다. 물론 전체 751석 중 중도우파 221석, 사회민주연대그룹 191석 등에 비해 적은 52-53석에 한정되기는 했지만, 그 성장은 눈에 띌 만한 사건이었다. 이 책의 윤석준의 글에서도 보이듯이, 2019년 유럽의회 선거에서 극우정당은 70석 이상을 획득하면서 그 세를 확장하고 있다. 극우정당의 부상은 유럽연합에 대한 반대, 유럽연합의 무능, 유로존의 위기 등에 따른 결과로 이해되었다.

하지만 프랑스의 국민전선과 같이 단순히 기존의 구호를 반복하는 수준을 넘어서 극우정당들은 기존 정당 체제에 편입하기 위해 변신하면서 그 외연을 확장하고 있다. 국민전선은 과거의 인종주의적 구호, 파시즘적 경향 그리고 민주주의에 대한 부정 등의 이미지를 탈피하고 반유럽연합(EU) 및 프랑스 국가를 중심으로 하는 국가주의적·민족주의적 경향을 강화하면서 이미지 변신을 꾀했는데, 이미 상당한 효과를 얻고 있다. 소위 '탈악마화 전략'을 구사하며 과거 장-마리 르펜(Jean-Mari Le Pen)의 구시대적 이미지로부터 벗어나 딸 마린 르펜(Marine Le Pen)을 통해 새로운 이미지 변화에 성공하고 있는 것이다(오창룡 외, 2016). 특히 마린 르펜은 프랑스 공화주의의 핵심이라고 할 수 있는 라이시테(laicité) 이념[2]을 극우적 방식으로 전유하면서 지지층을 확장하고 있다. 정치와 종교의 분리라는 원칙을 통해 프랑스 공화국을 가톨릭과 같은 극우종교 세력으로부터 보호하기 위해 확립된 라이시테 이념은 20세기 말 이후에는 오히려 프랑스에서 이슬람 세력이 공적 영역에 등장하는 것을 막으면서 폐쇄적 공화주의의 명분으로 작용하고 있다. 학교에서 여학생들이 히잡을 착용하는 것을 금지한다거나 최근에는 부르키니의 착용을 금지하는 법원의 판결까지 이르고 있다. 이러한 라이시테를 강조하면서 국민전선은 이슬람 세력에 대해 공격하면서 프랑스 공화주의의 수호자로서 나서고 있는 것이다. 이슬람 복장을 입고 학교에 등교하는 것을 금지하자는 주장은 이미 오래전부터 시작되어 입법화되었고, 이후 모스크 건설, 무슬림의 거리기도집회 등을 비난하고, 할랄 급식이 공교육 정신과 맞지 않는다고 비판한다. 이러한 반이슬람주의는 유럽에서 급속히 확산되는 반이민정서와 맞물려 그 동조층이 확대되고 있다. 이미 70년대부터 시작된 복지국가 위기에 맞물려 20세기 초반 등장하였던 "프랑스를 프랑스인에게(La France aux

---

2 라이시테 이념은 1789년 프랑스혁명에서부터 시작되어 제3공화국에서 정착된 프랑스 공화주의의 핵심 이념이다. 라이시테는 단순히 세속화라는 번역어로 포섭되지 않는 프랑스 정치문화를 반영한 개념으로 정치와 종교의 분리를 넘어서 종교가 공적인 영역에서 어떠한 영향력도 행사해서는 안 된다는 원칙으로 제시되었다. 이 이념은 프랑스혁명 이후 반혁명 세력에 의해 끊임없이 프랑스혁명의 원칙을 부정하고 정치, 교육 등 공적 영역에 개입하려는 가톨릭에 대항하여 제3공화국의 공화주의자들에 의해 확립된 이념이다 (홍태영, 2011).

français)"라는 구호가 재생되고 있다. 이민자들이 상대적으로 빈곤층을 이루면서 복지예산의 소비층이 되고 있다고 여겨지면서 반이민 정서는 더욱 증폭되어왔다. 지난 2014년 유럽의회 선거에서 전체 생산직 노동자의 41%, 사무직 노동자의 35%가 국민전선을 지지한 것으로 드러났다(오창룡, 2015: 253). 노동시장에서의 열악한 위치와 지속적으로 제기되는 고용불안정성은 국민전선의 반이민 구호에 호응하도록 만들고 있다.

현재 국민전선의 극우민족주의는 과거의 인종주의와는 다른 모습이다. 라이시테와 공화주의에 대한 강조를 통해 프랑스인의 공통 정서이자 이념인 공화주의를 자극하면서 자신이 공화주의의 수호자로 나선 것이다. 거기에 복지국가의 위기와 유럽연합의 진행 속에서 부각된 국가주권에 대한 위협은 반유럽 정서의 부각과 '프랑스인' 중심의 복지라는 민족주의적 정서를 자극하고 있다. 현재 국민전선의 민족주의는 과거의 인종주의적·파시즘적 성향을 버리고 프랑스의 공화주의를 강화한다는 명분을 통해 더욱더 대중적이면서 동시에 배타적인 민족주의로 전환되고 있다. 배타적 국민 개념과 국가주권에 대한 강조 등을 중심으로 새로운 정치지형이 형성되고 있는 것이다.

이러한 극우민족주의 세력의 확장과 지지층의 확산은 극우민족주의의 변신과 더불어 유럽의 정치지형의 전반적인 우경화와도 관련된다. 극우정당의 성장 속에서 유럽 각 나라 정부가 다문화주의 정책의 실패를 선언하면서 유럽 각국의 국경이 서서히 높아지고 있는 것이 현실이다. 유럽의 각 나라들은 2000년대 들어서 9.11 테러의 경험 이후 알카에다에 의한 런던이나 암스테르담, 마드리드 등에서의 테러와 최근 IS나 그 추종자들에 의한 파리, 니스 테러를 경험하면서 기존의 다문화주의적 정책의 실패를 선언하고 새로운 통합 정책을 실행하기 시작하였다. 이제 이주를 원하는 사람들은 이주하고자 하는 나라에 대한 소속감과 국민정체성을 분명히 지향할 것을 요구받고 있다.

다문화주의 정책을 통해 가능한 한 이주민들의 정체성을 인정해 왔던 많은 서유럽 국가들은 최근 자국 언어에 대한 교육, 시민교육 등을 의무적으로 이수할 것을 요구하고 있고, 영주권을 취득하기 위한 일종의 애국심 의례를 규정하면서 적극적인 통합정책으로 방향을 선회하고 있다. 영국은 2002년 '국적, 이민과 난민피난처법'을 도입하여 귀화 또는 영주를 원할 시 영어와 영국사회에 대한 지식측정시험을 치르게 하고, 국적취득 의식, 여왕에 대한 충성맹세 의식을 치르도록 하였다. 또한 2009년 '시민권과 이민법안'은 귀화 조건을 더 엄격히 강화하기 시작하였다. 네덜란드의 경우 1998년 이민자 통합법을 통해 네덜란드어, 시민교육, 노동시장참가 준비 등 12개월 동안 600시간의 시민통합교육을 규정하였고, 2006년 '해외시민통합에 관한 법률', 2007년 '시민통합법' 등을 통해 이주자들이 '네덜란드 국가 가치와 규범을 익히고 준수할 것'을 강제하는 신통합정책을 실행하였다(설동훈 외, 2013). 독일에서는 2006년 이후 사회통합교육 이수와 시험 합격이 귀화의 필수조건이 되었다(이선주, 2014). 프랑스는 2006년 '이주통합법'을 통해 영주권 취득을 위해서는 이주 이전부터 통합 과정에 참여하고, 수용과 통합에 관한 서식에 서명해야하고 프랑스어 능력과 프랑스의 법과 가치에 대한 의무를 다할 것을 증명해야 한다(박선희, 2010). 이주하고자 하는 나라의 법을 준수하는 것은 물론 그 나라의 가치와 지향에 대한 적극적 동의와 의무적

이행을 요구하고 있는 것이다. 또한 많은 나라들이 이주민들의 통합에의 의지에 대한 강조와 더불어 그에 따른 비용을 개인이 부담할 것을 요구하면서 개인의 책임에 대한 강조와 의지의 적극적인 표현을 요구하고 있다.[3]

정치지형의 우경화와 국민전선의 대중화 속에서 마린 르펜이 2017년 프랑스 대통령 선거에서 결선투표에 진출하는 등 그 세력의 확장은 정점에 이르기까지 하였다. 이 책의 조홍식의 글이 보여주듯이, 이후 총선에서 그 한계를 보이긴 했지만 극우세력의 확장의 잠재력은 여전히 건재하다고 하다고 할 수 있다. 그리고 극우세력의 확장은 프랑스만이 아니라 유럽의 여러 나라에서 꾸준히 진행되고 있다.

2. 신자유주의와 이주노동자의 급성장

프랑스를 비롯한 전 세계적인 우경화 경향에 신자유주의가 큰 몫을 한 것은 분명하다. 신자유주의는 국민국가적 차원에서 복지 제도를 흔들면서 시민들에게 삶의 불안감을 가져오게 하였고, 세계적 차원에서는 자본과 노동력의 자유로운 이동을 요구하면서 이주노동자의 급성장을 통한 새로운 경쟁과 불안 요소를 만들어냈다. 신자유주의에 대한 대응이자 적응의 성격을 갖는 유럽연합은 시민들의 보호막으로 간주되었던 국가의 위상을 약화시켰고, 그것의 발전 방향이 '시

---

3 정반대의 예로서 동·남부유럽의 몇몇 나라들—포르투갈, 스페인, 라트비아, 그리스, 헝가리 등—은 일정한 액수의 투자—25만~50만 유로—를 할 경우 거주허가를 포함하는 황금비자를 준다고 한다. 그러한 나라들의 경우 투자유치라는 차원에서, 중국인들의 경우 자국의 불안정성을 해소할 수 있다는 측면에서 모두의 이해관계가 맞아떨어진다. 국적을 할부 판매한다는 비판에도 불구하고 이러한 추세는 증가하고 있다.

민의 유럽'이라기보다는 '자본의 유럽'으로 흐르고 있다는 불만을 낳고 있다. 이러한 다양한 요소들이 극우민족주의가 득세하는 토양이 되고 있다.

1980년대 초반부터 서서히 유럽에서 극우민족주의가 득세하기 시작한 것은 당시의 몇 가지 변화들—1970년대부터 시작된 복지국가 위기, 그것의 원인이자 동시에 결과인 실업의 증가, 전후 호황기에 유입된 이민 2~3세대의 등장, 그리고 세계적 차원에서의 신자유주의의 확산—이 결합한 결과이다. 신자유주의의 득세와 함께 자본과 상품의 이동은 물론 노동력의 이동 역시 급속히 증가하는 추세이다. 하지만 이러한 노동력의 이동이 무차별적으로 이루어지는 것은 아니다. 국제 노동시장의 경우 일종의 분절화가 발생하고 있다. 상층의 전문직 노동자들이 좋은 근로조건과 고임금 및 직업의 안정성 등의 혜택을 누리면서 이동하는 반면, 하층 노동자들은 열악한 근로조건과 저임금 및 직업적 불안정성 속에서 움직인다. 상층 노동자들은 이주노동을 통해 더 높은 수입은 물론 이주지역의 다양한 사회보장 혜택을 누리지만 그들이 거주하는 곳에서 시민으로서의 의무를 행하지 않는다. 특히 선진국에서 제3세계로 이동하는 전문 인력의 경우 더욱 그러하다. 노동력의 이동 속에서 전문 노동인력의 유입에 대해서는 거의 아무런 제지가 없으며, 오히려 전문 인력의 유입은 유입국의 수요에 따라 독려되고 있다. 반면에 하층 노동자들은 수입국의 수요와 노동자들의 취업이라는 요구가 맞물리면서 필요한 이동이지만 저임금과 열악한 노동조건 그리고 사회적·문화적 차별 속에서 움직이고 있다. 즉, 고용주들은 이주자들이 "규칙에 따라 일에 적합한 옷차림과 겉모습을 유지"할 것을 요구하면서 그에 따른 "문화적 판단"을 통해 차별하고 고용여부를 결정하면서 지속적으로 구별하려 한다(Samers, 2013: 187). 이러한 차별을 통해서 혹은 이러한 차별에도 불구하고 하층의 외국인 노동자들은 지속적으로 유입되고 있다. 그렇다면 이러한 외국인 노동자의 이동은 불가피한 것인가?

그 문제에 대한 대답은 신자유주의의 등장 속에서 찾아야 한다. 신자유주의적 세계화는 분명 자본주의의 새로운 변형태이다. 더 이상 국민국가를 필요로 하지 않는 듯한 자본주의의 모습이다. 19세기 자본주의가 등장하는 시점에서 국가는 자본의 축적, 노동력의 생산과 재생산이라는 중요한 과제를 담당하는 주체이자 틀로서 존재하였다. 하지만 동시에 당시 자본은 국민국가라는 경계를 스스로 넘나들 수 있는 존재이기도 하였다. 자본은 그 출발에서부터 국가의 경계에 대해 스스로를 얽매지는 않았다. 이미 19세기 유럽의 부르주아, 즉 자본은 전 세계에 걸쳐 자신의 생산양식을 강요하고자 했고, "자신의 이미지대로 세계를 창조"했던 것이다(Marx, 1990: 404). 자본에게 국경은 무의미한 것이었다. 또한 자본은 국가와 결합하는 방식으로, 즉 자본의 집중과 집적을 통해서 거대해진 자본은 국가를 앞세우든지 혹은 국가를 등에 업고서 제국주의적 진출을 하였다. 두 차례의 세계대전을 거치면서 유럽의 자본주의 국가들은 케인즈주의적 복지국가로의 전환을 꾀하였다. 하지만 1970년대에 들어서면서부터 시작된 복지국가 위기와 케인즈주의의 실패 그리고 서서히 시작된 신자유주의로의 전환과 세계화는 19세기 말에 완성된 사회적 국민국가의 위기이자 해체를 말하는 것이었다.

브레튼우드 체제가 금융의 국제적 이동을 억압함으로써 국민국가에게 국민경제의 발전을 위한 조건을 제공했다면, 그 체제의 붕괴 이후 국제통화기금과 세계은행과 같은 세계적 관리 기구는 신자유주의적 정책개혁을 통해 금융의 자유로운 이동을 강화함으로써 국민적 경제발전의 제도적 조건을 해체시켰다. 물론 거시경제 관리라는 국가의 역할은 사라지지 않지만, 뚜렷한 변화가 발생한다. 케인즈주의 시대에 국가의 역할은 산업적 성장과 고용을 목표로 하는 재정정책을 중심으로 조직되었다면, 이제 정책의 중심은 화폐정책으로 이동한다(박상현, 2012: 285-286). 정부의 역할은 기업에게 더 낮은 비용으로 자본을 제공할 수 있는 자유로운 금융시장의 작동 환경을 만드는 것으로 인식되었다. 그리하여 금융시장의 신뢰를 강화하고 화폐 가치를 보호하기 위해 인플레이션을 억제하는 정책을 추진하고, 증권시장을 부양하기 위해 이자율을 지속적으로 인하하였다.

이러한 환경 속에서 미국정부는 정부지원 모기지인 '서브프라임'을 도입하여 대출금 상환 능력이 없는 사람들에게 주택구입용 신용대출을 가능케 함으로써 신용을 매개로 한 착취가 채무자들을 상대로 이루어지기 시작한 것이다(Bauman, 2014: 39). 그리고 인플레이션을 억제하기 위해서는 일정한 규모의 산업예비군이 필수적인 것으로 보았고, 그것은 높은 실업률을 자연스러운 것으로 간주하였다(박상현, 2012: 297). 케인즈주의를 통한 완전고용을 목표로 하는 국민경제의 틀은 이제 신자유주의 혹은 통화주의를 통한 인플레이션의 조절과 산업예비군, 즉 비정규직의 양산을 통한 자본과 노동력의 자유로운 이동을 추구하게 된다. 새로운 일자리가 줄어들고 공식적인 실업자 비율이 증가하고 있다는 소식이 오히려 월스트리트의 주식시장에 활력을 불어넣고 있다(Bauman, 2010: 117). 신자유주의적 경제정책, 특히 완전고용을 목표로 했던 케인즈주의적 재정정책으로부터 광범위한 산업예비군을 기반으로 자유롭게 이동하는 자본의 이익을 보장하는 화폐정책을 주로 하는 신자유주의적 경제정책 속에서 노동자들의 이동 역시 급격히 늘어나고 있는 것이다.

이러한 신자유주의적 경제정책에 맞추어 사회정책에 있어서도 신자유주의적 변환을 겪게 된다. 케인즈주의 시대 사회정책이 완전고용을 목표로 했다면, 신자유주의 시대 사회정책은 금융적 팽창과 노동시장의 신축성이라는 목표를 보완하는 경향이 있다(박상현, 2012: 298-299).[4] 19세기 말부터 시작된 '사회적인 것'의 조절, 즉 국가와 사회적 연대를 통한 사회문제의 해결은 더 이상 지속될 수 없다. 오히려 '사회적인 것'의 존재가 부정되고, 다시 개인적인 것의 절대화가 이루어지고 사회문제는 개별화된다. '사회적인 것'에 대한 인식과 연대를 통한 해결은 '사회적 책임성'에 대한 인정이며, 공동체의 이름으로 사회문제를 해결하고자 하는 노력이었으며, 사회적 국민국가, 즉 복지국가의 형성이었다. 신자유주의의 등장과 함께 복지국가에 대한 비판은 사회적인 것에 대한 해결의 방식을 다시 개인으로 환원시키는 것이었다.[5] 빈곤은 개인의 결함에서 비롯된 필연적인

---

4   이 부분에서 상당한 수준의 복지국가를 달성한 유럽과 그렇지 못한 미국은 분명 차별성이 있다. 미국의 경우 주식시장의 호황과 함께 '보험의 원리'에 기초했던 연금제도에는 '투자의 원리'가 도입되기 시작하였고, '구호의 원리'에 기초하였던 빈곤감축 프로그램은 신축적인 노동시장에서 빈민의 '고용가능성'을 향상시키는 프로그램으로 전환되었다. 사회보험의 목적은 이제 투자자로서 시민의 개인적 축적과 투자를 증가시키는 것이며, 그 급부의 수준은 개인의 투자포트폴리오에 의해 결정된다(박상현, 2012: 299-303). 유럽의 경우 복지국가의 개혁을 통해 '생산적 복지' 내지는 '제3의길' 등을 통해 기존의 방어적 복지와는 다른 형태의 복지, 즉 일하게 하는 복지, 즉 노동시장에 가능한 한 빨리 재투입할 수 있도록 자극하는 복지로의 전환이 발생하고 있다(김수행 외, 2008).

5   자기계발에 대한 강조, 스펙과 열정에 대한 강조는 그러한 모습을 보여주는 한국 사회의 단면이다(서동진, 2009).

불행으로 받아들여지고 사회는 가난하고 소외된 이들에게 무관심해진다(Bauman, 2010: 130). 사회적 책임성이 아닌 개인의 책임성에 대한 강조를 통한 복지국가의 개혁이다. 노동력의 탈상품화 지수를 낮추는 방식으로 가능한 한 개인들을 노동시장에 빠르게 편입/재편입시키고자 하는 방향으로 개혁이 진행되었다. 이른바 일하는 복지(workfare)가 그것이다.

신자유주의의 강세에 따른 사회적 국민국가의 해체는 그동안 국민국가라는 공동체 형태를 통해 진행되어왔던 다양한 통합과 연대 그리고 민주주의의 후퇴를 의미한다. 사회적 국민국가를 통해 해결되어왔던 '사회적인 것'의 문제가 신자유주의적 방식의 해결의 형태를 취하면서 시민권의 위기를 불러오고 있으며, 동시에 그 위기는 노동자계급의 해체 혹은 그 정체성의 위기를 동반하고 있다. 노동자들의 파업은 계급투쟁의 차원에서 접근하기보다는 철저하게 개별화된 집단이기주의의 차원에서 이해된다. 전 세계적 수준에서 노동자운동의 쇠퇴, 비정규직의 양산, 그리고 이주노동자를 포함한 다양한 방식의 프레카리아트(Precariat)의 등장은 이것을 말해주고 있다.[6] 이러한 가운데서도 이주노동자들의 유입을 통한 산업예비군의 확장은 지속되고 있으며, 그들에 대한 새로운 방식의 분할지배가 이루어지고 있다.

---

6   노동자계급 혹은 프롤레타리아트가 사회적인 것의 문제해결의 중심에 있었던 사회는 복지국가 시기의 안정적 사회이며, 또한 노동조합을 통한 사회협약이 가능했던 사회였다. 하지만 프레카리아트 사회란 그 시기를 넘어 신자유주의가 원하는 노동유연성, 즉 고용과 소득, 노동시장 등이 보장되지 않으며, 노동조합과 같은 대표조직을 통해서도 말할 수 없는 프레카리아트가 급속히 증가하는 사회이다(Standing, 2014; 이진경, 2011). 프레카리아트에 대한 논의는 이 글의 범위를 넘어서는 것으로 차후에 논의하도록 하자.

III. 국민국가 건설의 상이한 길과 상이한 국민/민족 개념

최근 극우민족주의에서 제기되고 강조되는 민족주의적 요구와 국가에 대한 개념을 이해하기 위해서 근대 국민국가 형성기의 국민/민족 및 국민국가 개념에 대한 이해를 먼저 검토해보면서 그것과의 차별성을 분석할 필요가 있다. 최근의 극우민족주의적 성향은 과거의 민족주의적 경향의 강화이거나 20세기 전반기의 극우민족주의와 유사하다고 보기 어려운 다양한 차별성을 지니고 있다. 국민/민족 개념은 다분히 근대적이고 또한 맥락적이다. 18세기 말에서 19세기에 본격화된 국민국가 건설에서 그 주요한 행위자이자 동시에 개념으로서 국민/민족과 민족주의는 그 관계설정이나 개념이 가지고 있는 함의 등에서 오랫동안 논쟁거리였다. 특히 민족주의 연구자들 사이에서 존재하는 영속주의, 근대주의, 족류상징주의 등의 경쟁적인 이론적 논의는 국민/민족 개념에 대한 상이한 이해 속에서 아직도 진행 중이다. 이러한 이론적 흐름이 최근 극우민족주의의 등장, 특히 국민국가의 위기와 새로운 공동체의 등장 가능성 속에서 국민/민족 개념의 변동 속에 어떠한 이론적 입장을 취할 수 있는지, 내지는 그러한 개념적 틀과 논쟁이 현재의 변동을 얼마나 설득력 있게 설명할 수 있는지에 대해 알아보는 것은 흥미로운 작업이다.

현재 유럽에서 극우민족주의의 득세가 전통적인 문화적 민족 개념에 대한 강조와 더불어 시민적 국민 개념의 후퇴를 말하는 것이라고 이야기되기도 한다. 그러한 논의는 유럽의 통합을 통해 구현되어야 할 국민/민족 개념은 문화적 특성을 강조하는 종족적(ethnic) 민족이 아닌 정치적 원칙을 강조하는 시민적(civic) 국민 개념이어야 한다는 주장으로 이어진다. 예를 들어 하버마스의 경우 유럽이라는 새로운 네이션이 탄생한다면 그것은 과거 국민국가 시민의 한 경향이나 문화적 민족이 아니라 유럽 시민들, 즉 다양한 기원과 문화를 가진 시민들의 결합체로서 유럽 네이션—일종의 거대한 시민적 국민—이 되어야 한다는 점을 강조한다(Habermas, 2000). 이러한 주장은 네이션 개념에 있어서 문화적 측면을 강조하는 경우 폐쇄성을 지니는 반면, 정치적·시민적 측면을 강조하는 네이션(nation) 개념은 개방성을 지니고 있다는 논리에 기반한다. 그리고 그러한 두 가지 경향의 네이션 개념은 대표적으로 독일과 프랑스라는 유럽 두 나라의 경험으로부터 찾아지고 있다. 사실 유럽에서 근대 국민국가 건설 과정에 등장하는 상이한 두 가지 국민/민족 개념, 즉 프랑스적 특성을 지닌 시민적 개념과 독일적 특성을 지닌 문화적 국민/민족 개념에 대한 구분은 오래된 이야기이다. 이 두 가지 유형의 개념은 프랑스와 독일의 상이한 국민국가 건설의 길과 밀접한 관련을 갖는다. 즉, 명확히 국민 개념은 근대의 국가건설의 역사와 맞물려 있는 근대적 개념이다.

1882년 소르본 대학에서 '네이션이란 무엇인가'를 주제로 강연했던 르낭은 "네이션은 혼이며, 정신적 원칙"이라고 정의했고, 그것의 구성 요소로 두 가지를 제시한다. 하나는 "공통의 기억"이며, 다른 하나는 "함께 살고자 하는 욕구이자 현실적 동의"이다(Renan, 1992). 이런 네이션에 대한 정의는 "매일매일의 신임 투표"라는 말에서 나타나듯이 시민 공동체의 유대에 근거한 시민적 네이션 개념이었지만, 동시에 역사적 유산, 연속성, 장기간에 걸쳐 형성된 문화에 대한 소속감 등 독일적인 문화적 네이션 개념을 포함하는 것이었다. 물론 근대의 국민국가가 일정한 완성의 지점에서 두 가지 요소가 모두 필요했던 것은 사실이지만, 국민국가 건설에 접어들 무렵 국민을 동원하고 구성해내는 과정에서 강조점은 분명하게 구별되었다. 프랑스의 경우 국민 형성은 프랑스혁명이라는 역사적 사건과 결합되어 있었고, 그것은 정치적 국민의 형성, 즉 혁명의 원칙에 대한 동의라는 차원에서 정치적 원칙을 강조하는 국민의 구성이었다. 하지만 독일의 경우 강한 봉건적 잔재로 인해 뒤늦은 국민국가 건설의 길에서 혈연, 언어 등 문화적 정체성을 중심으로 하는 민족의 구성과 그들에 의한 국가의 형성이라는 과정을 거쳤다.

국민/민족 형성에 있어서 프랑스적 방식과 독일적 방식에 대한 구분은 이후 프리드리히 마이네케(Friedrich Meinecke)에 의해 국가민족(Staatsnation)과 문화민족(Kulturnation)에 대한 구분으로 이어졌다(Meinecke, 2007).[7, 8] 국가민족은 혈통, 언어, 종교, 관습 등에 상관없이 개인이 소속되기를 택함으로써 형성되는 민족공동체로서 법적으로 평등한 국가 시민으로 구성된 근대적 국민국가인 서유럽국

7   독일과 프랑스를 전형적인 예로 들면서 구분하는 국가민족과 문화민족의 구분 방식은 이후에도 지속적으로 반복되어 정치사회학자나 역사학자에 의해 수용된다. 대표적인 예로는 Elias(1996), Brusbaker(1992), 조홍식(2005) 등이 있다. 또한 이것의 차이가 이후 개별 국민국가에서 시민권을 부여하는 방식의 차이를 가져오게 하였다. 물론 유럽의 시민권 부여 과정은 결국 그것들의 일정한 수정을 통한 수렴의 과정을 거치게 된다.
8   서구에서 프랑스와 독일의 전형적인 국민 구성의 역사와 구별되는 제3세계에서 국민/민족의 구성은 제국주의적 침략에 의한 반제 민족해방 운동 과정에서 이루어진다는 점에서 차별성을 갖는다. 한반도에서 국민/민족의 구성은 중화주의적 질서로부터 벗어나 만국공법의 질서에 편입되면서 새로운 국민국가 건설의 시도와 실패 그리고 식민지배의 과정을 거치면서 반제적 민족이 형성된다. 서구의 경우처럼 개인의 탄생과 그들의 집합적인 정치적 주체로의 성장의 과정을 거치지 못하고 민족의 구성을 통한 이후 개인의 형성이라는 점에서 개인주의의 미약과 민족 및 민족주의의 과잉의 역사를 볼 수 있다. 홍태영(2015) 참조.

가들이 여기에 해당된다. 반면 문화민족은 혈통, 언어, 종교, 관습 등에 기반을 둔 공동체 의식에서부터 형성되며, 국민국가 없이 이러한 민족공동체의 존재가 가능하다. 대표적인 예가 독일이다.

프랑스의 경우 이미 18세기 계몽주의를 통하여 보편주의적 역사관과 세계관을 지니고 있었다. 따라서 1789년 혁명을 전후하여 등장한 새로운 주권자로서 네이션은 명확히 정치적 개념이었다. 즉, 프랑스혁명의 원칙에 동의하는 한 누구든지 그 출신(origine)을 막론하고 프랑스 국민이 될 수 있었다. 심지어는 의회의 의원이 될 자격도 동일하였다(Rosanvallon, 1992). 따라서 1791년 입법의회의 의원 중에서 영국, 스위스, 프로이센 출신의 의원들도 존재하였다. 하지만 이러한 보편주의적 국민 개념이 이후 지속되는 것은 쉽지 않았다. 당장 1792년 프랑스혁명 전쟁, 즉 오스트리아, 프로이센 등 반프랑스 동맹국들에 대한 선전포고가 이루어지면서 프랑스 내에서 존재하는 외국인들은 당시 잠재적 '적'으로 간주되었다. 결국 타자, 즉 다른 국가와의 만남은 국민의 존재에 경계를 두기 시작함을 의미하였다. 더구나 그것이 전쟁으로 인한 것이라는 점에서 더욱 분명하였다. 그리고 상대방 역시 동일하게 밀려오는 적국에 대항하여 자신의 국민을 구성하고자 하였다. 피히테가 "독일 국민에게 고함"이라는 글을 통해 독일인의 정체성을 구성해내는 것은 나폴레옹 전쟁을 통해서이다. 하지만 독일민족의 구성은 프랑스의 그것과 차별성을 지닌다. 오랜 중세의 역사 속에서 수백 개의 영방(Bund)으로 흩어져 있던 사람들을 독일인이라는 하나의 정체성으로 묶어내는 것은 한 번의 전쟁으로 이루어지기에는 벅찬 일이었다. 물론 프랑스 역시 1789년 혁명과 프랑스혁명 전쟁이라는 일회적 사건을 통해 국민 형성이 완성되지는 않았다.

19세기 동안 프랑스와 독일 등 유럽 나라들은 국민 만들기 작업에 집중하였다. 우선 주권의 행사자로서 '국민'의 형성과 민주주의의 작동의 틀로서 국민국가, 따라서 민주주의는 민족적 민주주의라는 형태를 띠게 된다. 국민이라는 개념은 프랑스혁명의 경험을 거치면서 구체적이기보다는 추상적인 개념 내지는 단일한 집단으로서 상징적인 개념으로 자리 잡게 된다. 예를 들어, 19세기 프랑스는 국민적 정체성을 형성하기 위한 기억과 역사를 재구성하는 작업을 진행하였다. 1820년대 프랑수아 기조(François Guizot)는 파리대학 인문학부에서 〈유럽문명사〉 강의를 통해 유럽문명의 보편성 및 그것의 전위로서의 프랑스문명을 강조하였다. 특히 "유럽문명의 중심이자 요람"으로서 프랑스의 역사에 대해 강조하였고, "프랑스문명은 유럽문명의 전위"임을 강조하였다(Guizot, 2014). 다양한 저작을 통해 프랑스인의 공동의 기억 만들기, 특히 '인민'을 역사의 주체로서 설정하고자 했던 쥘 미슐레(Jules Michelet)의 노력 등은 19세기 말 에르네스트 르낭(Ernest Renan)이 말했던 것처럼, 민족을 이루는 한 축으로서 '공통의 역사적 기억'을 만드는 과정이었음을 말하고 있다(Michelet, 1974; Renan, 1992). 또한 다른 한 축으로서 프랑스라는 정치체의 구성원으로서 시민적 민족의 구성이다. 프랑스 시민권의 발전이 1789년 혁명과 함께 성립된 민권(civil right)과 제한적이긴 하지만 1848년 혁명과 함께 성인남성 모두에게 부여된 정치적 권리(political right) 그리고 19세기 말부터 성립되기 시작한 사회적 권리(social right) 순으로 이루어졌다면, 무엇보다 그 전제가 되는 것은 국민성원권(nationalité)이었다. 잘 알려졌듯이, 1789년의 '인간과 시민의 권리 선언'

은 국민성원권을 전제한 시민권으로서 인간의 권리였다. 시민권의 발달은 결국 시민을 국민의 구성원으로서 만들어가는 과정이면서 동시에 민주주의의 차원에서 권리의 확장이기도 하다.

또한 국민이라는 주권자의 형성과 더불어 국민 만들기의 과정은 자본주의적 발전 과정에서 발생하는 노동자계급의 정체성 형성과 결합되어 있었다. 칼 마르크스(Karl Marx)는 자본주의가 자본과 노동력의 존재, 즉 자본관계의 존재만으로는 불충분하며, 자본주의적 생산이 진행되면서 "교육, 전통, 관습에 의하여 자본주의적 생산양식의 요구를 자연법칙으로 인정하는 노동계급이 발전"할 것을 필요로 한다는 점을 지적하였다. 그리고 이러한 생산의 자연법칙, 즉 노동자 자신이 자본에 정상적으로 종속되도록 하기 위해 국가권력이 필요하다는 점이 바로 원시적 축적의 본질적 측면임을 강조하였다 (Marx, 1989: 927). 원시적 축적의 과정이 단지 이중의 의미에서 자유로운 노동자의 탄생만을 의미하는 것이 아니라 지속적으로 자본주의적 과정이 교육, 전통, 관습을 통해 자연스러운 법칙으로 인식되도록 하는 것이 국가권력의 역할을 필요로 한다는 것을 의미한다. 국가에 의해 이루어지는 이러한 노동자계급의 재생산 과정은 국민으로서의 재생산 과정과 결합되어 있다는 것을 알 수 있다.

결국 국민국가라는 정치체를 통해 정치, 경제, 사회의 체계가 작동하는 방식이 성립된다. 정치적으로 국민주권을 실현하는 방식으로 민주주의, 경제적으로는 자본주의 그리고 사회적인 것을 해결하기 위한 국가적 노력, 즉 민족주의—공화주의적 연대 혹은 사회적 연대 등의 이름으로 작동하는 통합의 이데올로기—를 통한 국민적 정체성의 형성 과정이 중층적으로 결합된다. 적어도 19세기에 민족주의는 이러한 국민국가의 작동의 중심에 있었다. 민족주의는 자본 관계의 재생산의 한 축인 노동자계급의 재생산을 위한 국민적 정체성 형성의 다양한 노력들, 무엇보다도 '자본주의 정신(spirit of capitalism)'으로서의 역할을 수행한다(Greenfield, 2001). 19세기 전반기 독일의 통일과 국민경제 형성을 요구했던 리스트의 주장은 민족주의와 자본주의의 결합을 전형적으로 보여주는 예이다(List, 1998).

그리고 자본주의의 발전 과정에서 형성되는 '사회적인 것'의 문제 해결은 결국 동시적으로 진행된다. 즉, 노동자계급 형성의 문제와 국민형성의 과제가 동시에 제기되었고 그 해결책 역시 동시적이었다. '사회적인 것'을 위한 해결의 과정은 개인의 문제로 환원되지 않는 사회에 대한 인식, 사회의 표상으로서 국가의 역할 등을 새롭게 정립하는 과정이었고, 동시에 그것은 노동자계급의 국민으로의 포섭 과정이기도 하다. 산업재해, 실업 등의 사회문제에 대한 공동체적 차원에서 대응과 보호 그리고 연금에 대한 대책이 제1차 세계대전 이후 전쟁미망인과 고아에 대한 국가적 대응이라는 점에서 애국주의적 및 민족주의적 틀을 통한 문제의 해결, 즉 사회적 국민국가(social nation-state)의 확립이었다. 에밀 뒤르켐(Émile Durkheim)의 연대 개념에서 출발하여 프랑스 제3공화국에서 공화주의적 연대로 집중되는 이 해결책은 노동자계급을 철저하게 국민의 일원으로 호명하는 과정이었다. 사회적 권리의 부여는 노동자계급의 시민화 과정이며, 애국주의적 시민으로의 호명이기도 하였다. 에릭 홉스봄(Eric Hobsbawm)의 표현에 따르면 국민적 정체성이 계급적 정체성을 압도해나가는 과정이라고 볼 수도 있으며, 린다 콜리(Linda Colley)를 따라 국민적 정체성과 노동자 정체성은 동전의 양면이라고도 할 수 있다(Colley, 1986).

분명한 것은 이 시기 민주주의는 '민족적 민주주의'였다는 점이다. 그것은 노동자계급의 정체성 형성과 경쟁적이었던 국민적 정체성을 강화하는 방식이었고, 그것을 통해 국제주의적 혁명의 길을 선택했던 러시아와는 다른 길을 모색한 유럽 사회주의/사회민주주의의 길이기도 하였다. '민족적'이라는 수식어는 근대 국민국가 발전 과정에서 부수적인 것이라기보다는 결정적인 것이었다. 그것은 시민적이든 종족적 혹은 문화적이든 분명한 경계를 둘러싼 포섭과 배제의 과정, 즉 근대적 정치체인 국가의 구성원이자 주권자로서의 국민의 구성이었다. 또한 국가는 정치적·경제적 그리고 사회적 측면에서 중심적인 행위자로서 작동하였다. 그리고 그것은 국민국가 형성을 통한 민족적 민주주의의 형성이었다.

IV. 신자유주의와 극우민족주의의 이유 있는 동거

최근 극우민족주의 세력들이 주장하는 민족주의적 성향의 요구들은 과연 어떠한 의미들을 지니고 있으며, 구체적으로 근대 국민국가 형성기에 제기되고 구체화되었던 민족 및 민족주의와는 어떠한 차별성을 지니고 있는가? 현재 극우민족주의에서 제시하고 있는 민족 개념은 국민국가 형성기에 경쟁적으로 존재했던 문화적 민족 개념의 부활인가? 그리고 극우민족주의의 민족주의는 그러한 문화적 민족 개념을 강조하면서 국민국가로의 회귀를 주장하는 것인가? 그리고 극우민족주의에게 국민국가의 민주주의적 성과는 어떠한 위상과 의미를 지니는가?

유럽에서 극우민족주의는 신자유주의, 유럽통합 등 국민국가의 약화에 따른 위기감 속에서 확장하고 있지만, 이들의 민족주의는 20세기 전반기에 등장하였던 극우민족주의와는 분명 구별되는 양상을 띠고 있다. 1980년대 극우민족주의가 생물학적 인종주의와 유사하게 20세기 전반기의 극우민족주의 성향을 띠고 있었다면, 최근의 극우민족주의는 문화적 양상에 초점을 맞추기 시작하면서 서서히 '문화적 인종주의'로 변모하였고, 그 확장성을 갖기 시작한 것이다. 생물학적 인종주의라는 거부감을 벗어버리기 위한 방편으로 문화적 요소에 대한 강조를 통해, 결국은 특정한 문화를 인종주의화하는 방식을 통해 특정한 문화적 성향의 집단을 배제하려는 움직임으로 나타나고 있다.[9] 예를 들어 문명화된 프랑스적 혹은 유럽적 가치에 대항하여 북아프리카인들의 가치는 "더럽고, 비위생적이고, 범죄적인 것"들과 연관 지어 설명된다. 인종주의 언어가 계급화되고, 젠더화된 방식으로 이루어지고 있다. 국민전선에 의해 북아프리카 아랍 남성의 경우 남자다움, 북아프리카 여성의 경우 다산의 이미지가 주어지면서 "비문명화된" 동물의 세계를 연상하도록 형성되고 있다. 식민주의의 언어로 만들어진 상상의 타자이다. 또한 국민전선이 동원하는 인종주의적 언어는 계급의 언어와 연관되어 북아프리카 이민자들이 새로운 빈곤계층을 형성하고 있는 것으로 묘사된다(M. Evans,

9 물론 인종 및 인종주의 개념에는 항상 생물학적 요소와 문화적 요소가 모두 존재해왔다. 하지만 생물학적 요소와 문화적 요소가 어떤 비율로 배합되는지, 즉 어떠한 요소들이 강조되는지는 시기와 집단에 따라 달리 나타난다. 최근의 인종주의가 생물학적 요소를 피하고 문화적 요소를 강조하는 방식으로 기존의 오명을 벗어나면서 인종주의가 아닌 것처럼 등장하고 있는 것이 문제이다(Rattansi, 2011 참조).

1996: 49-54). 또한 이슬람교도들과 테러리즘 집단의 동일시, 그 반작용으로 서구문명과 이슬람문명의 적대적 경향에 대한 강조 등이 유추된다. 문화적 인종주의는 이러한 이슬람에 대한 사회적 표상의 오류를 만들어내는 데 일조하고 있다.

극우민족주의의 이러한 세력화와 강세는 앞서 말한 1980년대 이후 변화된 경제상황 및 자본주의적 발전 양식의 변화와 연관된다. 신자유주의의 강화에 따른 자본과 노동력의 자유로운 이동의 증가가 뚜렷해졌다. 자본주의의 역사가 보여주듯이 세계자본주의가 '저임금노동력'의 재생산 혹은 지속적인 확보를 통해 작동되어왔다는 점을 감안한다면, 현재 세계적 수준에서 노동력의 이동은 불가피하며 자본주의의 작동을 위해 필요한 부분이다. 하지만 동시에 노동력의 자유로운 이동과 함께 필요로 하는 것은 그러한 노동력을 통제할 수 있는 장치의 마련이다. 따라서 노동력의 이동은 제한될 수 없지만, 그렇다고 모두가 자유로운 이동과 거주를 보장받는 세계적 수준의 공동체가 아니라 경계를 통한 구별 짓기와 차별을 동반한 적절한 조절이 동시에 진행된다.

최근 프랑스의 경우도 공화주의 및 프랑스 공화국에 대한 강조 속에서 다문화주의를 포기하고 그리고 이방인들에게 프랑스 국가에 대한 애국심을 강조한다. 물론 프랑스는 오랫동안 시민적 국민 개념을 중시했던 나라이다. 프랑스혁명의 원칙—자유, 평등, 형제애—에 대한 동의와 공화국에 대한 애국심이 프랑스 시민, 국민이 되는 가장 우선적이고 기본적인 원칙이다. 현재 프랑스가 강조하는 그들의 공화주의적 원칙은 그들의 주장에 따르면 시민적 원칙이고 따라서 시민적 국민 개념이지만, 그것은 프랑스적 공화주의를 강조하면서 폐쇄성과 배타성을 강화한다. 결국 독일적, 즉 문화적 혹은 종족적 민족 개념이나 프랑스의 시민적 국민/민족 개념 모두 경계를 지니면서 포섭과 배제의 원칙으로 작용하고 있다. 그나마 과거 국민국가 시기에 지녔던 프랑스의 시민적 개념이 가지고 있던 개방성마저도 최근 그 장벽을 높이면서 무의미한 것이 되고 있다. 오히려 그것은 더 강력한 자신들의 원칙이 되면서 자신들의 공화주의적 시민 개념을 통해 경계의 벽을 높이는 장치가 되고 있다. 그렇다고 한다면, 시민적(civic) 국민 개념과 종족적(ethnic) 민족 개념 사이의 차이는 무의미해진 듯하다. 그것들은 특정한 맥락 속에서 시민의 경계를 구성하는 배제의 장치로서 의미를 가질 뿐이지, 어느 것이 다른 것에 대해―예를 들어, 종족적 민족 개념보다 시민적 민족 개념이―정치적 혹은 윤리적 우월성을 가질 수 없다.

1970년대 초반 이후 등장한 복지국가의 위기는 곧 '사회적 국민국가'의 위기, 즉 국민국가라는 틀을 통해 형성된 민족적 민주주의 및 국민경제의 위기이다. 따라서 그것들을 결합해왔던 민족주의의 새로운 위상 변화를 의미하기도 한다. 현재의 민족 개념은 국민국가 시기 국가권력의 주권적 실체로서의 의미 혹은 시민들의 집합적 실체로서의 의미를 가지지 못하고 있다. 다만 노동력의 결집체이자 특정한 권리들의 집합체 등의 의미만을 지니고 있다. 또한 지그문트 바우만(Zygmunt Bauman)의 지적처럼 "민족국가는 지역적인 법과 질서의 경찰관리 구역이며, 동시에 글로벌하게 생산되는 위험과 문제를 처리하기 위한 국지적 쓰레기통이자 쓰레기 제거와 재활용 공장"으로 그 위상이 변질되었다(Bauman, 2014: 110). 주권자로서 시민들의 집합체이자 연대와 삶의 공동체로서 국민국가의 위상은 사라지고 치안과 통치의 대상의 집합체로 전락한 것이다. 정치의 공간과 정치적 주체들의 행위의 공간으로서 국민국가의 의미는 사라진다. 명확히 사회적 국민국가, 즉 복지국가는 이제 안보국가가 된다. 오늘날의 국가는 시장이 산출한 실존적 불확실성과 불안에 대한 개입을 중단—사회복지 프로그램을 통한 국가적 개입을 중단—하고, 자신의 정당성을 세우는 데 필요한 비경제적 유형의 취약성과 불확실성을 찾으려 하면서, 특히 최근에 개인 안전을 그 대안으로서 찾은 것이다(Bauman, 2013: 84). 결국 정치(politics)는 사라지고 치안(police)만이 남는 상황에 이른 것이다.

최근의 문화적 인종주의는 특정한 방식으로 경계 짓기의 강화 형태이다. 문화적 지표에 따라 차별이 이루어지거나 인정이 이루어지는 방식이다. 인종적 지표보다는 문화적 지표를 통한 '구별짓기(distinction)'이다. 난민법을 통해 국민국가의 경계를 강화하는 듯하지만, 이것은 특정한 요건 혹은 상황, 혹은 특정한 사람들을 겨냥한 경계의 강화이지 경향적으로 국민국가의 경계를 강화한다고 볼 수는 없다. 독일이나 영국, 프랑스도 역시 일정한 수준의 전문 인력을 외국에서 수입해야 할 필요성이 있으며, 또한 저임금 하층 노동력 역시 일정하게 수입해야 할 필요성이 있으며, 그에 맞추어 차별적인 대응을 하고 있다(최진우, 2015: 215-216). 이것들을 조절하는 수준에서 자국으로의 외국인의 유입을 조절하고 동시에 그들에 대한 통제를 강화하는 방식의 외국인 정책을 펴고자 하는 것이다. 이 상황에서 극우민족주의는 적절한 명분이 된다. 신자유주의적 세계화 속에서 완전고용을 목표로 했던 케인즈주의적 사회적 국민국가는 후퇴하고, 이민노동자들의 유입을 통한 잉여 노동력의 공급, 즉 산업예비군의 지속적 확보를 통한 노동의 유연성 확대, 동시에 그들을 관리하기 위한 방편으로 사회적 배제의 정치전략, 즉 극우민족주의를 통한 국민/비국민 혹은 시민/비시민의 구분 전략이 등장한다. 마치 이것은 19세기 영국에서 사용된 두 개의 국민 전략이다. 이매뉴얼 월러스틴(Immanuel Wallerstein)은 이러한 상황을 다음과 같이 지적한다. "서양 노동자들은 또다시 '위험한 계급'이 되어 있을 것이다. 그러나 그들의 피부색은 바뀌어 있을 것이며, 계급투쟁은 인종투쟁이 될 것이다"(Wallerstein, 1995: 27). 결국 신자유주의적 자본주의에서 작동하는 "인종과 계급의 변증법" 속에서 가장 고통받는 사람은 유색인종 노동계급인 것이다(McNally, 2011: 208). 금융의 세계화 속에서 "삶의 가장 기초적인 사회적 조건들의 금융화, 민영화"를 통한 일상의 금융화가 진행되면서 유색인종 노동자들, 결국은 "신용자격이 가장 없는 이들"이 가장 고통받는 사람이 되고 있는 것이다(안정옥, 2013a; McNally, 2011).[10]

극우민족주의자들에 의해 철저하게 배제의 대상으로 지목된 그들은 통합불가능한 자들이며, 그들은 "신자유주의적 통치에서의 경쟁의 전면화가 산출하는, 경쟁으로부터 배제된 자들이며, 나아가 전지구화된 세계에 '잉여'로서 존재하는 이민노동자나 위험한 외국인"이다(사토 요시유키, 2014: 114). 극우민족주의는 이러한 배제와 포섭

---

10 안정옥은 서브프라임모기지 확대가 저소득층과 유색인종이 주로 사는 도시지역 공동체의 주거조건의 개선이라는, 아래로부터의 요구를 제도화하고 현실화하는 갈등적 과정을 거치면서 제2차 세계대전 이후 대중화된 미국식 삶에 편입되고자 하는 소수인종과 저소득층의 열망을 반영한 것이었다고 본다(안정옥, 2013a). 물론 미국의 구체적인 예이긴 하지만, '사회적인 것'의 구성으로부터 배제되고 있는 유럽의 이민노동자들 역시 이러한 문제에 노출될 수밖에 없다.

의 메커니즘을 작동시키는 중요한 포퓰리즘적 이데올로기가 되고 있다. 외국인은 사회의 안전을 위협할 수 있는 잠재적인 범죄자이며 위험한 사람, 위험한 계급인 것이다. 극우민족주의자들이 주권권력의 강화를 요구한다는 것은 예외 상태의 상시화를 통한 권능 강화이며, 지속적으로 호모사케르(Homo-Sacer)의 발명을 통하는 방식이다. 벌거벗은 생명으로서의 호모사케르는 주권권력이 법적·정치적 질서 속에 포섭하면서 동시에 배제하는 존재로서 설정된다(Agamben, 2008). 위험한 계급으로 간주되는 이주노동자들은 주권권력이 행하는 '안전의 정치'의 대상으로 확정된다. 예외상태/비상 상황을 만들어내는 위험한 계급으로서 이주노동자들은 주권권력을 강화할 수 있는 조건으로 작용한다. 국가는 개인의 생명을 보호하기 위해 외부의 위협을 차단하고 나아가 개인의 삶을 관리하는 '생명관리권력(bio-pouvoir)'으로서 자신의 위상을 정립하였다(Foucault, 2004). 신자유주의는 시장으로부터 국가를 배제하는 것이 아니라 국가를 시장의 하위주체로 내세워 보다 잔인한 경쟁원리를 내재한 시장 질서를 인간의 삶의 깊숙한 곳까지 침투시키고 있는 것이다(김항, 2016: 210). 그러한 국가권력은 현대의 테러리즘의 시대에 국민의 '안전'을 위한 정치를 위해 새로운 위협들을 계속 찾아내고 그들을 관리하고 있는 것이다.[11] 신자유주의 시대에 위험한 계급은 바로 이주노동자인 것이다. 계급을 넘어서 계급의 바깥에 존재하는 이들로

---

11 역사적으로 인종주의가 외국인을 대상으로 하는 것만은 아니었다. 19세기 귀족적 위계질서가 무너지면서 민족주의적 보수 반동이 등장하면서 '내부의 인종주의'가 자라난다. 그리고 제국주의적 팽창은 계급을 '인종화'시키는 새로운 사회적 경관을 공급하였다(Rattansi, 2011: 82-83).

이루어진 한 계급, 즉 '최하층계급'에 대한 이미지가 만들어지고 그들에 대한 논의는 대중적 관심의 중심에 선다(Bauman, 2010: 133).[12] 심지어 빈곤층은 경쟁이라는 전쟁에서 패배한 소비자 사회의 불량품이 아니라 사회의 적으로 간주되고 있으며, 범죄자와 복지수급자를 구분하는 경계선은 희미해지고 쉽게 넘나들고 있다(Bauman, 2010: 152). 그리고 극우민족주의는 그들을 계속 구별해내고 있는 것이다.

19세기의 민족주의가 사회적인 것의 해결과정에서 일정하게 연대의 의미를 지녔으며, 그것을 통해 민주주의의 확장의 효과를 가졌다면, 현재의 민족주의는 신자유주의적 세계화에 부응하는 구별을 위한 장치이자 이데올로기로서의 역할을 수행하고 있다. 그것은 민족주의를 통해 새롭게 유입되는 다양한 이방인들에 대한 차별의 강화, 그들에 대한 시민권 부여에 있어서 배타성의 강화, 사회적 연대나 통합에 대한 문제의식의 부재 등을 특징으로 한다. 이방인에 대한 이러한 배타적 성격의 강화는 내부로 그 창끝을 겨냥하기도 한다. 기존의 민주주의적 시민권, 즉 사회적 권리의 약화는 신자유주의 시대에 자연스러운 일이 되어간다. 신자유주의적 세계화 경향과 극우민족주의에서 요구하는 주권의 강화 경향은 상반되는 경향이다. 전자가 자본과 노동력의 자유로운 이동을 요구한다는 점에서 국경의 약화를 의미하는 것이라면, 후자는 정반대의 지향을 갖는다. 불편

---

12 최하층계급은 바우만이 집중적으로 다루는 개념이다. 공동주택에 사는 빈민들, 불법이민자들, 비행청소년들, 직업 없는 빈곤층들, 홈리스, 알콜 혹은 약물중독자들 등 이른바 사회에 무용한 존재들로 간주되지만, 그러한 무용성이 바로 그들의 사회적 쓸모이다. '악의 제국'이 붕괴되자 최하층계급은 사회적 논쟁과 대중적 관심의 중심에 놓이게 되었다.

하지만 이유 있는 동거가 가능해지고 있다. 최근 유럽 여러 국가들에서 나타나는 국경의 장벽을 높이려는 경향과 그와 맞물려 있는 민족주의적 경향은 신자유주의적 세계화를 통해 자본과 노동력의 자유로운 이동이 증가되는 상황에서 자국이기주의적 방식으로 그에 대한 제한을 설정하려는 시도이다. 자본과 노동력의 이동은 현재의 자본주의적 발전 상황에서 불가피하며 동시에 그에 대한 적절한 제어장치를 필요로 한다.

현재 유럽의 극우민족주의적 흐름들은 이방인에 대한 배타성, 유럽연합의 강화에 대한 거부와 국민국가 틀의 강화, 동시에 문화적 정체성 강화뿐만 아니라 이미 시민권을 획득한 이들에 대한 배타성도 보이고 있다. 현재의 극우민족주의는 민족을 새로운 상징, 가치 등을 중심으로 새롭게 재구성하고자 하는 것이고, 민족에 대한 새로운 호명을 시도한다. 하지만 현재 국민/민족의 구성과정에서 극우민족주의자들은 종교, 문화 등의 기준을 통해 적극적인 방식으로 민족적 특성을 구성해내는 것이 아니라 소극적(negative) 방식을 통해 민족을 재구성할 뿐이다. 즉, 이러저러한 것은 민족의 특성이 될 수 없으며 그렇기 때문에 민족의 구성원이 아니라는 것이다. 이러한 민족의 구성은 현재적 맥락 속에서의 정치적이고 사회적인 민족의 재구성이다. 어쩌면 그들에게 '민족'은 존재하지 않는 일종의 '망령'일 뿐이다. 그들에게 중요한 것은 '민족'으로부터 배제해야 할 것들이 무엇인가일 뿐이다.

정부 차원에서도 다문화주의의 실패를 선언하면서 오히려 기존의 공동체를 강화하는 방향의 통합주의를 선택하고 있다. 프랑스의 경우 '민족적' 공화주의에 대한 강조는 어느 때보다도 더 강하게 제기되고 있다. 이슬람에 대한 경계, 히잡을 둘러싼 논쟁에서도 보이듯이, 특정 종교와 문화에 대한 경계는 우파만이 아니라 좌파에서도 공화주의라는 이름으로 같이하고 있다. 그렇다면 이것을 국민국가의 강화로 볼 수 있는가? 사회적인 것을 둘러싼 문제에서 국가는 자신의 역할을 버리기 시작하였고, 공화주의의 강화 역시 경계의 강화이지 내부적 연대의 강화는 아니다. 신자유주의의 강세 속에서 국가는 자신의 역할을 약화시키고 사회적 연대 역시 사라지는 상황 속에서 민족주의적 경계, 즉 배제의 논리로서 민족에 대한 경계만을 강화하고 있다. 결국 민족에 의해 민족주의가 발현되는 것이 아니라 민족주의에 의해 민족이 구성되듯이, 21세기에 민족주의는 과거와는 다른 모습의 민족을 호명하고 있는 것이다. 즉, 현재의 민족주의에 의해 호명되는 민족은 19세기 동안 사회적인 것의 해결 과정을 거치면서 그리고 민주주의적 발전의 과정을 거치면서 연대와 통합을 통해 형성된 국민/민족이 아니며, 신자유주의적 세계화가 만들어내는 증가하는 이주민을 포섭하고 배제하는 기준으로 작동할 뿐이다.

결국 현재의 극우민족주의 세력이 주장하는 민족주의적 구호는 국민국가의 동원과 통합 이데올로기보다는 경계 내에 진입한 사람들을 포섭하고 배제하는 기준을 제시하는 방식의 차별 및 구별의 이데올로기로서 작동하는 것이다. 민족주의의 강화가 민족적 민주주의, 즉 국민국가 시기의 민주주의의 위기에 대한 우려와 그것의 복원, 나아가 발전이 아니라 새로운 방식의 민족의 재구성 혹은 호명을 통한 민주주의의 후퇴를 가져오고 있다. 현재의 민족주의의 출현에서는 민족주의가 국민국가와 결합하지는 않고 있으며, 국민국가와 민족주의 사이의 탈구가 발생하고 있는 것이다.[13, 14] 현재의 극우민족주의는 자신의 방식대로 민족의 경계를 짓기 위한 상징과 가치의 조작을 통해 민족주의를 불러일으키고 그것을 통해 민족을 새롭게 재구성하고 있는 것이다.

V. 맺으며

19세기 동안에 등장하였던 두 가지 민족 개념, 즉 시민적 국민과 종

---

13 그렇다면 국민국가와 탈구된 민족주의가 '고유한 의미에서 민족주의인가?'라는 질문이 제기될 수 있다. 분명 국민국가와 민족주의의 결합이라는 현상은 19세기에 발생하여 20세기 전반기에 정점에 이르는 특수한 현상이다. 예를 들어 아랍에서 민족주의는 종교적 분파와 결합하여 발전하는 모습을 띤다. 시아파 민족주의, 수니파 민족주의가 그것들이다. 아프리카에서 민족주의는 종족에 기반한 민족주의이며, 유고연방이 해체된 뒤 다양한 형태로 등장하는 민족주의 역시 종교, 언어, 문자 등과 결합하는 방식의 민족주의이다.

14 현재 극우민족주의에서 제시하는 '민족'에 대한 호명과 재구성은 다분히 맥락적이다. 그들이 제시하는 민족주의의 상징적 가치들은 시간과 공간에 따라 충분히 변화될 수 있는 조작적 정의라는 것을 보여준다. 특정한 시간과 공간 속에서 민족주의는 특정한 경계 및 배제의 기준들을 제시하기 위한 특정한 상징과 가치를 조작해낸다. 그것들을 통해 민족주의는 민족이라는 하나의 집단을 구성하고자 하는 것이다. 그러한 의미에서 "민족이 민족주의에 선행하는 것이 아니라 민족주의를 통해 민족이 구성된다"는 어네스트 겔너(Ernest Gellner)의 테제가 다시 한번 확인된다고 할 수 있다. 앤서니 D. 스미스(Anthony D. Smith)는 물질적·정치적 영역을 근대주의가 강조한다면, 족류상징주의는 이데올로기와 집단행동의 동기를 이루는 주관적·상징적 자원들의 역할을 강조한다고 구별하고 있다(Smith, 2016: 48). 그러한 강조점의 차이는 분명하지만 현재 극우민족주의에서 나타나고 있는 민족에 대한 상징, 가치 등의 조작적 개념화 작업은 근대주의적 설명에 기반하면서도 민족에 대한 정의에 있어서 주관적·상징적 자원의 역할을 충분히 포괄하여 이해할수 있다. 그러한 의미에서 본다면 민족과 민족주의를 다룰 때 정치적·경제적인 것에 대한 설명 없이 상징적인 것에 집중하여 설명하려는 스미스의 설명 방식에 한계에 있다고 비판할 수 있을 것이다.

족적·문화적 국민이라는 구분은 현재 어떤 의미가 있는 것인가? 당시만 하더라도 상이한 국민국가 건설의 과정을 통해 프랑스와 독일 그리고 제3세계의 국민/민족 개념이 형성되었다는 점을 감안한다면, 그리고 그것들이 결국은 국가 건설을 위한 민족주의적 동원의 과정에서 국민/민족을 적절하게 구성해냈다면, 현재는 국민국가의 위기 혹은 새로운 절합(articulation)의 과정에서 새로운 '국민/민족'을 구성해내고 있다는 것을 알 수 있다. 그렇다면 분명히 국민/민족이라는 개념은 맥락적인 것이다. 그리고 언제든지 정치적·사회적 상황에 따라 재구성될 수 있는 것이다. 현재 민족은 다분히 맥락적으로 새롭게 구성되고 있다. 마찬가지로 19세기의 민족 역시 당시의 시공간 속에서 특정한 나라에 따라 상이하게 정의되고 구성되었다. 그렇다고 한다면 현재의 민족 개념에서 그러한 구별은 의미가 없어진다. 나아가 민족 개념 자체가 어쩌면 더 이상 유효한 개념이 아닌지도 모른다. 그들의 계급에 따라 상이한 혜택과 지위를 누리고, 정치공동체에 대한 참여와 주권적 국가권력에 대한 어떠한 연관성도 가지지 못하는 것이라면 국민/민족 개념이 무슨 의미를 지닐 수 있겠는가?

신자유주의적 세계화 속에서 기존 사회적 국민국가, 즉 복지국가가 만들어준 보호막이 서서히 걷히면서 경쟁 속에 개인들만이 남아 있게 된 상황에서 민족주의는 그나마 그들의 보호막이 되어줄 수 있으리라는 기대감을 주면서 세력을 확장하고 있다. 그런데 민족주의는 보호막의 확장이 아니라 보호막이 줄어들고 있는 상황에서 누군가를 밖으로 밀어내면서 자신의 자리를 보존하도록 만드는 논리이다. 현 시점은 극우적 폐쇄성과 배제의 논리가 잘 먹히는 상황이고,

누군가에게로 비난과 불만의 화살을 돌리도록 만든다. 그렇지 않으면 그것이 언제 자신에게 향하게 될지 모르는 두려움 때문이다.

유럽적 근대(성)의 내용으로서 주권권력, 국민경제, (대의제) 민주주의, 사회적인 것의 작동과 국민국가적 해결 등은 서서히 위기 혹은 해체를 경험한다. 국민경제의 틀은 이미 세계화된 경제에 편입되어 작동하며, 대의제 민주주의의 위기에 따른 다양한 거버넌스의 구성이 이루어지고 있고, 아래로부터의 대중운동은 세계화와 민주주의에 대한 새로운 대안을 찾고자 작동하고 있다. 현 시점에서 민주주의의 과제는 국민국가로의 회귀 혹은 그것의 강화를 통한 민주주의의 복원이라기보다는 국민국가의 경계를 가로지르는 다양한 흐름과 같이 하는 민주주의의 새로운 동학들을 찾아내고 그것들을 통해 새로운 민주주의를 구성해내는 것이 필요하다. 결국 민주주의의 해체의 위협 속에서 민주주의를 확장시키는 방식은 국민국가로의 복귀를 통하기보다는 국민국가라는 틀을 벗어나는 민주주의의 구성이며, 현재 민주주의를 위협하는 신자유주의에 대항하는 민주주의의 구축이다. 특히 민주주의적 주체의 구성과 관련하여 기존 국민국가의 민주주의에서 국적에 기반한 시민 주체를 설정하였다면, 이제는 거주에 기반한 시민권, 자유롭게 이동하는 시민을 주체로 설정하는 민주주의가 필요하다.

참고문헌

가라타니 고진. 2009.『네이션과 미학』. 서울: 도서출판b.

김수행, 정병기, 홍태영. 2008.『제3의 길과 신자유주의』2판. 서울: 서울대학교 출판부.

김항. 2016.『종말론 사무소』. 서울: 문학과지성사.

박선희. 2010. "프랑스 이민정책과 사르코지(2002-2008년)."『국제정치논총』50-2. 193-211.

박상현. 2012.『신자유주의와 현대자본주의 국가의 변화』. 서울: 백산서당.

사토 요시유키. 김상운 역. 2014. 『신자유주의와 권력』. 서울: 후마니타스.

서동진. 2009.『자유의 의지 자기 계발의 의지』, 서울: 돌베개.

_____. 2012. "포스트 사회과학: 사회적인 것의 과학, 그 이후?"『민족문화연구』57호.

설동훈, 이병하. 2013. "다문화주의에서 시민통합으로: 네덜란드의 이민자통합정책."
    『한국정치외교사논총』35-1. 207-238.

안정옥. 2013a. "위기 이후의 신자유주의, 불안전의 일상화와 사회적인 것의 귀환?"『아세아
    연구』56-1. 183-217.

_____. 2013b. "장기 20세기로의 전환과 사회적인 것의 부상."『아세아 연구』56-3. 396-438.

오창룡. 2015. "프랑스 반자본주의신당 및 좌파당의 부상과 위기."『마르크스주의 연구』12-4.
    241-267.

오창룡, 이재승. 2016. "프랑스 국민전선의 라이시테(laicité) 이념 수용."『유럽연구』34-1.
    309-331.

이선주. 2014. "유럽의 이민자통합정책과 시민권의 재구성 - 네덜란드와 영국 사례를
    중심으로."『한국사회정책』21-3. 71-92.

이진경. 2011.『불온한 것들의 존재론』. 서울: 휴머니스트.

조홍식. 2005. "민족개념의 정치사회학적 고찰."『한국정치학회보』39-3. 129-145.

최진우. 2015. "유럽 다문화사회의 위기와 유럽통합." 최진우 편,『민족주의와 문화정치』.
    서울: 한울.

홍태영. 2008.『국민국가의 정치학』. 서울: 후마니타스.

_____. 2011.『정체성의 정치학』. 서울: 서강대학교 출판부.

_____. 2012. "프랑스 공화주의의 전환: 애국심에서 민족주의로."『사회과학연구』20-1. 238-
    270.

_____. 2015. "'과잉된 민족'과 '찾을 수 없는 개인': 일민주의와 한국 민족주의의 특수성."
    『한국정치연구』. 24-3.

Agamben, Giorgio. 2008.『호모 사케르』. 박진우 역. 서울: 새물결.

Badie, Bertrand et Birnbawm Pierre. 1981. *Le sociologie de l'Etat*. Paris: Seuil.

Bauman, Zygmunt. 2010. 『새로운 빈곤』. 이수영 역. 서울: 천지인.

_____. 2013.『부수적 피해』. 정일준 역. 서울: 민음사.

_____. 2014.『빌려온 시간을 살아가기』. 조형준 역. 서울: 새물결.

Brusbaker, Rogers. 1992. *Citizenship and Nationhood in France and Germany.* Cambridge: Harvard University Press.

Castel, Robert. 1995. *La métamorphose de la question sociale.* Paris: Fayard.

Colley, Linda. 1994. *Britons: Forging the Nation 1707~1837.* New Haven and London: Yale University Press.

_____. 1986. "Whose Nation? Class and National Consciousness in Britain 1750~1830." *Past & Present* 113-1. 97-117.

Dirlik, Arif. 2005. 『포스트모더니티의 역사들』. 황동연 역. 서울: 창비.

Elias, Norbert. 1999. 『문명화과정』. I. 박미애 역. 서울: 한길사.

Evans. M. 1996. "Languages of racism within contemporary Europe." Spyros A. Sofos and Brian Jenkins eds., *Nation and Identity in contemporary Europe.* London: Routeledge.

Foucault, Michel. 2004. *Naissance de la biopolitique. Cours de Collège de France, 1978-1979.* Paris: Gallimard-Seuil.

Godechot, Jacques. 1971. "Nation, patrie, nationalisme et patriotisme en France au XVIIIe siècle." *Annales Historique de la Révolution Française* 43 oct-déc.

Greenfield, Liah. 2001. *The Spirit of Capitalism.* Cambridge: Harvard U.P.

Guizot, François. 2014. 『유럽문명의 역사』. 임승휘 역. 서울: 아카넷.

Habermas, Jürgen. 2000. 『이질성의 포용』. 황태연 역. 서울: 나남출판.

List. Frédéric. 1998. *Système nationale d'économie politique.* Traduit de l'Allemand par Henri Richelot, avec une préface, une notice biographique et des notes par le traducteur. Todd, Paris: Gallimard.

Marx, Karl. 1989. 『자본론 I』. 김수행 역. 서울: 비봉출판사.

_____. 1990. "공산주의당 선언." 김세균 감수, 『마르크스-엥겔스 저작집』 I권. 서울: 박종철출판사.

Meinecke, Friedrich. 2007. 『세계시민주의와 민족국가』. 이상신, 최호근 역. 서울: 나남출판.

Michelet, Jules. 1974. *Le peuple.* Paris: GF-Flammarion.

Polanyi, Karl. 1991. 『거대한 변환』. 박현수 역. 서울: 민음사.

Rattansi. Ali. 2011. 『인종주의는 본성인가』. 구정은 역. 서울: 한겨레출판.

Renan, Ernest. 1992. *Qu-est ce qu'une nation?* Paris: puf.

Rosanvallon, Pierre. 1992. *Le sacre du citoyen,* Paris: Gallimard.

Samers, Michael. 2013. 『이주』. 이명민 외 역. 서울: 푸른길.

Smith, Anthony D. 2016. 『족류상징주의와 민족주의』. 김인중 역. 서울: 아카넷.

Standing, Guy. 2014. 『프레카리아트 – 새로운 위험한 계급』. 김태호 역. 서울: 박종철출판사.

Taylor. Charles. . 2010. 『근대의 사회적 상상』. 이상길 역. 서울: 이음.

Tilly, Charles. 1994. 『국민국가의 형성과 계보』. 이향순 역.서울: 학문과 사상사.

Wallerstein, Immanuell. 1995. "Response: Declining States, Declining Rights?" *International Labor and Working-Class History* 47. 24-27.

2부

유럽의 극우세력들

2017년 프랑스 대선과 총선에서 민족전선의 부침

조홍식(숭실대학교)

I. 프랑스에서 민족주의의 승리?: 대선의 결선 진출과 총선 패배

2017년 프랑스의 대선은 세계 정치 무대에서 각별한 관심의 대상이었다. 바로 전 해인 2016년 6월 영국은 브렉시트(Brexit), 즉 유럽연합(European Union: EU) 탈퇴를 국민투표로 결정하였다. 같은 해 11월 미국 대선에서는 민족주의 성향의 포퓰리즘을 대변하는 도널드 트럼프(Donald Trump)가 당선됨으로써 미국조차 충격에 빠뜨린 선거 결과가 나왔다. 정치의 세계화를 논하는 것은 시기상조겠지만 세계 언론은 영국, 미국에 이어 프랑스 대선에서도 극우민족주의 정치 세력이 승리할지도 모른다는 '우려와 불안'을 제기하였다.

실제 프랑스 대선의 1차 투표는 놀라운 결과를 안겨주었다.[1] 사

---

[1] Ministère de l'Intérieur, "Les résultats présidentielles," https://www.interieur.gouv.fr/Elections/Les-resultats/Presidentielles(검색일: 2019년 4월 27일).

회당(Parti Socialiste: PS)이나 '공화주의자연합(Les Républicains: LR)'[2] 등 기존 주요 정당의 후보들이 모두 탈락하고 신생 중도세력과 극우세력의 후보가 1, 2위를 차지하며 결선투표에 진출했기 때문이다. 1위의 에마뉘엘 마크롱(Emmanuel Macron)은 사회당 정부에서 재무장관을 역임했지만 사회당과 결별하고 새로운 정치세력을 형성한 신인이었다. 2위의 마린 르펜(Marine Le Pen)은 2011년 아버지 장-마리(Jean-Marie) 르펜으로부터 극우민족주의 세력인 민족전선(Front National: FN)[3]의 리더십을 계승하여 재도약을 추진하는 중이었다.

결선투표에서 마크롱은 르펜을 커다란 표차로 누르고 당선되었다. 중도에 위치한 마크롱이 극우에 자리한 르펜에 비해 결선에서 표를 결집하기가 훨씬 수월했기 때문이다. 프랑스는 대선에 바로 이어 총선을 치름으로써 새로운 하원 의회(Assemblée Nationale)를 선출했다. 대선 결선에서 승리한 마크롱 대통령의 '전진하는 공화국(République en Marche: REM)'은 총선에서 독자적으로 절대 다수의 의석을 차지하는 대승을 거둔 반면, 패자 르펜의 민족전선은 참패하는 성적표를 받아들게 되었다.

2 프랑스 드골파는 민족의 단합을 강조하는 세력이기에 정당(Parti)이라는 명칭을 거부해 왔다. 정당은 부분적(partiel)이고 편향적(partial)인 세력을 의미하기 때문이다. 이들은 연합(Union), 연맹(Rassemblement) 등의 표현을 사용해왔고 최근에는 '공화주의자들의 집합'이라는 명칭을 내세웠다. 여기서는 정치세력이라는 점을 감안하여 '공화주의자연합'으로 번역하였다.

3 프랑스의 Front National에 대한 국내 번역은 민족전선과 국민전선으로 나뉜다. 민족전선은 민족주의(Nationalism) 세력이라는 점에서 용어의 일관성을 유지할 수 있다. 게다가 유럽의 기독교민주주의 계열 정당들이 사용하는 People, Popular 등의 명칭을 대개 국민으로 번역한다는 점에서도 차별성을 드러낼 필요가 있다. 예를 들어 스페인의 Partido Popular, 오스트리아의 Volkspartei 모두 '국민당'으로 번역하는 것이 일반적인 습관이다.

이 연구의 목표는 2017년 프랑스 대선과 총선에서 각각 마린 르펜과 민족전선의 한편으로는 놀라운 성공과 뒤따른 실패라는 부침 (浮沈)의 모순을 설명하는 것이다. 이를 위해 세 가지 변수를 차례로 살펴보며 어떻게 성패의 원인으로 작동했는지를 분석한다.

첫째, 2010년대는 프랑스와 유럽에서 모두 민족전선과 극우민족주의 세력이 부상하는 시기라고 할 수 있다. 위에서 언급한 영국의 브렉시트 선택뿐 아니라 독일에서 '독일을 위한 대안(Alternative für Deutschland: AfD)'의 부상이나 오스트리아, 핀란드, 스웨덴, 이탈리아, 스페인 등 다양한 국가에서 극우민족주의 세력의 활성화를 확인할 수 있다.[4] 프랑스는 유럽에서 상대적으로 이른 1980년대부터 극우세력이 성공을 거둔 경우였는데, 2002년 대선부터 2011년까지 어느 정도의 침체기를 경험하다가 2011년부터 마린 르펜의 주도 아래 빠르게 재도약을 하였다.

둘째, 마린 르펜과 민족전선은 2010년대에 과거와는 다른 새로운 담론전략을 폈고 이것이 재도약의 중요한 원인으로 작용했다. 새로운 담론전략은 '탈악마화(Dédiabolisation)'[5]의 전략으로 지칭할 수 있다. 과거 아버지 르펜의 민족전선이 기존 정치세력과의 차별화를 강조함으로써 정치 무대에 등장했다면 '탈악마화' 전략은 기존 정치세력과 유사한 수권 정당으로 탈바꿈하려는 반대의 노력이다. 달리 말해 딸이 아버지로부터 정당을 계승하여 기존의 담론을 재생

---

4   Cas Mudde and Cristóbal Rovira Kaltwasser (eds.), *Populism in Europe and the Americas: Threat or Corrective for Democracy?* Cambridge: Cambridge University Press, 2012.

5   '탈악마화'에 대해서는 Ⅲ에서 상세히 설명한다.

산한 것이 아니라 담론의 획기적인 변화로 당의 정체성을 개혁함으로써 재도약의 전략을 폈다는 의미다.

셋째, 2017년 대선과 총선은 이런 새로운 담론전략의 성공과 실패를 동시에 보여준다. 대선에서 1차 투표와 결선투표 사이의 시기는 이런 담론전략의 한계를 명백하게 드러냈고, 총선에서는 대통령을 중심으로 권력구조가 형성되는 프랑스 정치제도의 전통적 특수성이 온전히 적용되었다. 이 연구는 상기 세 변수를 중심으로 2017년 대선과 총선에서 역사적인 민족전선의 부침을 살펴본 뒤, 르펜과 민족전선의 담론전략을 분석하고, 마지막으로 프랑스 정치제도의 변수를 통해 민족전선의 성패를 고찰한다.

II. 2010년대 극우민족주의 세력의 부상

프랑스 장기 정치사에서 극우민족주의는 제2차 세계대전 이후 정치무대에서 자취를 감추었다가 1970년대부터 민족전선을 중심으로 부활하는 모습을 보였다.[6] 다양한 군소 정파의 연합으로 출범한 민족전선은 1980년대 초반부터 선거에서 부분적 성공을 거두면서 성장하였고, 2002년에는 창립자 장-마리 르펜이 대선의 결선투표에까지 진출하는 수준에 이르렀다.[7] 2002년부터 2011년까지는 민족전선

---

6   Peter Davies, *The National Front in France: Ideology, Discourse, and Power*, London: Routledge, 2012; 조홍식, "프랑스 극우민족주의 정치세력과 유럽통합: 민족전선의 사례," 『프랑스학연구』 54호, 2010, pp. 317-340..

7   박재정, "프랑스 극우 정당에 대한 연구: 국민전선(Front National)을 중심으로," 『유럽연구』 25권 2호, 2007, pp. 67-95.

이 마치 성장의 한계에 도달한 것처럼 더 이상 발전하지 못하고 정체하는 모습이었다. 하지만 2011년 아버지가 당권을 딸에게 이전한 뒤 민족전선은 새로운 도약을 하는 정치세력이 되었다.

민족전선은 1980년대 이민자 집단에 대한 프랑스 사회의 불만과 반발을 한편으로는 반영하고, 다른 한편으로는 초래하면서 성장해 왔다. 이런 면에서 종족 민족주의의 측면을 강하게 드러냈다고 말할 수 있다.[8] 예를 들어 나치 독일의 유대인 학살과 관련한 장-마리 르펜의 수정주의적 발언은 프랑스 민족의 반유대적(Antisemitic) 정서를 대변하는 것이었다. 물론 이런 사회적·종족적 소수 집단에 대한 불만의 배경에는 1970년대 이후 유럽 사회가 경험했던 경제위기가 커다란 역할을 했다고 볼 수 있다. 실업의 증가와 복지국가의 위기 등이 겹치면서 타자에 대한 증오와 공격성이 강화된 셈이다. 이런 도발적 전략은 민족전선을 프랑스 정치무대의 '악마'의 역할로 자리 매김하는 결과를 낳았다.

2010년대에는 딸 마린 르펜의 주도 아래 민족전선이 새로운 도약을 한다. 2011년 아버지로부터 당권을 물려받은 마린 르펜은 2012년 대선에서 정체하던 지지율을 끌어올리는 데 성공하였고, 2014년 유럽의회 선거에서는 24.85%의 득표율을 기록하여 프랑스의 제1당으로 올려놓았다. 전통적으로 기존 정치세력에 반발하는 불만투표가 많은 유럽의회 선거의 특징을 감안하더라도 마린 르펜의

---

8 김용우는 프랑스 민족전선을 분석하면서 포퓰리즘이라는 정의를 적용하면 민족전선의 실체인 극우민족주의나 파시즘의 성격을 은폐하는 효과가 있다고 주장한다. 하지만 이 연구에서 채택한 정체성의 정치, 즉 정체성이란 고정되고 주어진 것이 아니라 진화하고 유동적이며 만들어진다는 시각을 바탕으로 분석하려면 민족전선의 성격을 부동의 고정된 것으로 간주하는 것은 곤란하다(김용우, 2014: 43-70).

민족전선은 전성기에 돌입한 것이었다.[9]

2017년 대선에서 마린 르펜은 그동안 민족전선의 후보가 기록했던 모든 기록을 뛰어넘었다. 마린은 이미 2012년 대선 1차 투표에서 17.9%를 득표함으로써 2002년 아버지가 결선투표에서 기록했던 17.8%를 초과하였다. 다수의 후보가 경쟁하는 1차 투표 구도에서 양자 대결 구도보다 더 많은 득표를 했다는 점은 첫 대선부터 마린의 인기가 기존 민족전선의 수준을 크게 뛰어넘었다는 사실을 의미했다. 프랑스 정치에서 가장 중요한 선거인 대선의 2017년 1차 투표에서 마린은 21.3%의 득표율을 기록하여 처음으로 20%대에 진입한 것은 물론, 결선투표까지 진출하여 아버지가 2002년 획득했던 17%대 득표율의 2배에 가까운 33.9%를 얻었다. 이는 2014년 유럽의회 선거에서 득표했던 25% 수준을 뛰어넘은 수치이고 모든 선거를 통털어 민족전선이 30%대에 진입한 진기록이었다.

표 4-1 민족전선 대선 후보의 득표율(%)

	1988 1차	1995 1차	2002 1차	2002 결선	2007 1차	2012 1차	2017 1차	2017 결선
장-마리	14.5	15	16.9	17.8	10.4			
마린						17.9	21.3	33.9

출처: 프랑스 내무부[10]

9   조홍식, "2010년대 프랑스 민족전선의 성장과 재도약,"『EU연구』 제40호, 2015, pp. 101-122.

10 Ministère de l'Intérieur, "Les résultats présidentielles," https://www.interieur.gouv. fr/Elections/Les-resultats/Presidentielles(검색일: 2019년 4월 27일).

물론 마린 르펜이 결선 투표에 진출한 데는 표가 여러 후보 사이에 골고루 분포된 구조가 작용한 것도 사실이다. 대선 득표 결과에서 볼 수 있듯이 2017년 선거는 4명의 후보가 비슷한 수준에서 4강 구도를 형성하였다. 그 가운데 전통적인 중도 집권 세력을 대표하는 후보는 드골파, 즉 민족주의 성향의 우파를 대변하는 프랑수아 피용(François Fillon) 한 명뿐이었다. 마크롱은 중도 세력이기는 했지만 선거를 앞두고 급조한 신생 정치세력이었고, 르펜은 극우, 그리고 장뤼크 멜랑숑(Jean-Luc Mélenchon)은 극좌를 대표하였다. 특히 르펜, 피용, 멜랑숑의 득표율 차이는 2%p를 넘지 않는 미세한 차이다. 달리 말해 약간의 변화로 셋 중에 누구라도 결선에 진출할 가능성이 존재했다는 의미다.

표 4-2 2017년 대선 득표 분포(%)

	마크롱	르펜	피용	멜랑숑	아몽	뒤퐁에냥
1차 투표	24	21.3	20	19.58	6.36	4.7
결선투표	66.1	33.9				

출처: 프랑스 내무부

〈그림 4-1〉은 가장 좌파에 위치한 멜랑숑부터 제일 우파인 르펜까지 좌우 정치 구도(構圖)에 순서대로 후보를 배열하였다. 극좌의 멜랑숑과 극우의 르펜을 합하면 40%에 달하는 득표율이다. 그만큼 좌우를 막론하고 기존 중도 정치세력에 반발하여 극단적 세력을 지지하는 유권자가 많았다는 뜻이다. 중도의 후보 득표율도 기존 세력의 경우 그다지 높지 않다. 특히 2012년부터 2017년까지 집권당이었던 사회당의 후보 브누아 아몽(Benoît Hamon)은 6% 수준

의 득표율로 최악의 결과였다. 야당이었던 드골파의 피용이 20%로 선방하였지만, 이는 같은 당 니콜라 사르코지(Nicolas Sarkozy)가 2007년 1차 투표에서 얻었던 31%나 2012년의 27%보다 현저하게 낮은 수준이다. 에릭 뒤퐁에냥(Eric Dupont-Aignan)은 원래 드골파에 속해 있다가 2008년 독립하여 우파의 중도와 극우 사이에 '프랑스기립(Debout la France)'이라는 세력을 형성한 경우다.[11]

극좌	중도좌파	중도	중도우파	우파	극우
멜랑숑	아몽	마크롱	피용	뒤퐁에냥	르펜
19.58	6.36	<u>24</u>	20	4.7	<u>21.3</u>
		<u>66.1</u>			<u>33.9</u>

그림 4-1 좌우 정치 구도와 득표율(%)
출처: 프랑스 내무부 자료를 바탕으로 저자가 작성

프랑스 대선에서 "1차 투표에서는 선택하고 결선투표에서는 떨어뜨린다"[12]는 전통은 2017년에도 확연하게 드러났다. 첫 투표에서는 자신이 지지하는 후보를 선택하는 반면, 결선투표에서는 정해진 두 명의 후보자 가운데 거부감이 강한 자를 낙선시키기 위해 다른 한 후보를 선택한다는 의미다. 이런 제도에서는 정치 구도에서의 위

---

11 프랑스 드골주의 우파는 무척 다양한 정치적 성향을 대표하는 집단인데 이 가운데 주권주의(Souverainisme) 성향의 후보자들은 빈번하게 독자 노선을 추구하기도 하였다. 예를 들어 1999년 파스쿠아(Charles Pasqua)는 프랑스를 위한 연맹(Rassemblement pour la France: RPF)이라는 세력을 구성하여 유럽선거에서 큰 성공을 거두기도 하였다. 뒤퐁에냥은 이런 드골파의 주권주의 성향을 대표한다. 주권주의는 민족주의 가운데 유럽통합에 반대하여 프랑스 국가 주권의 쟁점을 매우 중시하는 프랑스의 전통을 의미한다.

12 Paul Quilès, "Présidentielle: 'Au premier tour, on choisit; au second, on élimine'," *L'Express*, le 3 mars 2012.

치와 지지층의 확장 가능성이 중요하게 작동하며, 그런 점에서 중도의 마크롱이 득표의 2/3를, 그리고 극우의 르펜이 1/3을 각각 가져간 것은 그리 놀라운 결과는 아니다.

민족전선의 총선 득표율은 다소 놀라울 정도로 낮은 편이다. 가장 높은 득표율은 1997년의 14.9%이고 제일 낮았던 것은 2007년의 4.3%였다. 2017년의 경우 마린 르펜의 대선에서 선전(善戰)을 감안할 때 2012년보다도 낮은 13.2%라는 결과는 의외다. 이 부분은 프랑스 정치 제도의 특수성을 감안해야 하고, 대선과 총선이 연달아 치러질 경우 대선의 결과가 총선에 지대한 영향을 미친다는 점 등을 고려해야 한다.

표 4-3 민족전선 총선 득표율(%)과 의석수

	1986	1988	1993	1997	2002	2007	2012	2017
득표율	9.6	9.6	12.7	14.9	11.1	4.3	13.6	13.2
의석	35	1	0	1	0	0	2	8

출처: 프랑스 내무부[13]

2017년 총선의 또 다른 결과는 대선에 비해 낮은 득표율을 기록했지만 그럼에도 불구하고 민족전선의 의석수는 역대 최고의 8석을 획득했다는 점이다. 물론 1986년의 9.6% 득표율에 35석이라는 기록이 존재하지만 이는 당시 비례대표제를 적용한 선거였기 때문이다. 프랑스의 전통적인 2단계 다수 소선거구제(scrutin d'arrondissement

---

13 Ministère de l'Intérieur, "Les résultats législatives," https://www.interieur.gouv.fr/Elections/Les-resultats/Legislatives(검색일: 2019년 4월 27일).

à deux tours)에서 민족전선은 당선자를 내기가 어려운 구조다. 정치 구도에서 극우에 위치하기 때문에 다른 세력과 연합하기 어려운 상황이며, 이럴 경우 설사 결선투표에 진출하더라도 승리하기는 힘들기 때문이다. 이 같은 제약에도 불구하고 2017년 8석을 획득할 수 있었다는 사실은 민족전선이 전국적으로 골고루 득표하면서도 동시에 일부 선거구에서는 깊이 뿌리내려 압도적인 지지를 받는 후보자들이 존재했기 때문이다.

민족전선이 프랑스 2017년 대선과 총선에서 거둔 결과는 프랑스 정치뿐 아니라 유럽 전역에서 나타나는 포퓰리즘 성향의 극우민족주의 세력의 부상과 동시에 진행되었다.[14] 그해 르펜의 결선투표 진출과 함께 특히 세계의 주목을 받은 사건은 오스트리아에서 극우 자유당(Freiheitliche Partei Österreichs: FPÖ)이 총선에서 26%의 득표율을 보이며 중도우파의 국민당(Österreichische Volkspartei: ÖVP)과 함께 연정을 형성했다는 사실이다. 다른 한편, 독일의 2017년 10월 연방총선에서는 AfD가 12.6%의 득표율을 기록하며 무려 94석을 얻어 역사상 처음으로 연방의회에 진출하였다. 독일과 오스트리아는 나치즘의 역사 때문에 극우에 대한 금기와 반발이 심한 정치 지형이었다는 사실을 감안한다면 이런 변화는 유럽에서 가히 '포퓰리즘 선거 혁명'이라 부를 만한 충격을 의미했다.[15]

---

14 Daphne Halikiopoulou, "A Right-wing Populist Momentum? A Review of 2017 Elections Across Europe," *Journal of Common Market Studies* 56, 2018, pp. 63-73.

15 라틴계 국가인 프랑스의 민족전선과 스페인의 포데모스, 이탈리아의 북부리가와 오성운동 등 포퓰리즘을 비교한 연구에 의하면 이들은 좌우에 대립적으로 분포함에도 불구하고 공통적으로 애국주의(Patriotism)에 의존하며 '카스트'를 이루고 있다고 주장하는 엘리트 표적에 대한 대중의 분노를 기반으로 한다. 다만 이런 포퓰리즘의 공통점에도 불구하

서구 일부 국가에 국한되었던 극우 또는 극좌 민족주의 포퓰리즘이 2010년대 들어 동시 다발적으로 확산된 데는 몇 가지 중대한 요인을 들 수 있다.[16] 하나는 정치경제적 요인으로 2008년부터 시작된 글로벌 경제위기로 많은 국가에서 대량 실업이 발생하거나 긴축 재정 정책으로 국민이 "허리띠를 졸라매는" 어려움을 겪게 되었다는 사실이다. 특히 유럽은 2010년 이후 미국의 금융위기가 재정위기라는 형태로 확산되어 유로권이 붕괴의 위험에까지 처하게 되었다.

다른 하나는 프랑스의 민족전선, 오스트리아의 자유당, 이탈리아의 북부리가와 같은 선두 극우세력이 유럽선거나 유럽의회 등을 통해 다른 국가의 극우 형성에 영향을 미쳤다는 사실이다. 유럽의회는 상기 세 정치세력이 중심이 되는 민족자유유럽(Europe of Nations and Freedom: ENF)이라는 원내 세력이 존재하는데 여기에는 벨기에, 네덜란드, 영국 등의 극우세력이 포함되어 있다. 또 자유·직접민주주의유럽(Europe of Freedom and Direct Democracy: EFDD) 원내 그룹은 이탈리아의 오성운동과 영국의 브렉시트당, 프랑스의 프랑스기립 등이 주요 세력이다. 이처럼 과거 사회주의나 기독교민주주의가 그랬던 것처럼 극우민족주의 또는 포퓰리즘 세력 또한 유럽 차원에서 사상과 정책, 전략을 교류하고 확산하는 조직을 갖추게 되었

고 실제 이데올로기적 기반은 각각 다른 국내 전통을 반영한다고 설명한다. 달리 말해 유럽에 부는 민족주의의 바람은 포퓰리즘의 공통점과 사상적 다양성이 동시에 반영되었다는 뜻이다(Ivaldi et al., 2017: 354).

16 Dwayne Woods and Barbara Wejnert (eds.), *The Many Faces of Populism: Current Perspectives*, London: Emerald Press, 2014; Benjamin Moffit, *The Global Rise of Populism: Performance, Political Style, and Representation*, Stanford: Stanford University Press, 2016.

다. 위기의 세계화 또는 유럽화가 정치 대안의 세계화나 유럽화를 초래하는 모습이다.

III. 마린 르펜과 민족전선의 담론전략

2017년 대선에서 마린 르펜과 민족전선은 2010년대부터 새롭게 추구해왔던 '탈악마화'의 담론전략을 꾸준히 펼쳤다. 탈악마화란 1980년대부터 2010년 정도까지 아버지 르펜이 만들어놓았던 극우 민족전선의 악마 또는 악동의 이미지에서 벗어나 평범하고 수권 가능한 정치세력으로 탈바꿈하는 노력을 의미한다.[17] 프랑스어에서 악마는 '디아블(Diable)'이라고 부르며 이는 라틴어 '디아볼루스(diabolus)'에서 유래한다. 여기서 다시 어원을 찾아가보면 '분리하다, 나누다, 분열을 초래하다'를 뜻하는 고대 그리스어의 '디아발로($\delta\iota\alpha\beta\acute{\alpha}\lambda\lambda\omega$)'라는 동사가 있다. 선과 악을 나누어 볼 때 악이 인격화된 결과가 악마다. 악을 대표하기 때문에 선과 대립하고 인간과 사회를 분열시킨다는 뜻이다.

아버지 르펜의 전략은 1980년대부터 도발적이고 도전적인 담론을 통해 사회의 관심을 끌고, 이를 바탕으로 지지를 도출해내는 노력을 반영했다. 예를 들어 이민자 집단과 범죄를 연결시킴으로써 무

---

17 Fabienne Baider and Maria Constantinou, "Europe and the Front National Stance: Shifting the Blame," Christian Karner and Monika Kopytowska (eds.), *National Identity and Europe in Times of Crisis: Doing and Undoing Europe*, Bingley: Emerald Publishing, 2017, p. 112.

리한 논리를 펴거나 인종주의적 편견을 거침없이 말함으로써 사회의 지탄을 초래하는 전략이었다.[18] 르펜에 대해 제기된 다수의 소송은 이런 도발 전략을 잘 반영한다. 당시 언론과 사회의 관심 밖에 있었던 군소 극우세력으로서 도발적 언행은 사회와 언론의 조명을 받는 수단이었고 더 나아가 정치적 지지를 도출해내는 방식이었다. 르펜은 이런 언행에 대해 "누구나 속으로 생각하는 사실을 자신이 크게 소리칠 뿐"이라고 주장하였다. 정치·사회·문화적으로 감히 입 밖에 내기 어려운 주장이나 발언을 거침없이 내뱉음으로써 존재를 밝히고 지지를 유발하는 그야말로 '악마의 전략'이었다.

아버지 르펜의 전략은 민족전선을 군소 정치 클럽에서 하나의 정치세력으로 성장시키는 데는 성공했다. 스스로 악마의 역할을 담당함으로써 다른 모든 정치세력이 민족전선에 반대하는 공동 전략을 펴도록 하였다. 하지만 이는 명백한 한계를 지니고 있었다. 2002년 대선에서 볼 수 있었듯이, 르펜은 결선투표에 진출하는 데까지는 성공했지만 나머지 모든 정치세력이 반 르펜 전선을 형성하는 바람에 결선투표의 득표율(17.8%)이 1차 투표 수준(16.9%)에서 정체하며 크게 늘어나지 않는 결과를 낳았다.

2011년부터 당권을 차지한 마린 르펜은 아버지와는 전혀 다른 전략으로 방향을 전환하였다. 아버지가 악마를 자처하면서 기존의 정치세력이 모두 자신을 비판하는 것은 그들이야말로 양의 탈을 쓴 악마이기 때문이라고 외쳤다면, 딸은 민족전선이 다른 기존의 정치

18 Andreas Musolf, *Metaphor, Nation and the Holocaust: The Concept of the Body Politic*, New York: Routledge, 2010; 박단, "현대 프랑스 사회의 인종주의: 민족전선(le Front National)의 이민정책과 신인종주의," 『서양사론』 70권, 2001, pp. 243-272.

세력과 그리 커다란 차이를 보이는 것은 아니라고 악마의 역할에서 벗어나는 전략을 선택한 것이다.[19] 마린의 탈악마화 전략은 몇 가지 줄기를 따라 진행되었다.

우선 민족전선은 프랑스 공화주의의 전통을 대변하는 세력이라고 노선을 재정립하였다.[20] 과거 민족전선은 프랑스 역사에서 전통과 보수의 가치에 중심을 두면서 진보적인 공화주의를 공격하는 입장이었다. 민주주의나 공화주의를 전체적으로 부정하지는 않았지만 잔 다르크(Jeanne d'Arc)와 같은 중세 영웅을 정치세력의 상징으로 활용하면서 매년 잔 다르크 동상 앞에서 집회를 하곤 했다. 기독교와 왕권에 기초한 앙시앵레짐의 노스탤지어를 정치적으로 이용하였고 비시 정권의 권위주의를 옹호하는 발언도 심심치 않게 등장했다. 아버지 르펜은 나치의 유대인 집단학살을 부정하는 듯한 수정주의 발언으로 프랑스 사회에 스캔들을 일으키기도 하였다.

마린 르펜은 반대로 철 지난 이데올로기나 노스탤지어를 과감하게 청산하고 공화주의 세력이라는 사실을 강조했다. 2016년 이후 민족전선은 더 이상 잔 다르크 축제를 거행하지 않는다.[21] 이런 탈악마화의 과정에서 마린은 아버지와 대립각을 이루며 아버지를 출당시

19　바이더와 콘스탄티누는 아버지 르펜과 딸 르펜이 모두 반유럽적 태도를 공통적으로 보이는데 전자는 협박하고 겁을 주는 등 강한 부정적 감정을 동원하는 도발의 전략을 편 반면, 후자는 사실과 수치를 동원하여 보다 건설적이고 합리적인 논지를 폈다고 분석하였다(Baider and Constantinou, 2017: 132).

20　Pascal Perrineau, *La France au Front*, Paris: Fayard, 2014; Nona Mayer, "From Jean-Marie to Marine Le Pen: Electoral change on the far right," *Parliamentary Affairs* 66(1), 2013, pp. 160-178.

21　하상복, "프랑스 민족전선과 잔 다르크(Jeanne d'Arc)의 상징정치: 장-마리 르펜에서 마린 르펜으로," 『문화와 정치』 5권 1호, 2018, pp. 139-164.

키는 조치를 취하기도 하였다. 공화주의의 진정한 가치를 보호하는 민족전선이란 기존 기득권 정치세력의 테두리 안으로 진입하려는 노력이었고, 더 이상 악마가 아닌 존중받아 마땅한 세력으로 발전하려는 노력이었다. 민족전선은 이제 민주주의나 공화주의를 위협하는 극단적 세력이 아니라 프랑스 공화국을 가장 잘 지킬 수 있는 세력이라고 선전하고 나선 것이다.

특히 프랑스 공화주의의 핵심 가치인 라이시테(laïcité), 즉 국가의 적극적인 종교 중립성을 강조하였다.[22] 물론 마린 르펜이 라이시테를 기치로 삼아 공화주의를 내세운 것은 우연이 아니다. 라이시테와 공화주의는 이민자 집단에 대한 사회의 불만을 결집할 수 있는 교묘한 수단이었기 때문이다.[23] 프랑스가 하나의 나라를 이루고 공동체로 뭉칠 수 있는 원칙이 공화주의이고 라이시테인데 이민자 집단은 이런 공화주의를 거부하고 라이시테의 원칙을 무너뜨리려 한다는 주장이다. 왜냐하면 이슬람을 종교로 갖는 아프리카 출신 이민자들은 프랑스 공동체에 동화하기보다는 스스로 격리하여 자신들만의 문화를 유지하려 하고 학교나 직장과 같은 공공의 장소에 자신들의 종교적 관습이 침투하게 만들기 때문이다.

탈악마화 전략의 또 다른 줄기는 경제 문제에 대해 민족전선만의 노선을 강력하게 제시함으로써 이민자 문제에만 특화된 정치세력이

---

22 아버지 르펜의 연설에서 라이시테를 언급한 것은 2%에 불과했지만 딸 르펜은 2011년부터 2013년 사이 행한 연설 가운데 25%에서 라이시테를 언급하였다(Joignot, 2015).

23 Cécile Alduy et Stéphane Wahnich, *Marine Le Pen prise aux mots. Décryptage du nouveau discours frontiste*, Paris: Seuil, 2015; 오창룡·이재승, "프랑스 국민전선의 라이시테 이념 수용: 이민자 배제 합리화 전략을 중심으로," 『유럽연구』 34권 1호, 2016, pp. 309-331.

아니라는 점을 강조하는 것이다. 환경주의나 반이민주의 등 한 쟁점만을 갖고 정치 무대에 등장한 세력이 수권 정당으로 크기는 어렵다는 현실을 인식한 결과다. 물론 연정을 통해 집권하는 방법도 존재하지만 민족전선처럼 악마 취급을 받는다면 연정도 여의치 않은 전략이다. 경제 문제를 앞으로 내세우면 상대적으로 수권 능력을 증명하면서 온건한 이미지를 전파할 수 있다는 계산이 있었던 것으로 보인다.

민족전선은 2017년 대선에서 '유로 탈퇴'라는 거대한 공약을 중심으로 캠페인을 전개했다. 프랑스 사회와 여론은 세계화에 대해 비판적인 입장을 줄곧 보여왔으며 유럽통합이 이런 세계화를 대변하는 운동이라고 보는 시각이 강하다. 하지만 동시에 프랑스는 1950년대부터 유럽통합의 아이디어를 제공하고 주도적으로 이끌어온 핵심 국가다. 따라서 영국처럼 유럽연합 자체에서 탈퇴하겠다는 공약은 현실적으로 어려운 측면이 있다. 민족전선은 프랑스의 어려운 경제적 현실이 유로라는 단일화폐 때문이라며 집권하게 되면 유로에서 탈퇴하겠다는 공약을 내세운 것이다.

프랑스는 실제 1980년대와 1990년대 가장 강력하게 유로의 출범을 추진하고 주도했던 나라다. 마스트리히트조약에서 유로의 출범을 결정했을 때 이는 프랑스가 독일의 통일을 인정하는 대신 프랑스의 요구를 독일이 들어준 불·독 거래라고 분석되었다.[24] 프랑스는 화폐 통합을 간절히 원했고 독일은 자국의 마르크화를 유지하려 했었다. 당시 프랑스의 계산은 화폐 통합을 이루면 유럽 차원에서 경기를 활성화하는 정책을 펼 수 있을 것이란 생각이었다. 하지만 화

---

24 Andrew Moravcsik, *The Choice for Europe: Social Purpose and State Power from Messina to Maastricht*, Ithaca: Cornell University Press, 1998, pp. 404-412.

폐 통합이 이뤄지고 나서도 유럽중앙은행(European Central Bank: ECB)의 통화정책은 긴축적으로 지속되었고 프랑스가 원했던 만큼 경제 활성화의 정책을 펴거나 효과를 보지는 못했다.[25]

민족전선의 주장은 유로에서 탈퇴하면 프랑스는 재정정책의 자율성을 되찾아 경기 활성화를 추구하는 정책을 독자적으로 펼 수 있다는 말이다. 대선에 나선 정치세력 가운데 유로 탈퇴를 주장하는 세력은 민족전선과 극좌의 멜랑숑이었다. 그만큼 이들은 경제정책이라는 기존 정치 쟁점의 중심에 적극적으로 진입했지만 내용은 여전히 극단적 성격을 유지했던 셈이다.[26] 이민에서 경제로, 국내 치안 문제에서 국제 전략으로 담론의 영역을 바꾼 것은 기성 정치세력화의 한 부분으로 이해할 수 있지만 그 구체적 내용은 여전히 극단적 성격을 지니고 있었다는 말이다.

여기서 흥미로운 비교의 대상은 독일의 AfD다. 독일의 경우 '독일을 위한 대안'을 출범시킨 세력은 유로에 반대하는 지식인 집단이었다.[27] 경제학자를 중심으로 뭉친 이들은 유로가 독일에게 쓸데없는 부담을 안기고 경제에 악영향을 미친다는 인식으로 뭉쳐 유로 탈퇴를 주장하고 나섰다. 독일에서는 경제정책의 논쟁에서 출발한 지

25 Jean Pisani-Ferry, *The Euro Crisis and Its Aftermath,* Oxford: Oxford University Press, 2014.

26 마린 르펜은 1차 투표에서 결선으로 진출하는 데 성공하자 유로 탈퇴라는 정책 방안이 수권정당으로서는 너무 극단적이라는 사실을 인식하고 자신의 주장을 완화하였다. 이를테면 유로를 파괴하겠다는 의미보다는 프랑이라는 프랑스의 주권을 표현하는 화폐를 도입하겠다는 것이며, 유로는 단일화폐가 아닌 공동화폐로 계속 유지하겠다는 것이다. 마크롱은 르펜과의 논쟁에서 입장 변화와 모순된 태도를 적극 공격하였다(Faye, "Cacophonie au Front National sur la sortie de l'euro," *Le Monde*, le 2 mai 2017).

27 Thomas Wieder, "Allemagne: le séisme de l'extrême-droite," *Le Monde*, le 5 octobre 2018.

식인 정치세력이 점차 반이민, 반난민 영역으로 논의를 확산하며 극단적 세력으로 탈바꿈하였는데, 프랑스에서는 반대로 반이민 세력으로 출발한 민족전선이 경제정책 영역으로 핵심 쟁점을 확산시켰다. 독일은 중도세력의 극단화가 이뤄진 반면, 프랑스에서는 극단세력의 탈악마화, 즉 중도화가 진행된 것이다.

2016년 영국의 브렉시트 결정도 프랑스에 상당한 영향을 미쳤다. 민족전선은 브렉시트 이전에 이미 탈유로 전략을 채택했는데, 막상 영국이 유럽연합에서 탈퇴하겠다는 결정을 내리자 기존 회원국에서는 유럽통합에 대한 가치를 새롭게 인식하며 반유럽 정서가 오히려 줄어드는 경향을 보였다.[28] 감정이 격한 가운데 영국이 브렉시트를 결정하긴 했지만 이성적으로 판단하면 손해가 더 클 것이라는 분석과 인식이 기존 회원국에서 나타난 것이다. 이런 배경 속에서 민족전선의 탈유로 공약은 상당수의 불만 계층을 동원하는 데는 효과적이었을지 몰라도 결선투표에서까지 승리하여 집권하는 데는 제약으로 작용했을 가능성이 높다.

민족전선 탈악마화의 또 다른 줄기는 정치 엘리트의 영입이다. 아버지 르펜은 1950년대 알제리 독립전쟁에 프랑스 군인으로 참여했던 참전용사이며, 도발적 언행과 태도로 관심을 끌어모았다. 하지만 딸 르펜은 40대 여성의 이미지를 최대한 활용하였고, 주장의 내용은 어느 정도 극단적이었지만 형식은 기존 정치인들의 연설과 토론 방식을 상당 부분 따랐다. 소수의 목소리를 과격하게 대변하는

---

28 유럽연합 전체를 대상으로 한 여론조사에서 자국의 EU 소속에 대한 지지는 2016년 9/10월 53%에서 2019년 2/3월 61%로 올라갔고, 부정적 의견은 같은 기간 16%에서 10%로 줄어들었다(European Parliament, 2019: 15).

아버지에 비해 딸은 다수에 파고들면서 여성의 부드러운 이미지와 행태를 과시하였다.

프랑스 중도 정치세력의 지도자들은 다수가 파리정치대학(Sciences Po)이나 국립행정대학원(Ecole Nationale d'Administration: ENA) 출신 관료들이다. 예를 들어, 제5공화국 대통령 가운데 위의 두 학교를 졸업하거나 수학하지 않은 사람은 초대 드골 대통령뿐이다. 마린 르펜은 파리의 아사스(Assas) 법대 출신인데 민족전선의 2인자로 국립행정대학원 출신의 플로리앙 필리포(Florian Philippot)를 선택하였다. 전통적으로 민족전선은 이들 엘리트가 프랑스 사회의 특권을 독점하고 국제적 자본과 결탁하여 민중을 지배한다는 담론을 즐겨 사용하였다. 하지만 수권 능력을 보여주기 위해서는 관료 엘리트를 전면에 내세울 필요를 느꼈다고 할 수 있다.

게다가 필리포는 자신이 동성애자임을 굳이 감추지 않는 정치인이었다.[29] 전통적 가치를 내세웠던 민족전선의 이미지와는 그다지 부합하지 않는 특성임에도 불구하고 필리포의 부상은 탈악마화의 한 국면이라고 분석할 수 있다. 여성을 최고의 리더로 삼고, 동성애자이자 엘리트를 전면에 내세우는 민족전선의 선택은 분명 아버지 르펜이 주도하던 시기에는 상상하기 어려운 일이었다. 덧붙여 아버지 르펜의 손녀이자 마린의 조카인 마리옹 르펜은 2012-17년 민족전선의 2석 가운데 하나를 대표하는 의원으로 활동했다.[30] 활발하고

29 Astrid de Villaines et Marie Labat, *Philippot 1er, le nouveau visage du Front National,* Paris: Plon, 2017.

30 Michel Henry, *La nièce: Le phénomène Marion Maréchal-Le Pen,* Paris: Le Seuil, 2017.

서민적인 성향의 이모 마린에 비해 20대 젊은 여성 의원 마리옹은 귀족적이고 보수적인 스타일을 통해 민족전선의 지지층을 확대하는 데 기여하였다. 이처럼 마린의 민족전선은 지도부 이미지의 측면에서도 탈악마화를 추진하는 데 많은 변화를 보여주었던 것이다.

담론전략이란 누가, 어떤 주제에 대해, 어떤 내용을 말하는가에 좌우된다. 이 세 가지 차원이 일맥상통한다면 전략적으로 일관성을 보여준다고 할 수 있다.[31] 탈악마화라는 기치 아래 민족전선은 2010년대 담론전략을 획기적으로 변화시켰다. 민족전선의 얼굴은 이제 참전용사로 애국심을 증명한 남성 노인이 아니라 40대 여성 리더와 역시 젊은 동성애자 남성 엘리트, 그리고 20대 어린 여성 의원으로 대체되었다.[32] 2017년 대선에서 마린 르펜에게 가장 많은 지지를 보낸 연령층이 35-59세의 장·중년층이라는 사실은 이런 전략의 결과라고 해석할 수 있다.[33]

민족전선의 담론에서 핵심 주제의 영역은 공화주의와 국가경제 전략이다. 기존의 사회혼란과 치안 등 일상의 정치에서 프랑스 공화국의 가치나 국가전략 등 보다 고차원적인 영역으로 주안점을 옮긴 것이다. 공화주의에 기초한 담론은 유권자들로 하여금 민족전선에 투표하는 데 거부감을 크게 줄여준 것으로 분석할 수 있다. 앞

31 Ruth Wodak, Rudolf de Cilia, Martin Reisigl, Karin Liebhart, Angelica Hirsch, and Richard Mitten, *The Discursive Construction of National Identity,* Edinburgh: Edinburgh University Press, 2009.

32 Sylvain Crépin, *Enquête au coeur du nouveau Front National,* Paris: Nouveau Monde Editions, 2012.

33 Ipsos, *2017 Election présidentielle: 1er tour, Sociologie des électorats et profils des abstentionnistes,* Paris: Ipsos, 2017.

의 연령층 분석에서 볼 수 있었듯 가장 활발한 사회활동을 하는 세대의 투표가 민족전선을 향했다. 직업을 통해 보면 노동계층에서 마린 르펜이 가장 높은 득표율을 보였다. 그것은 블루칼라(Ouvriers, 37%)나 화이트칼라(Employés, 32%) 모두에게서 드러나는 공통점이다. 간부급(Cadre, 33%)이나 중간 관리자(Profession intermédiaire, 26%) 계층에서 마크롱이 가장 높은 지지율을 보인 것과 대비되는 사실이다. 고등교육을 받은 유권자가 마크롱을 지지하고 고졸 이하 학력에서 르펜이 득표를 했다는 점, 그리고 고졸(Baccalauréat)에서는 똑같은 지지율(24%)을 보였다는 점은 프랑스 사회가 기득권/서민으로 나뉘어 각각 마크롱과 르펜을 지지했음을 보여준다.[34]

마린 르펜이 어떤 내용으로 유권자에게 다가갔는가는 결선투표에서 확연하게 드러났다. 수권능력의 차원에서 민족전선이 탈악마화 전략에도 불구하고 유권자들을 설득하기에는 역부족이었음이 66 대 33의 결과에 나타난 것이다. 사회학적 투표 분석에서 마린 르펜이 마크롱을 누른 계층은 정확하게 두 부류다. 블루칼라 노동자 계층에서 르펜은 56대 44로 마크롱을 앞섰다. 또한 재정상황에서 매우 어려움을 겪는다는 계층에서 르펜은 69대 31로 마크롱을 크게 앞질렀다.[35] 전통적으로 좌파가 노동계층을 대표한다는 등식의 의미는 이제 프랑스 정치에서는 더 이상 지탱하기 어려운 듯하다. 2017년 프랑스 대선에서 드러난 명백한 결과는 극우민족주의가 소외계층, 노동계층의 대변 세력으로 확실하게 자리매김했다는 사실이다.

34 Ibid, pp. 5-8.
35 Ipsos, *2017 Election présidentielle: 2e tour, Sociologie des électorats et profils des abstentionnistes,* Paris: Ipsos, 2017, pp. 7-11.

IV. 프랑스 정치제도의 제약

마린 르펜의 탈악마화라는 담론전략은 극우민족주의 세력이 1차 투표에서 성공을 거둬 결선투표까지 진출할 수 있었던 능력과 동시에 결선투표에서 여전히 대등한 경쟁을 벌이기에는 부족했던 미흡함을 상당 부분 설명한다. 하지만 이에 덧붙여 프랑스 제5공화국 정치제도의 특수성은 민족전선과 마린 르펜의 성공과 실패를 설명하는 또 다른 중요한 요인이다. 프랑스 정치제도는 대통령선거와 총선에서 모두 결선투표를 포함하는 2단계 다수제라는 특수한 제도를 시행한다.[36] 대선에서는 가장 많은 득표율을 거둔 두 후보가 결선투표에 진출하지만 총선에서는 유권자의 12.5% 이상을 득표한 후보는 2위 안에 들지 않더라도 결선투표에서 후보 자격을 유지할 수 있다.

일반적으로 다수제는 투표의 양극화를 초래하고 비례대표제는 다양한 의견을 표출하여 투표의 분산을 가져오는 것으로 분석된다. 프랑스의 2단계 투표제는 1차 투표에서 비례대표제와 유사한 투표 분산의 효과를 나타내고, 결선투표에서는 양극화를 초래한다는 특징을 지닌다.[37] 이러한 특징 때문에 정당 간의 선거연합이나 상호 지지의 표현 등이 중요한 변수로 작용한다. 프랑스 제5공화국 정치사를 살펴보면 일반적으로 좌우의 양극화를 바탕으로 각각의 진영에

---

36 김용찬은 국내연구 가운데 프랑스의 민족전선과 영국독립당(United Kingdom Indepen-dence Party: UKIP)을 비교하며 정치 제도의 역할을 적용한 드문 사례다. 윤석준 역시 정치제도의 중요성을 강조하는데 2014년 유럽의회 선거는 프랑스 대선이나 총선과는 달리 광역선거구에 정당명부제의 선거제도가 적용되는 사례다(김용찬, 2017; 윤석준, 2015).

37 Jean-Luc Parodi (ed.), *Institutions et vie politique sous la Vème République*, Paris: Documentation française, 2003.

서 선거연합을 이루는 경우가 많았다. 좌파에서는 공산당과 사회당이 주류 세력이었다면 다른 극좌나 급진당(Parti Radical)과 같은 전통적 정당, 환경주의와 같은 신생 정당이 연합을 하곤 했다. 우파에서는 기독교 민주주의나 자유주의 전통의 중도파와 민족주의 우파 계열의 드골파가 연합을 이루었다. 이렇게 강력한 정치세력의 양극화 속에서 극우민족주의는 우파에 속하기는 했다. 하지만 그 '악마적 성격' 때문에 모두가 선거나 집권 연합 안에 포함시키기를 거부하는 세력이었던 것이다.

2017년 대선은 기존의 이런 대립 구도가 상당 부분 와해된 선거였다.[38] 이 연구에서는 마린 르펜에 집중하여 분석을 전개했지만, 대선의 1차 투표 결과를 자세히 보면 기존의 중도 온건세력 중심의 투표 패턴이 무너진 것을 발견할 수 있다. 극우 르펜과 극좌 멜랑숑의 표를 합치면 40%를 넘는 놀라운 수치다. 2012년 대선에서 르펜과 멜랑숑의 표를 합쳐 29%였다는 사실을 감안하면 극단 세력의 급격한 부상을 인식할 수 있다.

전통적 중도 좌·우파인 사회당의 아몽과 공화당의 피용은 2017년 대선에서 26% 득표에 불과했다. 같은 정치세력의 올랑드와 사르코지는 2012년 대선 1차 투표에서 55%의 득표율을 얻었다. 여기에 전통적 중도파인 바이루의 9%까지 더하면 무려 64%에 달하는 압도적 지지다. 2017년 대선에서 전통 중도 세력의 쇠퇴를 대신한 것은 마크롱으로, 1차 투표에서 24%를 얻어 1위를 기록했다. 하지만 마크롱을 중도 세력인 아몽과 피용의 득표율에 더해도 50% 수준으로 2012년 중

38 Steven Zunz, "Les élections françaises du printemps 2017 signent-elles la fin de la bipolarisation de la vie politique?" *Les Echos*, le 4 août 2017.

도 세력 득표율인 55~64%에 절대적으로 부족한 상황이다.

2017년 대선에서는 민족전선이 결선투표에 진출했다는 점에서 획기적이었지만 덧붙여 4.7%의 상당한 득표율을 보인 뒤퐁에냥이 르펜을 지지하고 나섰다는 점에서도 프랑스 정치의 변화를 보여준다.[39] 뒤퐁에냥은 군소 정당으로 6위를 기록했지만 집권 여당이었던 사회당 아몽의 6.4%와 근접하는 결과를 얻은 셈이었다. 게다가 뒤퐁에냥은 원래 드골파 공화당 출신으로 중도 우파와 극우를 연결하는 지점에서 세력을 모았다. 결선투표를 앞두고 이뤄진 르펜과 뒤퐁에냥의 연합은 민족전선이 더 이상 과거와 같은 '악마 세력'이 아니라 세력을 추가로 규합할 수 있는 능력을 획득하였음을 보여주었다. 르펜이 당선될 경우 뒤퐁에냥에게 총리직을 약속했다는 사실도 기존 세력들 간의 연합 양식과 매우 유사하다.

민족주의 우파와 극우세력의 연합이 이뤄지는 동안 중도 우파의 피용과 중도 좌파의 아몽은 마크롱을 지지하고 나섰다. 마크롱이 자신은 '좌도 우도 아닌 중도'라는 슬로건을 들고 나왔다는 점에서 기존의 프랑스 정치 구도를 깨겠다는 의도를 발견할 수 있다. 그럼에도 불구하고 사회당과 공화당이 마크롱으로 집결될 수 있었던 데는 결선투표의 상대가 극우의 르펜이었다는 사실이 크게 기여한 것이다. 2002년 모든 세력이 장-마리 르펜을 막기 위해 중도 우파의 시라크를 지지했듯이 말이다. 이런 점에서 극우가 초래하는 거부감과 정치권 안에서 악마적 성격은 여전히 존재한다고 할 수 있다.[40] 중도

39 Olivier Faye, "Nicolas Dupont-Aignan a passé un accord de gouvernement avec Marine Le Pen," *Le Monde*, le 28 avril 2017.
40 피용뿐 아니라 총리를 역임한 알랭 쥐페(Alain Juppé), 장피에르 라파랭(Jean-Pierre Raf-

우파의 피용은 같은 우파의 르펜보다는 중도 신인 마크롱을 선택했으니 말이다.

2017년 대선의 특징이 유권자의 극단 세력 선택이듯이 결선투표의 과정에서도 극단 세력의 특수한 양태가 돋보였다. 극좌의 멜랑숑은 중도의 아몽이나 피용과는 달리 지지자들에게 결선투표에서의 지침을 주기를 거부하였다.[41] 그는 유권자들이 알아서 선택을 하도록 두어야 한다는 입장이었고 이는 간접적으로 르펜을 도와주는 선택이었다. 물론 멜랑숑의 이런 모호한 입장에도 불구하고 유권자들의 상당수는 전통적 좌우 결합의 원칙에 상대적으로 충실했던 것으로 보인다. 왜냐하면 1차 투표에서 멜랑숑을 지지했던 유권자가 결선투표에서 대거 마크롱(52%)을 선택함으로써 르펜의 득표율은 7%에 불과했기 때문이다.[42]

반면 피용을 지지했던 중도 우파 유권자 가운데 48%는 마크롱을, 그리고 20%는 르펜을 결선투표에서 지지했다. 이 부분에서는 예전보다 나아지기는 했지만 2017년 대선 결선투표에서도 여전히 극우의 악마 이미지가 강력하게 작동함을 알 수 있다. 중도 우파가 극우보다는 중도를 택했다는 의미에서 말이다. 또한 피용 지지자의 15%, 그리고 멜랑숑 지지자의 17%가 결선투표장에는 갔어도 백지·무효 투표를 통해 제시된 선택은 거부하는 입장을 보였다. 이런 비

---

farin) 등 주요 중도 우파의 인사들은 결선투표에서 마크롱을 지지한다고 공식적으로 밝히며 르펜의 당선을 막아야 한다고 주장했다(Le Monde, "Juppé, Fillon, Baroin, Raffarin, Estrosi: des personnalités de droite appellent à voter Macron," *Le Monde*, le 23 avril 2017).

41 Camille Bordenet, "Macron à 'contre-coeur', vote blanc ou pour Le Pen, pour le 'choc': les électeurs de Mélenchon tiraillés," *Le Monde*, le 26 avril 2017.

42 Ipsos, op. cit., p. 4..

율은 제5공화국 대선 사상 가장 높은 것이었다.

대선에 이어 치러진 총선에서 민족전선은 실패와 성공을 동시에 경험했다. 커다란 실패는 대선에서의 선전에도 불구하고 총선에서는 2012년의 결과를 넘지 못하는 실망스런 득표율을 보였다는 점이다. 총선 1차 투표에서 13%대의 득표율에서 머물렀던 것이다. 이는 1997년 14.9%의 기록적 득표율에 미치지 못하는 수준이었고, 미세한 차이지만 2012년보다도 낮은 수준이었다. 민족전선의 지지자들이 대선에서의 패배를 맛보고 실망하여 총선 투표장에 오지 않았다는 설명이 가장 큰 설득력을 지닌다.[43] 다음은 프랑스 정치제도의 특성으로 대선 직후 치러지는 총선에서는 대선에서 승리한 후보의 정당에 표를 몰아주는 경향을 들 수 있다. 프랑스 제5공화국 아래 대선과 총선이 연달아 치러지는 선거에서 대통령의 소속 정당은 절대 다수의 의석을 확보하는 데 항상 성공하였다. 2017년에도 마크롱의 전진하는 공화국은 1차 투표에서 28%를 획득하고, 2차 투표에서 43%를 얻어 전체 의석의 53%에 달하는 308석을 얻었다.

2017년 총선에서 민족전선이 거둔 성공은 다수제 선거에서 역대 가장 많은 8명의 의원을 배출했다는 점이다.[44] 예를 들어 2012년에는 비슷한 지지율에 2석의 의원만 선출되었다. 이번에는 2012년 당선되었던 질베르 콜라르(Gilbert Collard)가 재선에 성공했고, 마린

---

43 Olivier Faye, "Pour le Front National l'heure des mécomptes a sonné," *Le Monde*, le 19 juin 2017.

44 Le Monde, "Qui sont les huit députés du Front National?" https://www.lemonde.fr/elections-legislatives-2017/article/2017/06/19/legislatives-2017-qui-sont-les-huit-deputes-front-national_5147403_5076653.html?xtmc=front_national_legislatives_2017&xtcr=9(검색일: 2019년 4월 25일).

르펜도 의원으로 선출되었으며, 약관 23세의 최연소 의원(Ludovic Pajot)을 당선시켰다. 무엇보다 민족전선은 장기적인 지역구 활동을 통해 일부 지역에서 확고한 지지층을 확보했다는 의미를 발견할 수 있다. 특히 프랑스 북부(Nord)와 파드칼레(Pas-de-Calais) 등의 지역에서 집중적으로 의석을 획득하였다. 이 지역은 전통적으로 광산이 집중되어 있는 곳이며, 탈산업화의 폐해를 가장 많이 겪은 빈곤 지역이다.

프랑스의 정치제도의 제약은 대선이나 총선에서 모두 강하게 작동하였다. 특히 민족전선은 극우에 위치한데다 기존 정치세력과의 연합이 불가능하거나 어렵다는 점에서 제도의 제약에 강력하게 노출되었다. 하지만 프랑스 정치를 장기적으로 관찰하는 입장에서 놀라운 점은 이런 강력한 제약들을 민족전선이 점진적으로 하나씩 극복하고 있다는 것이다.

아무도 민족전선 후보가 대선 결선투표에 진출할 것이라 예측하지 못했지만, 2002년에 성공을 거두었다. 당시 프랑스 정치는 심각한 충격을 받았다고 해도 과언이 아니었고 전국적으로 반 민족전선 시위가 벌어진 바 있다. 이런 '사고'가 다시는 일어나지 않을 것이라 상상했지만 2017년 재현되었다. 2002년과 비교했을 때 2017년의 마린 르펜은 자신의 지지율을 결선투표에서 크게 늘릴 수 있었다. 그것이 당선에 가까운 정도로까지 확장되지는 않았지만 말이다.

또한 프랑스 정치 구도에서 민족전선과 같은 극단적 세력은 총선에서 고립을 극복하기 힘들 것이라 예측했지만, 2017년 총선은 지역에 따라 이를 극복하는 것이 가능하고 그것도 여러 곳에서 재현가능하다는 사실을 보여주었다. 특히 탈산업화가 진행되면서 절망적인 여론이 지역적으로 형성된 곳에서 민족전선은 뿌리를 내리기 시작했음을 보여주었다. 이는 과거 공산당이 노동계층을 중심으로 확고한 지역적 기반을 가졌던 경험과 어느 정도 유사하다.[45]

결국 2017년의 대선과 총선은 제도적 제약의 여전한 힘을 확인하는 기회였지만 동시에 시간이 흐르면서 이를 극복하는 민족전선의 전략과 프랑스 사회의 호응도 만만치 않다는 사실을 확인하는 경험이었다.

V. 민족전선에서 민족연맹으로

1972년 창당한 민족전선은 아버지 르펜과 딸 르펜의 주도 아래 2017년 대선에서는 결선까지 진출하였고 총선에서도 지역적 기반을 반영하는 소정의 결과를 얻었다. 프랑스를 대표하는 극우민족주의 세력은 이제 2022년이 되면 창립 50주년의 긴 역사를 갖게 된다. 2018년 민족전선은 민족연맹(Rassemblement National)으로 개명하였다. 전선이 가지는 전투적 이미지에서 탈피하여 연맹이라는 포괄적 성격의 표현을 사용한 것으로 해석할 수 있다. 역사적으로 연맹은 부분적이고 편파적인 성격의 정당(Parti)이라는 표현을 거부했던, 그리고 민족의 하나됨을 강조했던 드골 민족주의 정치세력의 명칭이었다. 예를 들어 1947년 해방정국에서 드골이 만들었던 정치세력

---

45 공산당은 파리 근교 지역을 둘러싼 '붉은 벨트(Ceinture rouge)'를 형성하여 확고한 지역 기반을 다졌고 이를 바탕으로 지역 정치에서 중요한 역할을 담당하기 시작했다(Blanc, 1927; Fourcaut, 1986).

의 명칭은 프랑스국민연맹(Rassemblement du Peuple Français: RPF)
이었다. 정작 드골파는 2015년 공화주의자연합(Les Républicains)이
라는 간판을 내세우며 정당이나 연맹이라는 명칭을 제거한 반면, 민
족전선이 민족연맹으로 자칭하고 나선 것이다. 어떤 면에서 마린의
탈악마화 전략이 명칭의 수준까지 확대되었다고 볼 수도 있다.

이 연구의 중심 변수인 민족주의, 담론전략, 제도적 제약의 세 가
지 관점에서 내릴 수 있는 잠정적 결론은 다음과 같다. 첫째, 유럽을
중심으로 부는 민족주의적 저항 또는 반발의 바람 속에서 이미 상당
히 전통이 깊었던 프랑스의 민족전선은 극우적 고립에서 벗어나 중
도 우파와 대등한 수준으로까지 성장하였다. 특히 프랑스의 경우 중
도 우파의 주도 세력이 민족주의 성향의 드골주의자들이었다는 점
에서 중도와 극우의 차별화가 쉽지 않았다.[46] 이는 독일이나 이탈리
아, 스페인처럼 기독교 민주주의가 우파의 주도 세력이었던 배경과
는 다른 점이다.

둘째, 담론전략에서 지난 2010년대 프랑스의 마린 르펜과 민족
전선은 기성 정치세력화의 방향으로 꾸준히 노력해왔고, 이번 대선
은 그러한 노력의 결실을 본 셈이다. 물론 유로 탈퇴의 공약이나 유
럽연합을 비판하는 태도는 결선투표에서 제약으로 작동했던 것도
사실이다. 비교적 관점에서 본다면 유럽연합 탈퇴에서 국민의 다수
를 동원하는 데 성공한 영국과 큰 차이를 보여주었다. 물론 극단 세
력의 연합이 수월한 국민투표 제도와 위정자를 선택하는 대선/총선
등 투표제도의 차이 또한 중요할 것이다.

---

46 Peter Davies, *The Extreme Right in France, 1789 to the Present*, London: Rout-
    ledge, 2002.

셋째, 프랑스 제5공화국의 정치제도, 특히 2단계 투표제는 유권자 선택의 폭을 넓혀 극단적 군소 정당의 성장을 가능하게 하였지만 동시에 결선투표를 통해 중도 세력에게 훨씬 유리한 장치로 작동했다. 2017년 결선에서 마크롱과 르펜은 정치신인과 전문 정치인의 대결이었고, 동시에 중도와 극우의 대결이었다. 물론 마크롱은 재무장관을 역임한 국정경험자였고, 르펜은 야당생활만 했다는 대립점도 있었다.

2010년대 시작한 마린 르펜의 민족전선 부상은 2017년 대선과 총선으로 일단 정점을 찍었다. 앞으로 민족전선이 계속 탈악마화를 넘어 수권 세력으로 탈바꿈을 할지, 그리고 그 과정에서 중도 우파까지 세력을 확장할지, 아니면 2002년 대선 결선 진출 이후처럼 침체의 길로 접어들지는 두고볼 일이다. 하지만 이 글에서 확인한 민족주의, 담론전략, 제도적 제약의 세 가지 변수는 향후 민족연맹의 미래를 분석하는 데도 가장 중요한 기준을 제공할 수 있을 것이다.

참고문헌

김용우. 2014. "프랑스 민족전선(FN), 포퓰리즘 그리고 파시즘." 『민족문화논총』 63. 43-70.

김용찬. 2017. "유럽의 반이민 정치집단에 관한 연구: 반이민 정당인 영국독립당(UKIP)과 프랑스 국민전선(Front National)의 정치적 부침(浮沈)." 『민족사상연구』 70. 4-48.

박단. 2001. "현대 프랑스 사회의 인종주의: 민족전선(le Front National)의 이민정책과 신인종주의." 『서양사론』 70. 243-272.

박재정. 2007. "프랑스 극우 정당에 대한 연구: 국민전선(Front National)을 중심으로." 『유럽연구』 25-2. 67-95.

오창룡, 이재승. 2016. "프랑스 국민전선의 라이시테 이념 수용: 이민자 배제 합리화 전략을 중심으로." 『유럽연구』, 34-1. 309-331.

윤석준. 2015. "극우정당의 유럽의회 진출요인에 대한 연구: 프랑스 민족전선(FN)의 사례를 중심으로." 『유럽연구』 33-4. 71-101.

조홍식. 2010. "프랑스 극우 민족주의 정치세력과 유럽통합: 민족전선의 사례." 『프랑스학연구』 54. 317-340.

_____. 2015. "2010년대 프랑스 민족전선의 성장과 재도약." 『EU연구』 40. 101-122.

하상복. 2018. "프랑스 민족전선과 잔 다르크(Jeanne d'Arc)의 상징정치: 장-마리 르펜에서 마린 르펜으로." 『문화와 정치』 5-1. 139-164.

Alduy, Cécile et Stéphane Wahnich. 2015. *Marine Le Pen prise aux mots: Décryptage du nouveau discours frontiste.* Paris: Seuil.

Baider, Fabienne and Maria Constantinou. 2017. "Europe and the Front National Stance: Shifting the Blame." Christian Karner and Monika Kopytowska (eds.). *National Identity and Europe in Times of Crisis: Doing and Undoing Europe.* Bingley: Emerald Publishing.

Blanc, Edouard. 1927. *La ceinture rouge: Enquête sur la situation politique, morale et sociale de la banlieue de Paris.* Paris: Ed. Spes.

Bordenet, Camille. 2017. "Macron à 'contre-coeur', vote blanc ou pour Le Pen, pour le 'choc': les électeurs de Mélenchon tiraillés." *Le Monde,* le 26 avril 2017.

Crépin, Sylvain. 2012. *Enquête au coeur du nouveau Front National.* Paris: Nouveau Monde Editions.

Davies, Peter. 2002. *The Extreme Right in France, 1789 to the Present.* London: Routledge.

Davies, Peter. 2012. *The National Front in France: Ideology, Discourse, and Power.* London: Routledge.

de Villaines, Astrid et Marie Labat. 2017. *Philippot 1er, le nouveau visage du Front National.* Paris: Plon.

European Parliament. 2019. *Closer to the Citizens, Closer to the Ballot.* Brussels: EU.

Faye, Olivier. 2017. "Cacophonie au Front National sur la sortie de l'euro." *Le Monde,* le 2 mai 2017.

_____. 2017. "Nicolas Dupont-Aignan a passé un accord de gouvernement avec Marine Le Pen." *Le Monde*, le 28 avril 2017.

_____. 2017. "Pour le Front National l'heure des mécomptes a sonné." *Le Monde*, le 19 juin 2017.

Fourcaut, Annie. 1986. *Bobigny, banlieue rouge.* Paris: Editions de l'Atelier.

Halikiopoulou, Daphne. 2018. "A Right-wing Populist Momentum? A Review of 2017 Elections Across Europe." *Journal of Common Market Studies* 56.

Henry, Michel. 2017. *La nièce: Le phénomène Marion Maréchal-Le Pen.* Paris: Le Seuil.

Ipsos. 2017. *2017 Election présidentielle: 1er tour, Sociologie des électorats et profils des abstentionnistes.* Paris: Ipsos.

_____. 2017. *2017 Election présidentielle: 2e tour, Sociologie des électorats et profils des abstentionnistes.* Paris: Ipsos.

Ivaldi, Gilles, Maria Elisabetta Lanzone and Dwayne Woods. 2017. "Varieties of Populism across a Left-Right Spectrum: The Case of the Front National, the Northern League, Podemos and Five Star Movement." *Swiss Political Science Review* 23-4.

Joignot, Frédéric. 2015. "Les mots biaisés de Marine Le Pen." *Le Monde*, le 29 janvier 2015.

Le Monde. "Juppé, Fillon, Baroin, Raffarin, Estrosi: des personnalités de droite appellent à voter Macron." le 23 avril 2017.

_____. "Qui sont les huit députés du Front National?" https://www.lemonde.fr/elections-legislatives-2017/article/2017/06/19/legislatives-2017-qui-sont-les-huit-deputes-front-national_5147403_5076653.html?xtmc=front_national_legislatives_2017&xtcr=9(검색일: 2019년 4월 25일).

Mayer, Nona. 2013. "From Jean-Marie to Marine Le Pen: Electoral change on the far right." *Parliamentary Affairs* 66-1. 160-178.

Ministère de l'Intérieur. "Les résultats présidentielles." https://www.interieur.gouv.fr/Elections/Les-resultats/Presidentielles(검색일: 2019년 4월 27일).

_____. "Les résultats législatives." https://www.interieur.gouv.fr/Elections/Les-resultats/Legislatives(검색일: 2019년 4월 27일).

Moffit, Benjamin. 2016. *The Global Rise of Populism: Performance, Political Style, and Representation.* Stanford: Stanford University Press.

Moravcsik, Andrew. 1998. *The Choice for Europe: Social Purpose and State Power from Messina to Maastricht.* Ithaca: Cornell University Press.

Mudde, Cas and Cristóbal Rovira Kaltwasser (eds.). 2012. *Populism in Europe and the Americas: Threat or Corrective for Democracy?* Cambridge: Cambridge University Press.

Musolf, Andreas. 2010. *Metaphor, Nation and the Holocaust: The Concept of the Body Politic.* New York: Routledge.

Parodi, Jean-Luc (ed.). 2003. *Institutions et vie politique sous la Vème République.* Paris: Documentation française.

Perrineau, Pascal. 2014. *La France au Front*. Paris: Fayard.

Pisani-Ferry, Jean. 2014. *The Euro Crisis and Its Aftermath*. Oxford: Oxford University Press.

Quilès, Paul. 2012. "Présidentielle: 'Au premier tour, on choisit; au second, on élimine'." *L'Express*, le avril 3.

Wieder, Thomas. 2018. "Allemagne: le séisme de l'extrême-droite." *Le Monde*, le octobre 5.

Wodak, Ruth, Rudolf de Cilia, Martin Reisigl, Karin Liebhart, Angelica Hirsch, and Richard Mitten. 2009. *The Discursive Construction of National Identity*. Edinburgh: Edinburgh University Press.

Woods, Dwayne and Barbara Wejnert (eds.). 2014. *The Many Faces of Populism: Current Perspectives*. London: Emerald Press.

Zunz, Steven. 2017. "Les élections françaises du printemps 2017 signent-elles la fin de la bipolarisation de la vie politique?" *Les Echos*, le août 4.

독일 극우주의 정치세력의 득세와 정당체제의 변화[1]

김면회(한국외국어대학교)

I. 들어가며

2017년 9월 24일에 치러진 연방하원 선거(이하 총선) 이후 독일정치의 움직임이 이색적이다. 선거 결과는 대부분의 언론사와 여론조사기관들이 예상했던 것과 달리 집권정당 기독교민주연합(기민련, CDU)의 힘겨운 승리로 끝났다. 예상과 다른 결과였기에 새로운 현상들이 복잡하게 전개되고 있다. 총선 이후 한 달이 넘게 진행되었던 자메이카 연합정부[2] 구성 협상 과정에서는 난민 문제와 에너지·

---

1 이 글은 저자의 "독일 극우주의 정치세력의 성장 요인 연구: 정당 쇠퇴와 정당체제의 변화"(『유럽연구』 제34권 제3호, 2016, pp. 23-48)와 "독일 제19대 총선과 정당체제의 변화: 해적당의 실패와 독일대안당의 성공"(『EU연구』 제48호, 2018, pp. 173-205)을 토대로 최근 상황을 반영하여 재구성하였음을 밝힌다.
2 이는 자메이카 국기가 기민련의 상징색인 검정색과 녹색당의 녹색 및 자민당의 노란색으로 이루어진 데서 유래한다.

환경, 조세, 유럽연합(EU) 정책을 놓고 참여 정파 간에 이견이 뚜렷하게 노출되었고, 합의점을 찾지 못해 협상 과정은 결국 11월 19일 중단됐다.[3] 자메이카 연합정부를 구성하고자 한 협상이 실패한 이후부터 독일정치의 '위기'와 '불안정' 문제는 빈번하게 거론되기 시작했고,[4] 대안으로 사민당과 또 한번의 대연정뿐만 아니라 심지어는 재선거가 논의되기도 했다. 2018년 1월 21일 사회민주당 특별전당대회에서는 대연정을 수용하기로 했지만, 당내 좌파세력의 반발과 전당원이 참여하는 동의 절차로 대연정의 재출발은 쉽지 않았다. 독일 정치의 불안정은 브렉시트(Brexit)와 유로존(Eurozone) 개혁 등 유럽연합의 현안 해결을 한층 어렵게 하고, 유럽통합 심화 과정에 대한 회의적 시각에 힘을 보태고 있다. 이래저래 제19대 독일 총선 결과와 그 이후의 문제가 독일뿐만 아니라 유럽정치의 핵심 주제로 부상하고 있다.

제19대 독일 총선 결과에서 가장 눈에 띄는 점은 극우주의 정치세력인 독일을 위한 대안(이하 독일대안당, AfD)이 연방하원에 진입한 사실이다.[5] 유럽 통합의 심화와 기존 난민 수용 정책에 대해 강하

---

3 http://www.spiegel.de/politik/deutschland/fdp-beendet-jamaika-aus-dem-staub-gemacht- kommentar-a-1179274.html(검색일: 2019년 7월 28일).

4 http://www.spiegel.de/wirtschaft/soziales/deutschland-nach-dem-jamaika-aus-die-unsi- chere-republik-kolumne-a-1180285.html(검색일: 2019년 7월 28일).

5 이외에도 특이한 점은 우선 총선 슬로건으로 '더 많은 정의(mehr Gerechtigkeit)'를 내세운 사민당(SPD)의 정치적 위상이 급격히 추락하였다는 것이다. 2009년 총선에서 23%의 지지율을 얻었던 사민당은 2013년 총선에서 25.7%로 상승하는 듯했으나, 이번 총선에서는 역대 최저인 20.5%에 머물렀다. 또 하나는 총선 결과가 우파의 승리로 나타났다는 점이다. 사민당뿐만 아니라 제도권 좌파 세력으로 분류되는 녹색당(Grüne)이나 좌파당(Linke) 역시 지난 총선과 엇비슷한 지지율에 머물렀다. "미래는 불굴의 의지에 의해 건설된다"고 외친 녹색당은 지난 총선에 비해 0.5%p, 그리고 좌파당은 0.6%p 더 확보하는

게 반대하면서 자국의 이익을 앞세운 독일대안당은 12.6%로 지난 (2013년) 총선(4.7%)에 비해 무려 두 배 이상의 지지율을 끌어올렸다. 그 결과 원내 3위 자리를 차지하게 되었다. 때문에 1949년 이후 진행된 독일 현대정치는 이제 새로운 단계로 진입하였다는 평가가 지배적이다. 극우주의 성향의 정당이 전국 단위 의회에 진입하지 않은 유럽 국가 중의 하나가 독일이라는 설명도 이제 힘을 잃게 되었다(Holtman, 2017: 24-25). 주의회 선거에서의 연이은 성공에 이어 연방차원에서도 견고한 지지율이 확인됨에 따라 독일대안당은 이제 유력한 정치세력으로 등극하게 되었다. 2019년 5월에 진행된 제9대 유럽의회 선거 결과도 이러한 흐름을 되돌리지 못했다.

　독일대안당의 급부상과 관련하여 주목해야 할 부분은 독일 정당 체제의 변화이다. 총선 결과 그간 독일 정치를 주도해온 기민/기사련과 사민당 양대 정당의 지지율은 급격히 추락했다. 총선에서 기민/기사련과 사민당의 지지율은 각각 32.9%와 20.5%에 그쳤다. 이는 지난 총선에서 얻은 지지율에 비해 각각 8.6%p와 5.2%p 낮은 수치이자 지난 60여 년간 양대 정당이 얻었던 득표율 중 가장 낮은 수준이다. 양대 정당이 얻은 지지율 합계는 53.4%에 불과하다. 반면 자민당은 10.7%를 확보하여 의회 재입성에 성공했고, 좌파당과 녹색당도 각각 9.2%와 8.9%를 얻어 무난하게 연방하원에 자리를 잡았다. 여기에 더해 독일대안당은 전체 709석 중 무려 94석을 배정받으면서 신생정당으로 연방하원에 모습을 드러내게 되었다. 전

데 그쳤다. 반면 '보다 살기 좋은 독일'을 내건 기민련의 지지율 추락은 "새롭게 생각하자(Denken wir neu)"를 내세운 자민당(FDP)의 선전과 독일대안당(AfD)의 급부상으로 충분히 상쇄되고도 남아 의회 세력 분포는 우파 쪽으로 급격히 기울었다.

통적으로 양대 정당의 지지율 합이 65% 선을 넘었던 점을 고려할 때, 양대 정당의 비중은 확연히 위축된 모양새다. 양대 정당의 지지율 추락과 군소정당군의 약진 및 정당 파편화로 인해 안정적이고 효율적인 국정 운영을 앞세워온 독일 정당체제에 대한 의구심은 향후 독일정치의 주요 주제가 될 것으로 보인다. 최근 부각되고 있는 독일정치의 위기와 불안정과 관련된 문제의 진원지가 바로 여기인 셈이다.

　　이러한 정치현상과 관련하여 본장에서는 제19대 총선 및 이후의 선거 결과가 현대 독일 정당체제 변천 과정에서 차지하는 의미를 파악하는 데 목적이 있다. 더불어 독일대안당의 진입에 따른 정당체제 변화를 견인한 성공 요인이 무엇인가도 밝혀보고자 한다. 양대 정당 주도 체제가 약화되는 동일한 조건 속에서 연방하원 진입에 실패한 해적당의 사례와 달리 독일대안당이 연방하원에 진입하는 데까지 전개된 발전 과정과 그 성공 요인을 추적, 비교하는 작업은 본론 부분의 주요 연구 내용이다. 상이한 부침 과정을 보인 두 군소정당의 비교 연구는 새롭게 조성된 정당체제, 즉 본 장에서 다룰 '유동적(fluides)' 6당 체제 속에서 전개될 독일 및 유럽 정치의 미래를 전망하는 일과도 자연스럽게 연결된다.

II. 현대 독일 정당체제의 변천 과정과 극우주의 세력

1. 극우주의란?

극우주의(Rechtsextremismus)는 한마디로 우파적 이데올로기가 극단화된 사상이다. 정치적 의미의 좌파와 우파를 구성하는 내용이 시·공간적 위치에 따라 상이하기에, 극우주의를 특정 구성요소로만 한정하여 일반화하기는 어렵다. 각국의 정치 현실에서 극우주의 세력은 다양한 관점과 상이한 내용이 혼재되는 방식으로 분류된다. 그럼에도 극우주의는 정치 공동체의 주권자를 인종적으로 결정하고 개인의 자유를 제약하며, 독일의 경우 나치(Nazi)의 유태인 배척주의(Antisemitismus)와 같은 반(反) 외국인 운동 및 국가사회주의(Nationalsozialismus)를 추종하는 이데올로기로 요약된다(Landesamt für Verfassungsschutz, 2014). 극우주의에 대한 개념 정의와 관련하여 독일 사회민주당(이하 사민당, SPD) 계열 조직인 프리드리히 에버트 재단(Friedrich-Ebert Stiftung)은 2006년, 11명의 저명한 사회학자들에게 극우주의에 대한 개념 규정을 의뢰하였다. 그 결과에 따르면 극우주의는 "정치학에서는 독재적인 정부형태와 쇼비니즘(chauvinism)적인 태도 및 국수주의에 대한 정당화를 의미하며, 사회학에서는 유태인과 외국인에 대한 배척과 사회 다원주의적인 태도를 의미한다"고 정의되고 있다(Kulick and Staud, 2016).

독일의 경우, 극우주의에 대한 분류 기준은 기본법 조항 내용과 연방헌법재판소의 판결을 통해서도 알 수 있다. 독일 기본법 제21조 제2항에서는 "그 목적이나 추종자의 행동이 자유주의적–민주적 기본 질서를 침해 또는 폐지하려 하거나 독일연방공화국의 존립을 위태롭게 하는 정당은 위헌이며, 그 위헌성에 관하여는 연방헌법재판소가 결정한다"고 규정하고 있다. 이 기준에 따라 연방헌법재판소는 1952년 극우주의를 지향하던 사회주의제국당(Sozialistische Reichspartei: SRP)의 해산을 결정하였다. 결정문에서 연방헌법재판소는 사회주의제국당과 히틀러 나치당(Nazi)의 유사성에 주목하면서 사회주의제국당이 표방하는 정강정책이 나치당이 추구했던 내용과 상당 부분 일치하고 있음을 지적하였다. 아울러 SRP 정당원들의 성향과 SRP 추종자들의 행동 또한 자유주의적이고 민주적인 기본질서를 훼손하고 있다는 점을 강조하였다(장영수, 2014). 이후 창당된 독일민족민주당(Nationaldemokratische Partei Deutschlands: NPD)에 대해서도 2001년과 2013년 두 차례에 걸쳐 정당해산심판이 진행되었으나, 사회주의제국당과 달리 해산 결정이 내려지지는 않았다.[6]

독일 현대정치에서 극우주의적 성향의 정치세력은 지속적으로 잔존해왔다. 법적 장치를 통한 감시와 통제에도 불구하고, 극우주의 정치세력은 다양한 방식과 규모로 조직을 보존해왔고, 선거 공간을 통해 자신들의 존재감을 드러내기도 했다. 제도권 내에서는 소수였지만, 제도권 밖에서는 정치적 환경 변화를 고대하면서 잠복해 있던 극우주의 세력은 1990년 통일 독일 이후 그 세를 더욱 확산시켰다. 최근 득세하고 있는 독일을 위한 대안(AfD)도 이러한 흐름의 연장선

---

6 NPD에 대해서는 이 정당이 나치당과 유사한 강령을 갖고 있고 인종적 이데올로기를 확산시키고 있다는 점은 인정되었으나, 독일헌법수호청의 정보원이 NPD 내에서 단순히 정보를 수집하는 정도를 넘어서 NPD의 의사결정에 깊이 관여하고 있었다는 점이 밝혀지면서 해산심판이 중단된 바 있다.

상에서 이해될 수 있는 정치세력이다. 이들은 문화적 민족주의와 경제적 자유주의를 핵심 이데올로기로 장착하고 있고, 그리스 경제 위기 극복과 관련하여 독일이 떠안게 되는 부담 부분을 정치적 선동을 통해 과도하게 부각시켰다. 극우주의의 개념을 보다 정교하게 하고자 우익 포퓰리즘 및 네오 나치즘 등과 구분하는 연구 작업들도 있지만(곽병휴, 2007: 291-301), 본장에서는 극우주의 개념 및 세부 분류 기준을 둘러싼 논의에 집중하는 것이 아니라 광의의 극우주의 정치세력이 대중들로부터 지지를 확산시켜나가는 과정과 그 요인을 구명하는 데 집중하고자 한다. 본장에서 언급하는 극우주의란 우익극단주의(Rechtsradikalismus), 우익포퓰리즘(Rechtspopulismus), 신나치주의(Neo-Nazismus) 등으로 불리면서 인종차별적(rassistisch)이고 권위주의적(autoritär)인 특성을 띠는 정치세력 모두를 일컫는다.

2. 제19대 총선과 독일의 정당체제

극우주의 정치세력인 독일대안당의 득세와 연방하원으로의 진입은 기존 독일 정당체제의 변화를 재촉하고 있다. 사회경제적 변화가 정당체제의 변화를 견인해온 독일 현대 정치사가 독일대안당의 연방하원 진입을 계기로 다시 한번 반복되고 있는 셈이다. 〈표 5-1〉은 1980년대 이후 40여 년간 진행된 독일 현대 정당체제의 변화 과정을 정리한 것이다.

제2차 세계대전 이후 본격화된 현대 독일 정당정치의 특징은 높은 수준의 안정성과 양대 정당, 즉 기민/기사련과 사민당을 기본 축으로 하는 집중화된 정당체제에 있다(김영태, 2004: 58-66). 안정성과 집중성을 특징으로 하는 이 체제에서 양대 정당은 각각 40% 선을 그리고 제3당인 자민당은 10% 선의 지지율을 유지해왔다. 2.5당체제, 즉 양대(大) 정당 중 하나와 군소정당인 자민당이 연합하는 소(小)연정이 이 시기의 전형적인 연합정부 구성 방식이었고, 이 형태는 1949년부터 1980년대 초반까지 대략 35여 년간 현대 독일정치를 주도했다.

2.5당 체제는 1980년대 초 녹색당이 연방의회에 진입하면서부터 변화하기 시작했다. 탈물질주의라는 새로운 가치체계와 신사회운동을 배경으로 원내에 진입한 녹색당은 1980년대 초반까지 지속되던 2.5당 체제를 흔들었다. 〈표 5-1〉에서 알 수 있듯이, 1983년 이후부터 녹색당을 제외하고 독일 정당체제를 논의하는 것은 불가능하다. 이 지점이 바로 독일 현대 정당체제의 첫 번째 변화 시기이다.

녹색당 이후 새롭게 조성된 독일의 정당체제는 10년 후인 1990년, 즉 독일 통일 이후 또 한번의 변화를 맞게 된다. 1989년 베를린 장벽 해체 이후 구동독이라는 지역적 요인이 누적되고, 이에 더해 냉전해체 이후 가속화된 세계화 및 신자유주의적인 재편 작업에 의해 독일 사회는 급격한 변화를 겪게 되었다. 이는 그대로 정당체제의 변화에 반영되어 나타났다. 통일 이후 독일 정치지형의 변화와 관련하여 주목해야 할 사항 중 핵심은 구동독지역을 중심으로 정치 세력화에 성공한 좌파당[7]에 있다. 마찬가지로 〈표 5-1〉은 1990년 이후 좌파당의 존재를 간과하고는 독일 정당체제를 이해할 수 없음을

---

7   좌파당은 구동독의 사회주의통일당(SED)의 후신인 민주사회당(PDS)과 사회민주당의 실용주의 노선에 반기를 들고 구서독지역에 결성된 '노동과 사회정의를 위한 선거대안 (Arbeit & soziale Gerechtigkeit-Die Wahlalternative: WASG)'이 2007년에 통합한 정당이다.

표 5-1 정당별 총선 득표율과 의석 분포 추이(1980~2017) 단위: %, 석

정당 \ 년도	2017	2013	2009	2005	2002	1998	1994	1990	1987	1983	1980
기민/기사련	33(%)	41.5	33.8	35.2	38.5	35.1	41.5	43.8	44.3	48.8	44.5
기민/기사련	246(석)	311	239	226	248	245	294	319	234	255	237
사민당	20.5(%)	25.7	23.0	34.3	38.5	40.9	36.4	35.5	37	38.2	42.9
사민당	153(석)	193	146	222	251	298	252	239	193	202	228
자민당	10.7(%)	4.8	14.6	9.8	7.4	6.2	6.9	11.0	9.1	7.0	10.6
자민당	80(석)	0	93	61	47	43	47	79	48	35	54
좌파당 (민사당)	9.2(%)	8.6	11.9	8.7	4.0(PDS)	5.1	4.4	2.4	X	X	
좌파당 (민사당)	69(석)	64	76	54	2	36	30	17			
녹색당	8.9(%)	8.4	10.9	8.1	8.6	6.7	7.3	3.8	8.3	5.6	1.5
녹색당	67(석)	63	68	51	55	47	49	8	42	27	0
독일대안당(AfD)	12.6(%)				X						
독일대안당(AfD)	94(석)										
기타정당	4.7(%)	10.9	6.0	3.9	3.0	5.9	3.6	B'90/ 1.2	AL 2석 1.4	AL 1석 0.5	0.5
총의석수	709(석)	631	622	613	603	669	672	662	519	520	519
투표율(%)	76.2	71.5	70.8	77.7	79.1	82.2	79.0	77.8	84.3	89.1	88.6

출처: http://www.bundeswahlleiter.de/de/bundestagswahlen/downloads/bundestagswahlergebnisse/btw_ab49_ergebnisse. pdf; http://www.bundeswahlleiter.de/de/bundestagswahlen/BTW_BUND_13/ergebnisse bundesergebnisse/index.html; https://www.bundeswahlleiter.de/bundestagswahlen/2017/ergebnisse/bund-99.html(검색일: 2019년 7월 28일).

보여주고 있다. 이 단계가 바로 현대 독일 정당체제의 두 번째 변화 시기이다.

녹색당과 좌파당의 등장과 새로운 정당체제의 등장은 기존의 2.5 당 체제가 종식되었음을 알리는 것인 동시에 정당체제의 안정성과 집중성이 흔들리기 시작했음을 의미한다. 복수의 군소정당이 경쟁

하는 체제가 본격화된 이후 총선에서 거대 정당이 40% 이상을 확보하는 것은 어렵게 되었고, 대신 10% 선의 지지율을 오르내리는 군소정당들, 즉 자민당과 녹색당 그리고 좌파당 간의 경쟁은 치열해졌다. 이 시점부터 독일 정당체제는 2.5당 체제를 대체하는 5당 체제[8]로 전환되었다는 주장이 힘을 얻게 된다. 이러한 흐름 속에서 실시된 2009년 9월의 제17대 연방하원 선거 결과는 보수 정치세력의 집권과 사회민주당의 급격한 추락 그리고 양대 정당의 상대적 약화와 군소정당의 다극화로 나타났다. 기민/기사련의 득표율은 33.8%에 머물렀고, 사민당은 2005년(34.3%)에 비해 11.3% 포인트나 급격히 추락하며 현대정치에서 최악의 지지율(23%)을 기록했다. 반면 자민당과 좌파당 및 녹색당은 각각 4.8%p, 3.2%p, 2.6%p의 지지율 상승을 보여 양대 정당과 확연히 다른 모습을 보였다. 제17대 총선은 독일 정당정치의 전통적 특징인 안정성과 집중성이 무너졌음을 확인해주었다.

2013년의 제18대 총선 결과는 이러한 경향적 흐름과는 약간 다르게 나타났다. 양대 정당의 지지율 하락과 군소정당의 득표력 강화라는 현상이 제18대 총선에서는 재현되지 않았기 때문이다. 기민/기사련은 다시 20여 년 전처럼 40% 선을 탈환하는 데 성공했고, 사민

---

8   니더마이어(Niedermayer)는 이 시기를 다섯 가지 특징으로 요약하고 있다. 첫째, 상대적으로 약한 분화(Fragmentierung)와 양극화(Polarisierung), 둘째, 기민련에 유리한 구도 해체에 따른 양대 정당 사이의 치열한 경쟁 상황, 셋째, 기존 정당체제에서 각각의 입지가 견고하지 않은 세 개 군소정당 간의 치열한 경쟁, 넷째, 구동독 지역에서 녹색당과 자민련이 그리고 구서독 지역에서는 민사당(PDS)이 주변화됨에 따른 구 동·서독의 불균형, 다섯째, 당내 갈등의 봉합으로 군소정당의 분열 가능성이 줄어듦이 바로 그것이다(Holtmann, 2017: 130).

당 역시 이전 선거에 비해 미미하지만 높은 득표율을 보였다. 원내에 진출한 정당 수도 적어짐으로써 양대 정당의 의석 점유율(79.9%) 또한 득표율(68.2%)에 비해 현격히 높아지게 되었다. 그에 상응하여 의사결정과정에서 양대 정당이 행할 수 있는 영향력은 군소정당을 압도하게 되었다. 연방하원에 관한 한 안정성과 집중성이 다시 복원되는 양상으로 해석될 수 있었던 것이다. 그러나 총선에서 나타난 이러한 현상은 일시적인 것에 불과했다. 이후 전개된 정치지형은 지지율에 있어 양대 정당의 추락으로 이어졌고, 새롭게 부상한 정치·사회적 이슈에 따라 정당체제의 변화는 지속되었다. 정보화 이슈에 따른 해적당 등장 및 난민문제 그리고 유럽의 경제위기를 둘러싼 극우주의 성향의 정치세력 부상이 바로 그것이다.

이러한 흐름은 고스란히 제19대 총선 결과로 이어졌다. 제19대 총선 결과, 1990년 독일 통일 이후 좌파당의 창당 및 진입으로 인해 불안정성이 강화되어온 정당체제에 독일대안당이 추가됨으로써 독일 정당정치는 새로운 단계로 접어들었다. 제19대 총선 이후는 독일 현대 정당체제 변천 과정의 세 번째 단계로 분류되기에 충분하다. 이제 독일 정당체제는 상대적으로 왜소화된 양대 정당에 강화된 군소정당군으로 뚜렷하게 구분되고, 거대정당과 군소정당 간의 비중도 확연히 달라졌다. 양대 정당의 득표율 합계는 53.5%로 추락한 반면, 군소정당의 득표율은 뚜렷한 상승세를 보였다. 군소정당 득세 현상은 더욱 확연히 도드라진 의석률 변화에서 읽을 수 있다. 제19대 총선 결과 양대 정당의 의석수는 399석으로 전체 의석 709석 중 56.3%에 지나지 않는다. 제17대와 제18대 회기에 그 비중이 각각 61.9%, 80%(504석/631석)였던 점을 고려해보면 양대 정당과 군소정

당 간에 발생한 비중 변화 정도를 가늠해볼 수 있다.[9]

III. 신생 군소정당의 부침과 변화된 정당체제

1. 해적당의 실패와 5당 체제의 지속[10]

독일 통일과 신자유주의적 정책 추진 여파에 따른 좌파당의 안착 이후, 즉 현대 독일 정당체제의 두 번째 변화 이후에도 정당체제는 고착되지 않았다. 기성 정치권에 대한 불만족과 변화하는 사회 환경에 따라 부상한 새로운 이슈를 중심으로 형성된 신생 군소 정치세력들이 지속적으로 출현하였기 때문이다. 그중 눈여겨볼 만한 정치세력은 2011년과 2012년에 대중적인 지지를 모았던 해적당(Piraten-partei)과 2013년 이후 두각을 나타내고 있는 독일대안당이다. 상승세를 지속하지 못한 해적당과 지방 의회 선거 승리의 여세를 몰아 연방하원에 진출한 독일대안당은 독일 정당체제의 불안정성이 심화되는 속에서 새로운 군소 정치세력으로 주목받았고, 상이한 부침(浮

---

9 제19대 총선에서 기민련의 의석수는 200석으로 제18대 회기에 비해 55석이 줄어들었다. 자매정당 기사련 역시 46석으로 10석을 잃었다. 사민당의 경우도 153석으로 전 회기에 비해 40석이 적다. 반면 좌파당은 69석을 확보하여 지난 회기에 비해 5석이 늘어났고, 녹색당 역시 67석으로 지난 회기에 비해 4석이 더 많아졌다. 새로 진입한 독일대안당은 일약 94석을 확보하여 대약진했고, 지난 총선에서 5% 진입 장벽을 넘지 못했던 자유민주당은 10.7%의 지지율로 80석을 확보했다. https://www.bundeswahlleiter.de/bundestagswahlen/2017/ergebnisse/bund-99.html(검색일: 2019년 7월 28일).

10 이 부분은 김면회·장준호(2012)의 글, pp. 144-148에서 제시된 자료를 토대로 재구성하였음을 밝힌다.

沈) 과정을 거치면서 독일 정당체제의 변화 과정에 서로 다른 흔적을 남기고 있다.

2006년 창당한 해적당의 등장 및 일시적인 성공 요인은 크게 두 가지로 정리될 수 있다. 우선 해적당의 강령에 나타나고 있듯, 해적당은 정보화라는 시대적 조건에 발맞추어 파일 공유 등 정보의 자유와 중립성, 저작권 등에 기반을 두고 있었다는 점이다. 창당 초반기와 달리 이후에는 교육, 자유에 기초한 시민권, 환경보호 등으로 관심 영역을 넓히면서 지지율 제고를 위해 노력했지만, 해적당의 출발 배경과 성공 요인은 분명 정보화 사회의 도래 및 이와 함께 부상하는 주요 이슈에 대한 대중들의 높은 관심이었다. 아울러 해적당이 성장할 수 있었던 두 번째 이유는 기존 정당질서에 대한 대중들의 불신과 연관되어 있다. 기존 정당을 지지하지 않았던 무당파들은 기성 정당에 반기를 들고 출발한 해적당을 중심으로 정치세력화를 꾀하는 데 적극적이었던 것이다. 초창기 기성 정치인들 중 다수가 기존 정치권에서 이탈하여 해적당으로 대거 이동했던 것은 바로 이러한 분위기와 관련이 있다.

검은 셔츠에 오렌지색 넥타이를 매고 2011년 베를린 시의회 선거에 나타난 해적당의 모습은 30년 전 새로운 정당으로 등장한 녹색당의 모습을 연상시켰다. 녹색당은 1981년에 '민주주의와 자연보호를 위한 대안 리스트(AL)'라는 이름으로 서베를린 시의회 선거에 도전장을 내밀었다. 1981년 선거에서 녹색당은 자연보호, 양성 동등권, 평화라는 당시로서는 '미래의 주제'들을 앞세우면서 7.2%의 지지율을 얻어 시의회에 입성했다. 2년 후인 1983년에는 연방하원에도 입성, 독일 정당체제에 획기적인 변화를 몰고 왔다. 2011년 9월 18일,

30년 전의 녹색당이 그랬던 것처럼 해적당은 정보화와 관련된 '미래 주제'인 복제(copy)의 자유와 사(私)적 영역의 보호, 국가의 투명성 확보를 요구하면서 기성 정치권과는 색다른 모습으로 등장했다.

2006년 창당 이후 독일 해적당은 각종 선거에 적극적으로 참여 했지만 곧바로 주목할 만한 성적을 올리지는 못했다. 2008년 헤센 주의회 선거에서 해적당의 득표율은 0.3%에 지나지 않았다. 2011년 도에 치러진 베를린 시의회 선거 이전의 여섯 번의 지방의회 선거에 서도 해적당은 그리 눈에 띌 만한 결과를 얻지 못했다. 2월 20일에 있었던 함부르크 시의회 선거에서는 2.1%로 다른 지역보다는 높았 지만, 작센-안할트 주의회 선거에서는 고작 1.4%만을 얻는 데 그쳤 다.[11] 하지만 2011년 9월 베를린 시의회 선거에서 해적당은 당 관계 자도 예상치 못했던 8.9%라는 높은 지지율을 획득했다. 해적당 지도 부가 비례대표 명부에 15명만을 기입하여 제출한 것만 보더라도 해 적당이 베를린 시의회 선거에 건 기대치가 그리 높지 않았음을 알 수 있다. 베를린 시의회 선거에서는 해적당이 제출한 명단에 기입된 후보자 모두가 당선되는 기현상이 벌어졌다.

표 5-2 해적당의 각종 선거 득표율

선거	선거일	득표율(%)
헤센 주의회	2008. 01. 27.	0.3
함부르크 시의회	2008. 02. 24.	0.2
유럽의회	2009. 06. 07.	0.9

11 http://www.spiegel.de/politik/deutschland/0,1518,789577,00.html(검색일: 2019년 7월 28일).

헤센 주의회	2009. 01. 18.	0.5
작센 주의회	2009. 08. 30.	1.9
슐레스비히-홀스타인 주의회	2009. 09. 27.	1.8
연방하원	2009. 09. 27.	2.0
노르트라인-베스트팔렌 주의회	2010. 05. 09.	1.6
함부르크 시의회	2011. 02. 20.	2.1
베를린 시의회	2011. 09. 18.	8.9

출처: http://www.die-linke.de/dielinke/wahlen/wahlergebnisse/landtagswahlen/berlin/(검색일: 2019년 7월 28일).

표 5-3 베를린 시의회 선거 결과

정당/년도	2006		정당/년도	2011	
	득표율(%)	의석수		득표율(%)	의석수
기민련	21.3	37	기민련	23.4	39
사민당	30.8	53	사민당	28.3	48
자민당	7.6	13	자민당	1.8	0
좌파당	13.4	23	좌파당	11.7	20
WASG[12]	2.9	0	녹색당	17.6	30
녹색당	13.1	23	해적당	8.9	15
기타	5.0	0	기타	8.3	0

출처: http://www.die-linke.de/dielinke/wahlen/wahlergebnisse/landtagswahlen/berlin/(검색일: 2019년 7월 28일).

12 WASG는 '노동과 사회적 정의를 위한 선거 대안'의 약자로 2004년도 당시 사민당과 녹색당 연합정부의 신중도노선에 기초한 시장친화적인 개혁정책, 특히 하르츠(Hartz)개혁과 아젠다(Agenda) 2010에 반대하며 구서독 지역을 중심으로 하는 정치세력으로 이후 구동독지역에 기반한 민주사회당(PDS)과 함께 좌파당으로 통합된다.

시의회 선거 당시 전국 당원이 1만 2,000명, 시 당원이 1,000명에 불과했던 해적당이 창당한 지 5년 만에 베를린 시의회 선거에서 12만 9,700표를 얻은 것은 독일 정치사에서 분명 획기적인 사건이었다. 신생 정당이 처음으로 참여한 선거를 통해 시의회 전체 의석 152석 중 약 10%인 15석을 획득할 것이라곤 누구도 예상하지 못했던 결과였기 때문이다. 그간 사민당과 함께 시 연합정부를 이끌어오던 좌파당이 20석을 확보하는 데 그치고, 자민당이 5%의 벽을 넘지 못해 시의회에 진입하지 못하는 상황에서 해적당이 보인 성과는 분명 이변이었다. 해적당의 성장세는 2012년도에도 지속되었다. 2012년에 실시된 세 번의 주의회 선거 결과에서 알 수 있듯, 해적당은 지지세를 전국적으로 확대해나갔다. 〈표 5-4〉과 〈표 5-5〉 및 〈표 5-6〉은 이러한 흐름을 정리한 것이다.

표 5-4 자르란트 주의회 선거 결과

정당/년도	2009		정당/년도	2012	
	득표율(%)	의석수		득표율(%)	의석수
기민련	34.5	19	기민련	35.2	19
사민당	24.5	13	사민당	30.6	17
자민당	9.2	5	자민당	1.2	0
녹색당	5.9	3	녹색당	5.0	2
좌파당	21.3	11	좌파당	16.1	9
해적당	—	0	해적당	7.4	4

출처: http://www.statistikextern.saarland.de/wahlen/wahlen/2012/internet_saar/LT_ SL_12/landesergebnisse/(검색일: 2019년 7월 28일).

표 5-5 슐레스비히-홀슈타인 주의회 선거 결과

정당/년도	2009		정당/년도	2012	
	득표율(%)	의석수		득표율(%)	의석수
기민련	31.5	34	기민련	30.8	22
사민당	25.4	25	사민당	30.4	22
자민당	14.9	14	자민당	8.2	6
녹색당	12.4	12	녹색당	13.2	10
좌파당	6.0	6	좌파당	2.2	0
SSW[13]	4.3	4	SSW	4.6	3
해적당	1.8	0	해적당	8.2	6

출처: http://www.spiegel.de/politik/deutschland/grafik-zur-wahl-in-schleswig-holstein-ergebnisse-sitzverteilung-und-wahlkreise-a-826692.html(검색일: 2019년 7월 28일).

표 5-6 노르트라인-뵈스트팔렌 주의회 선거 결과

정당/년도	2010		정당/년도	2012	
	득표율(%)	의석수		득표율(%)	의석수
기민련	34.6	67	기민련	35.2	67
사민당	34.5	67	사민당	30.6	99
자민당	6.7	13	자민당	1.2	22
녹색당	12.1	23	녹색당	5.0	29
좌파당	5.6	11	좌파당	16.1	0
해적당	1.6	0	해적당	7.4	20

출처:http://www.spiegel.de/politik/deutschland/wahlergebnisse-landtagswahl-nord-rhein-westfalen-2012-a-829466.htm(검색일: 2019년 7월 28일).

13 SSW는 '남슐레스비히 유권자 연합'의 약자로 슐레스비히(Schleswig)에 거주하는 덴마크계 소수민족의 이익을 대변하는 정치세력이다.

베를린을 포함한 주의회 선거에서의 연속적인 성공 이후, 여론조
사에서 해적당의 지지율은 13%까지 치솟았다. 그러나 2012~2013
년 사이에 벌어진 내부 분열과 실책으로 해적당의 기세는 급속히
누그러들기 시작했다. 당 운영을 둘러싸고 당대표 베른트 슐뢰머
(Bernd Schlömer)와 정책국장 요하네스 포나더(Johannes Fonader)

표 5-7 각종 선거에서의 독일 해적당 득표율 추이

선거 종류	일시	득표율(%)
헤센 주의회	2008. 01. 27.	0.3
함부르크 주의회	2008. 02. 24.	0.2
헤센 주의회	2009. 01. 18	0.5
유럽의회	2009. 06. 07.	0.9
작센 주의회	2009. 08. 30.	1.9
슐레스비히-홀스타인 주의회	2009. 09. 27.	1.8
연방하원	2009. 09. 27.	2.0
노르트라인-베스트팔렌 주의회	2010. 05. 09.	1.6
함부루크 시의회	2011. 02. 20.	2.1
베를린 시의회	2011. 09. 18.	8.9
자르란트 주의회	2012. 03. 25.	7.4
슐레스비히-홀스타인 주의회	2012. 05. 06.	8.2
노르트라인-베스트팔렌 주의회	2012. 05. 13.	7.8
니더작센 주의회	2013. 01. 20.	2.1
바이에른 주의회	2013. 09. 15.	2.0
헤센 주의회	2013. 09. 20.	1.9
연방하원	2013. 09.22.	2.2

출처: https://wahl.tagesschau.de/landtag.shtml(검색일: 2019년 7월 28일).

사이에 벌어진 분쟁이 대중매체를 통해 드러나고, 미국 국가안보국 (NSA)의 도청 스캔들 이슈에 대해 정보화 관련 전문 정치세력으로 서 뚜렷한 대안을 제시하지 못함에 따라 지지율은 내리막길로 접어 들었다. 그 결과, 2013년 1월 니더작센주 선거에서 해적당은 주의회 입성에 필요한 5%에 훨씬 못 미치는 2.1%의 지지율을 획득하는 데 그쳤다. 여섯 달 후의 바이에른주 선거에서도 해적당은 2%의 지지 율을 확보하는 데 그쳤다. 일주일 후에 진행된 독일 연방하원 선거 에서도 해적당의 지지율은 2.2%였다. 이로 인해 당대표였던 슐뢰머 는 사임했고, 해적당의 응집력은 급격히 소멸되어나갔다. 다수의 전 문가들이 예상했던 신생 군소정당 해적당의 제18대 연방하원 진입 은 좌절되었고, 그 결과 좌파당의 연방하원 진출 이후 형성된 5당체 제는 변함없이 지속되었다.

위축된 해적당 모습의 흐름은 4년이 지난 2017년에도 지속되 었다. 제19대 총선에서 해적당의 득표율(제2투표)은 0.4%로 총 173,476표를 얻는 데 그쳤다. 이는 2013년 해적당이 얻은 2.2%에 비해 1.8%p나 줄어든 수치이다. 2014년 유럽의회 선거에서 획득한 1.4%의 지지율도 5년 후인 2019년의 제9대 유럽의회 선거에서는 0.7% 지지율에 그쳐 절반으로 줄어들었다.[14] 해적당이 독일정치에서 차지하는 의미는 이제 거의 소멸되었다. 지난 총선에서 0.5%의 득표 율을 얻은 동물보호당(Tierschutzpartei)이 제19대 총선에서 얻은 총 득표수가 374,179표로 0.8%에 이르렀다는 점과 비교하면, 신생 정

---

14 https://www.election-results.eu/national-results/germany/2014-2019/con-stitutive-session/; https:// www.election-results.eu/national-results/germa-ny/2019-2024/(검색일: 2019년 7월 28일).

당 해적당의 위축 정도를 가늠할 수 있다.[15] 해적당의 지지율이 최고 치였던 2012년 상반기 이후 1년 반 사이에 급락한 사실은 〈표 5-8〉의 여론조사 추이에서도 그대로 반영되어 나타난다.

표 5-8 TNS Emnid 여론조사 정당별 지지율 추이

정당	지지율 추이(%)			
	2011. 11. 20.	2012. 4. 22.	2013. 9.1.	2013. 9. 20.
기민/기사련	33	34	39	39
사민당	30	27	23	26
녹색당	16	13	11	9
좌파당	8	7	10	9
해적당(Piraten)	7	12	3	–
자민당	3	4	6	6
독일을 위한 대안당(AfD)	–	–	3	4
기타	3	3	5	7

출처: http://www.spiegel.de/politik/deutschland/sonntagsfrage-umfragen-zu-bundestagswahl-landtagswahl-europawahl-a-944816.html(검색일: 2019년 7월 28일).

2. 독일대안당의 연방하원 진입과 6당 체제의 등장

독일 정당체제 변화의 두 번째 단계에서 세 번째 단계로의 전환 과정, 즉 불안정해진 독일 정당체제의 변화가 가속된 것은 해적당의 부침 과정만으로 멈추지 않았다. 해적당의 연방하원 진입이 좌절될

---

15 https://www.bundeswahlleiter.de/bundestagswahlen/2017/ergebnisse/bund-99.html(검색일: 2019년 7월 28일).

즈음에 독일정치에서는 독일대안당이 출현하면서 세력을 키워나갔다. 기성정치에 대한 불신과 흔들린 정당체제라는 배경하에 새로운 이슈의 부상과 이를 매개로 한 새로운 정치세력이 영향력을 급속히 확대해나갔던 것이다.

문화적 민족주의와 경제적 자유주의에 기초해 있는 독일대안당은 그리스 경제 위기 극복과 관련하여 독일이 떠안게 되는 부담 문제를 정치적 소재로 활용하면서 급부상한 집단이다. 때문에 2013년 2월 창당된 독일대안당은 2000년대 말 시작된 유로(EURO) 위기의 부산물이라 해도 과언이 아니다. 2008년 미국에서 발생한 서브프라임모기지 사태는 미국을 넘어 유럽으로 번져나갔고, 금융 붕괴를 막기 위한 공적자금 투입은 포르투갈, 스페인, 이탈리아, 그리스(PIGS) 및 아일랜드의 재정적자를 야기하면서 재정위기로 확산되었다. 국가 간 통합을 추진하는 유럽 공간에서 남유럽 국가군의 재정 위기 타개책의 부담은 여타 유로존 국가들, 특히 경제 대국인 독일로 자동적으로 넘어오게 됐다. PIGS를 포함하여 아일랜드의 구제금융 문제는 2013년 연방의회 선거를 앞둔 독일에서 중요한 정치적 현안으로 부상했다.

당시 집권당이었던 기민/기사련과 소연정 파트너 정당인 자민당은 유로존 내 경제 취약국에 구제금융을 지원하되 해당국에 재정긴축을 요구하는 것으로 입장을 통일했다. 야당인 사민당과 녹색당은 자금 지원 결정에 대해서는 동의했으나 경제적 위기에 처한 유로존 내 국가들에 일방적으로 긴축정책을 강요하는 데는 거리를 두었다. 하지만 기존 유로존 체제를 유지하는 틀 내에서 사태를 해결하고자 한다는 점에서 두 세력은 동일했다. 사민당에서 분화된 좌파당만이 기존 유로체제의 전면적 개혁을 요구하며 다른 정당들과 색다른 입장을 개진했다. 하지만 좌파당도 유로존 해체 또는 위기국의 유로존 탈퇴까지 요구하지는 않았다. 결국 유권자들은 유로존 위기에 따른 구제금융 문제에 대한 기성 정당들의 입장에서 그리 큰 차이를 발견할 수 없었던 셈이다(김주호, 2017: 123-124).

독일대안당은 바로 이러한 상황에서 발생한 틈새를 정확히 포착하고 활용하기 시작했다. 독일의 많은 유권자들이 독일의 부담을 전제로 하는 구제금융 방식에 매우 비판적이었기 때문이다. 대안당은 구제금융만이 아니라 유로존 자체에 대한 분명한 거부를 통해 현실정치에 불만을 품고 있던 다수의 유권자들을 끌어들이기 시작했다. 독일대안당은 유로존 금융위기의 해결 방안으로 자금 지원 거부, 위기국의 유로존 퇴출, 마르크화 재도입 등의 파격적인 내용을 제시함으로써 기성 정치권을 불신하고 있던 유권자들에게 새로운 대안 세력으로 자리 잡아나갔다(김면회, 2016: 23-48; 김주호, 2017: 124).

신생정당 독일대안당의 성장세는 단기간 내에 괄목할 만한 것이었다. 2013년 2월 창당 이후 곧바로 진행된 동년 9월의 연방의회 선거와 헤센주 주의회 선거에서 독일대안당은 진입 장벽 5%를 밑도는 4.7%와 4.1%에 그쳤다. 하지만 2014년부터는 뚜렷한 성장세를 보이기 시작했다. 〈표 5-9〉는 독일대안당이 각종 선거에서 획득한 득표율 추이를 정리한 것이다. 2014년 5월에 열린 유럽의회 선거에서 독일대안당은 7.1%의 득표율을 획득하고 7개의 의석을 확보했다. 창당 일 년 만의 일이었다. 곧이어 전개된 분단 시절 구동독 지역인 세 개의 주, 즉 작센, 브란덴부르크 및 튀링겐 주에서 독일대안당은 각각 9.7%, 12.2%, 10.6%를 얻어 주의회 진출에 성공

했다. 2015년, 구서독 지역의 주의회 선거에서도 독일대안당의 성
장세는 그치지 않았다. 함부르크와 브레멘에서 독일대안당은 각각
6.1%와 5.5%의 지지율을 확보하여 주의회에 입성하였다. 2016년
과 2017년에 열린 8개의 주의회 선거에서도 독일대안당은 원내 진

표 5-9 독일대안당의 주요 선거 득표율 추이

선거 년도	선거 종류	득표율(%)
2013	연방하원	4.7
	헤센 주의회	4.1
2014	유럽의회	7.1
	작센 주의회	9.7
	브란덴부르크 주의회	12.2
	튀링겐 주의회	10.6
2015	함부르크 시의회	6.1
	브레멘 시의회	5.5
2016	작센-안할트 주의회	24.3
	라인란트-팔츠 주의회	12.6
	바덴뷔르템베르크 주의회	15.1
	메클렌부르크-포어포메른 주의회	20.8
	베를린 시의회	14.2
2017	자르란트 주의회	6.2
	슐레스비히-홀스타인 주의회	5.9
	노르트라인-베스트팔렌 주의회	7.4
	연방하원	12.6

출처: https://www.bundeswahlleiter.de/bundestagswahlen/2017/ergebnisse/bund-99.html; https://wahl.tagesschau.de/landtag.shtm(검색일: 2019년 7월 28일).

출에 성공하였고, 그 결과 2014년 이후 의회선거가 있었던 모든 주에서 원내 진입이라는 기록을 남기게 되었다. 창당 이래 4년여 동안 연속적으로 주의회 진입에 성공한 것은 신생 군소정당으로서는 매우 이례적인 일이었다.

독일대안당의 2016년 성과는 특별히 도드라졌다. 시리아 난민 사태가 핵심 쟁점으로 부각되면서 2016년에 진행된 다섯 번의 선거에서 독일대안당은 평균 17.4%의 득표율을 기록했다. 이는 이전에 대안당이 얻은 득표율 평균의 두 배가 넘는 수준이었다. 구동독지역인 작센-안할트주와 메클렌부르크-포어포메른주에서는 득표율이 24.3%와 20.8%까지 이르렀다. 2016년 3월 13일에는 구서독지역인 바덴뷔르템베르크주와 라인란트-팔츠주 및 구동독 지역에 위치한 작센-안할트주에서 주의회 선거가 동시에 실시되었다. 독일대안당은 구서독 지역 2개 주에서 단번에 10% 이상의 지지율을 획득하여 주의회에 진입하였다. 라인란트-팔츠주에서 12.6%의 지지율을 보인 독일대안당은 바덴뷔르템베르크주에서는 무려 15% 선을 넘어섰다. 그 결과 대안당은 라인란트-팔츠 주의회에서 녹색당과 자민당에 앞선 원내 제3의 지위를 차지하게 되었고, 바덴뷔르템베르크 주의회에서는 23석의 의석수를 차지하여 19석에 그친 사민당을 앞서기까지 하였다. 대안당의 지지율 상승은 구동독 지역에서 더 파격적이었다. 대안당의 작센-안할트 주의회 선거에서의 지지율은 무려 24.3%에 이르러 제1당인 기민련에 단지 5% 정도밖에 뒤지지 않았고, 사민당에 비해서는 무려 두 배 이상 높은 수치였다.

표 5-10 바덴뷔르템베르크 주의회 선거 결과

단위: %p(석)

구분	2011년		2016년		
	득표율(%)	의석수 (총 138)	득표율(%)	의석수 (총 143)	득표율 변화 (의석수 변화)
기민련	39.0	60	27.0	42	-12.0 (-18)
사민당	23.1	35	12.7	19	-10.4(-16)
녹색당	24.2	36	30.3	47	+6.1(+11)
자민당	5.3	7	8.3	12	+3.0(+5)
독일을 위한 대안당(AfD)	-	0	15.1	23	+15.1(+23)

출처: http://www.statistik.baden-wuerttemberg.de/Service/Veroeff/Statistische_ Analysen/803316001.pdf(검색일: 2019년 7월 28일).

표 5-11 라인란트-팔츠 주의회 선거 결과

단위: %p(석)

구분	2011년		2016년		
	득표율(%)	의석수 (총 101)	득표율(%)	의석수 (총 101)	득표율 변화 (의석수 변화)
기민련	35.2	42	31.8	35	-3.4(-7)
사민당	35.7	41	36.2	39	+0.5(2)
녹색당	15.4	18	5.3	6	-10.1(-12)
자민당	4.2	0	6.2	7	+2.0(+7)
좌파당	3.0	0	2.8	0	-0.2(0)
독일을 위한 대안당(AfD)	-	0	12.6	14	+12.6(+14)

출처: http://www.wahlen.rlp.de/ltw/wahlen/2016/land/index.html; http://www.wahlen.rlp.de/ltw/wahlen/2011/sitzverteilung/index.html(검색일: 2019년 7월 28일).

표 5-12 작센-안할트 주의회 선거 결과　　　　　　　　　　　　　단위: %p(석)

구분	2011년		2016년		
	득표율(%)	의석수 (총 105)	득표율(%)	의석수 (총 87)	득표율 변화 (의석수 변화)
기민련	32.5	41	29.8	30	-2.7(-11)
사민당	21.5	26	10.6	11	-10.9(-15)
녹색당	7.1	9	5.2	5	-1.9(-4)
자민당	3.8	0	4.9	0	+1.1(0)
좌파당	23.7	29	16.3	16	-7.4(-13)
독일을 위한 대안당(AfD)	-	0	24.3	25	+24.3(+25)

출처:http://www.statistik.sachsen-anhalt.de/wahlen/lt16/index.html(검색일: 2019년 7월 28일).

　　이러한 흐름을 이어 독일대안당은 2017년 9월 제19대 총선에서 12.6%의 높은 지지율을 기록하며 원내 제3당으로 연방의회에 진출하였다. 독일대안당은 이제 독일 정치의 변방에서 벗어나 제도권 정당체제의 일원으로 분명한 입지를 다진 것으로 판단된다. 연방하원 입성에 실패한 해적당과 달리 독일대안당은 주의회 선거 결과의 여세를 몰아 중앙정치 무대의 주요 세력으로 성장했다. 그 결과 좌파당의 연방하원 입성 이후 지속되던 5당 체제는 종식되게 되었고, 독일 정치는 이제 6당 체제로 진입하게 되었다. 현대 독일 정당체제 변화의 세 번째 단계가 완성된 것이다. 총선 이후 독일대안당에 대한 지지세는 큰 변화 없이 지속되고 있다. 자메이카 연정 실패와 재선거 가능성이 거론되면서 오히려 그 성장세는 기성 정치권을 더욱 위협하고 있는 상황이다. 〈표 5-13〉과 〈표 5-14〉에서 알 수 있듯, 총선 이후 실시된 2018년 10월 14일의 바이에른 주의회 선거와 2018년 10

표 5-13 바이에른 주의회 선거 결과

단위: %p(석)

구분	2013년		2018년		
	득표율(%)	의석수 (총 180)	득표율(%)	의석수 (총 205)	득표율 변화 (의석수 변화)
기사련	47.7	101	37.2	85	−10.5(−16)
사민당	20.6	42	9.7	22	−10.9(−20)
녹색당	8.6	18	17.6	38	+9.0(+20)
자민당	3.3	0	5.1	12	+1.8(+11)
좌파당	2.1	0	3.2	−	+1.1(0)
독일을 위한 대안당(AfD)	−	−	10.2	22	+10.2(+22)
Freie Wähler	9.0	19	11.6	27	+2.6(+8)

출처:http://www.landtagswahl2013.bayern.de/taba13990.html; https://www.landtags-wahl2018.
bayern.de/ergebnis_bayern_gesamtstimmen_stimmkreis_mit_sondergebiete_gesamt_aktuell.
html#anker(검색일: 2019년 7월 28일).

표 5-14 헤센 주의회 선거 결과

단위: %p(석)

구분	2013년		2018년		
	득표율(%)	의석수 (총 110)	득표율(%)	의석수 (총 137)	득표율 변화 (의석수 변화)
기민련	38.3	47	27.0	40	−11.3(−7)
사민당	30.7	37	19.8	29	−10.9(−8)
녹색당	11.1	14	19.8	29	+8.7(+15)
자민당	5.0	6	7.5	11	+2.5(+5)
좌파당	5.2	6	6.3	9	+1.1(+3)
독일을 위한 대안당(AfD)	4.1	0	13.1	19	+9.0(+19)

출처:https://statistik-hessen.de/l_2018/html/landesergebnis; https://statistik-hessen.de/l_2018/
html/sitzverteilung(검색일: 2019년 7월 28일).

표 5-15 TNS Emnid 여론조사 정당별 지지율 추이

정당	지지율 추이(%)					
	2013. 9. 20.	2015. 9. 24.	2016. 9. 24.	2017. 11. 25.	2018. 07. 21.	2019. 07.20.
기민/기사련	39	40	32	33	30	27
사민당	26	24	23	22	19	14
녹색당	9	10	11	10	12	22
좌파당	9	9	9	10	9	9
해적당(Piraten)	-	-	-	-	-	-
자민당	6	5	6	9	10	9
독일을 위한 대안당(AfD)	4	5	14	11	15	13
기타	7	7	5	5	5	6

출처:http://www.spiegel.de/politik/deutschland/sonntagsfrage-umfragen-zu-bundes-tagswahl-landtagswahl-europawahl-a-944816.html(검색일: 2019년 7월 28일).

월 28일 헤센 주의회 선거에서 독일대안당의 지지율 상승은 멈추지 않았다. 2019년 5월의 유럽의회 선거에서도 독일대안당의 지지율은 2014년 7.1%에서 3.9%p나 높은 11%에 이르렀다.[16] 독일대안당에 대한 높은 지지율은 2019년 9월과 10월에 열린 구동독지역의 주의회 선거에서도 지속되었다. 9월의 브란덴부르크주와 작센주 주의회 선거에서 독일대안당은 23.5%와 27.5%의 지지율을 획득했다. 이는 5년 전보다 각각 11.3%p와 17.8%p가 치솟은 수치이다. 10월27

16 https://www.election-results.eu/national-results/germany/2014-2019/con-stitutive-session/; https://www.election-results.eu/national-results/germa-ny/2019-2024/(검색일: 2019년 7월 28일).

에 진행된 튀링겐주 주의회 선거에서도 독일대안당은 이전 선거보다 12.8%p 높아진 23,4%의 지지율을 얻어 좌파당에 이어 원내 두번째로 강한 정당이 되었다. 〈표 5-15〉는 여론조사 기관이 발표한 독일대안당에 대한 지지율 추이이다.

3. 유럽 정당체제의 파편화와 독일의 '유동적 6당 체제'

독일대안당의 연방하원 진입으로 변화하는 독일의 정당체제는 서유럽 정치에서 진행되는 일반적 흐름과 궤를 같이하는 것이다. 독일에서만 일어나는 '특별한 길(Sonderweg)'은 아니다. 현대 정치가 시작된 이래로 유럽의 정당정치와 정당체제는 지속적으로 변모해왔다. 1945년 이후 변화해온 유럽의 정당체제를 현재까지 집중적으로 추적해온 대표적인 학자는 정당체제 변화(Party System Innovation: PSInn) 개념을 통해 정당체제의 흐름을 10년 단위로 분석한 빈첸초 에마누엘레 (Vincenzo Emanuele)와 알렉산드로 키아라몬테(Alessandro Chiaramonte)이다. 정당체제변화는 기존 정당체제에 새롭게 진입한 신생정당들이 선거 공간에서 유권자로부터 획득한 전체 득표율을 의미한다(Emanuele and Chiaramonte, 2016: 1-13). 1945년부터 2015년까지 서유럽 19개국에서 실시된 총 324회의 총선을 분석한 이들의 연구 결과에 따르면 서유럽 현대정치에서 신생 정당이 의미 있는 득표율을 확보해 의회 내로 진입하기는 매우 어려웠다. 이는 연구 대상국의 기존 정당체제가 매우 견고했음을 의미한다(김면회, 2017: 4-13).

표 5-16 서유럽 정당체제변화(PSInn) 추이

년대	평균 PSInn	선거 횟수	PSInn=0인 선거 횟수	PSInn>5인 선거 횟수	PSInn>5 선거
1950	0.82	47	37(78.7%)	3(6.4%)	프랑스 1956(12.9); 아이슬란드 1953 (6.0); 아일랜드 1957(5.3)
1960	0.88	40	27(67.5%)	2(5.0%)	덴마크 1960(6.1); 룩셈부르크 1964(5.8)
1970	1.37	51	33(64.7%)	4(7.8%)	덴마크 1973(15.9); 프랑스 1973(13.3); 스위스 1971(7.5); 룩셈부르크 1979(6.6)
1980	2.06	55	27(49.1%)	6(10.9%)	벨기에 1981(7.5); 프랑스 1986(11.1); 아이슬란드 1983(5.5); 아일랜드 1987(13.7); 룩셈부르크 1989(10.2); 포르투갈 1985(18.4)
1990	2.16	51	26(51.0%)	6(11.8%)	프랑스 1993(12.7); 독일 1990(5.7); 이탈리아 1992(10.5), 1994(22.2); 네덜란드 1994(7.4); 스웨덴 1991(6.7)
2000	1.92	49	22(44.9%)	5(10.2%)	프랑스 2002(6.5); 이탈리아 2001(7.3); 네덜란드 2002(18.6), 2006(7.7); 아이슬란드 2009(7.2)
2010	5.36	31	12(38.7%)	7(22.6%)	오스트리아 2013(5.7); 독일 2013(5.7); 그리스 2012 5월(25.4), 2015년 1월(9.6); 아이슬란드 2013(21.7); 이탈리아 2013(35.0); 스페인 2015(34.9)
총계	1.94	324	184(56.8%)	33(10.2%)	

출처:Vincenzo Emanuele & Alessandro Chiaramonte, 2016, p. 5.

하지만 이들이 제시한 정당체제 변화율을 1950년대부터 10년 단위로 나누어 분석해보면 구간에 따라 정당체제 변화율에 커다란 차

이가 나타나고 있음을 알 수 있다. 〈표 5-16〉은 최근 들어 기존 정당체제에 신생정당의 진입의 빈도가 급속하게 늘어나고 있음을 보여주고 있다. 정당체제 변화가 0을 보인 선거횟수가 50% 선을 유지했던 1990년대까지와는 달리, 2000년대와 2010년대에는 0을 보인 횟수가 급격히 줄어들고 있다. 반면에 정당체제 변화가 5를 상회하는 빈도수는 상승하고 있으며, 2010년대에는 그 비율이 22.6%에 이른다. 이는 신생정당들에 대한 유권자의 선호가 급속도로 높아지고 있음을 의미한다. 그 결과 서유럽 정당체제의 파편화는 가속되고 있다 (Emanuele & Chiaramonte, 2016: 5).

정당체제 파편화라는 일반적 흐름에도 불구하고, 독일의 경우 정보화 관련 해적당은 기존 정당체제에 진입하는 데 실패한 반면 극우주의적 신생정당 독일대안당은 성공하여 니더마이어(Niedermeyer)의 표현대로 독일 정당체제는 이제 '유동적 6당 체제(ein fluides Sechsparteiensysytem)'에 돌입했다(Holtmann, 2017: 151). 정당체제의 불안정이라는 동일한 정치 환경 속에서 두 정치세력은 상이한 정치적 결과를 내고 있다. 두 정당 사이에 나타난 실패와 성공의 차이는 바로 독일 정당체제의 변화를 견인한 요인 분석과도 연결된다.

앞서 기술한 대로 해적당과 독일대안당은 5당 체제가 형성된 이후 연방하원에 진입하고자 새롭게 부상한 정치세력이다. 두 세력은 모두 기존 독일 정당체제에 도전장을 내밀었지만, 정치적 결과는 상이했다. 우선 시기적으로 앞서 조직되었던 해적당의 도전에 기존 정당체제는 큰 어려움 없이 현 체제를 유지하는 데 성공했다. 그 이유는 크게 두 가지로 정리될 수 있다. 우선 첫째는 해적당이 내건 핵심 의제인 네트워크정치(Netzpolitik)와 관련된 해적당의 한계와 관련된다. 정보화의 심화로 파생된 네트워크정치는 기존 정당이 수용할 수 없는 '난해한' 주제가 아니었다. 정보화 초기 해적당이 네트워크 정치 관련 의제를 선점하며 대중들의 주목을 받는 데는 성공했지만, 이후 기성 정당들이 정보화 관련 의제를 적극적으로 수용하고 대안 마련에도 별 어려움이 없게 되자 해적당만의 고유한 영역은 급속히 소멸되었다. 기민련과 사민당 및 녹색당은 정보화 문제를 그들의 관점에서 보완하면서 '미래 주제들'과의 정치적 간극을 지속적으로 메워나갔다. 그 결과 기성정당들은 정당 경쟁에서 해적당을 수면 아래로 가라앉히는 데 성공했던 것이다.

둘째는 조직적 응집력과 구성원들의 의지와 관련된 부분이다. 정보화라는 특정 이슈를 중심으로 부상한 시위정당(Protestpartei)으로서의 해적당은 주정부 차원에서는 급속하게 성장하는 데 성공했다. 그 과정에서 해적당은 기존 질서에 대한 근본적인 문제 제기와 과격한 정치적 동원을 통해 배타적으로 응집되기보다는 기존 정치세력과 협력적이었고 사안별로는 '의회주의적 관례'에 따랐다. 기존 정치권과의 이러한 관계에서 해적당의 지지율이 급속히 추락하자 해적당 지도부는 집단적인 방식이 아니라 개인적으로 좌파당과 녹색당 및 사민당과 자민당으로 뿔뿔이 흩어져 당적을 옮겼다. 결국 군소 정당 해적당의 부상과 관련하여 기존 정당체제는 강한 통합력(Integrationsfähigkeit)을 발휘한 셈이다(Holtmann, 2017: 169-170; 김주호, 2017: 143-153).

이에 반해 또 다른 신생 정당 독일대안당은 분명히 달랐다. 해적당과 달리 독일대안당이 성공할 수 있었던 이유는 세 가지로 정리될 수 있다. 첫째는 독일대안당이 이민과 난민 문제 등 '선동적인 의제

(Reizthema)'를 전면에 내세우고 있다는 점이다. 이는 유럽 통합 질서에서 독일의 기성 정당이 수용하기 어려운 의제이고, 독일대안당은 바로 그 틈새를 정확히 간파하고 자신들의 정치적 입지를 강화하는 데 성공한 것이다. 둘째 다양한 계층과 출신으로 조직된 독일대안당은 2015년 에센(Essen) 전당대회 이후 당 노선을 '우파포퓰리스트(Rechtspopulist)'로 조율함으로써 당내에 잠복해 있던 갈등을 일정 정도 정리하는 데 성공했다. 이를 통해 친경제적이고 자유보수적인 성향의 지도부와 우파적으로 경도된 당 토대 사이의 당내 갈등을 봉합하여 수면 아래로 가라앉힐 수 있었다. 이는 당내 갈등 해결과 응집력 확보라는 측면에서 이에 실패한 해적당과는 확연히 다른 방식이었다. 이를 기반으로 독일대안당은 연속된 각 선거에서 상승세를 유지하며 연방하원까지 진입하는 데 성공했던 것이다.[17] 세 번째 이유로는 기성 정치의 신뢰 상실과 위험사회(Risikogesellschaft) 도래 속에서 독일대안당이 '선동정치'의 형태로 파격적인 해결 방안을 제시하면서 대중들의 이목을 집중시키고 있다는 점이다. 세계화와 유럽통합 질서 그리고 신자유주의적 방향으로의 사회경제구조의 질서 재편과 관련하여 독일 사회에 점증하는 '불안과 공포 및 불안정'을 극복할 수 있는 방안을 '색다르게' 제시하는 독일대안당에 대중들이 호응하고 있는 것이다. 아울러 정당경쟁에서의 입지를 다지기 위해 독일대안당은 자극적인 정치적 의제들, 즉 유로존 위기 문제와 독일의 부담 문제 및

---

17 물론 제19대 총선 이후에도 당내 갈등구조가 여전하고 지도부 구성원 사이의 권력투쟁
    도 재현되었지만, 연방하원에의 입성까지는 잠정적으로 봉합하는 데 성공했다는 의미이
    다. 향후 독일대안당의 성공 지속 여부에 있어 중요한 문제는 바로 잠복되어 있는 당노선
    을 둘러싼 당내 갈등 문제이다.

이민과 난민문제 등을 이슈화하는 데 있어 우파 정치단체들과의 연대
활동을 적극적으로 펼쳤고, 독일대안당의 정치적 급성장에 있어 그
성과는 적지 않았다고 평가된다(Holtmann , 2017: 170-171).

IV. 맺으며

최근 빈번하게 거론되는 '독일정치의 위기'는 제19대 총선 결과로
조성된 새로운 정당체제와 밀접한 관련이 있다. 기민/기사련, 사민
당, 자민당, 녹색당, 좌파당으로 이루어진 기존의 정당체제에 금번
총선 결과 독일대안당이 새롭게 진입했다. 더욱이 독일대안당은 일
약 제3의 정당으로 급부상했다. 이제 독일의 정당체제는 극우적 성
향의 독일대안당을 제외하고는 논의할 수 없게 되었다. 기민련과 사
민당의 양대 정당에 유사한 수준의 지지율을 보이는 4개의 군소정
당이 연방의회 안에 포진하게 되었다. 총선 이후 연합정부의 구성이
복잡하게 된 이유도 바로 여기에서 연유한다.

 선거 결과 독일은 5당 체제에서 '유동적(fluides) 6당 체제'로 변
화하였다. 2.5당 체제와 5당 체제를 거쳐 아직은 견고하게 정착되
지는 않았다는 점에서 '유동적'인 6당 체제로 명명될 수 있다. 이는
1980년대 초반 녹색당의 진입과 통일 이후 등장한 좌파당의 등극에
이어 현대 독일 정당체제 변천사에서 세 번째 단계로의 변화를 의미
한다. 기성 정당이 수용할 수 있는 이슈를 중심으로 창당된 해적당
의 경우 성장세를 지속할 수 없어 연방하원 진입으로까지 이어가지
못했으나, 기성 정당이 수용하기 어려운 이슈를 중심으로 탄생한 독

일대안당은 대중의 지지를 바탕으로 연방하원까지 진입하는 데 성공했다. 유로존 위기의 해결 방안과 이민 및 난민문제 해결을 둘러싸고 전개된 논쟁과 갈등 과정에서 나타난 기성 정치권과는 색다른 독일대안당의 모습이 바로 그것이다. 유럽통합 질서의 규범과 유로존 운영 메커니즘 틀 속에서 정치적 선택을 행하는 기성 정당들이 담아낼 수 없는 요구와 전략을 구사하고 대중의 관심에 적극적으로 대응하는 틈새전략을 통해 독일대안당은 연방하원 진입에 성공한 것이다.

정당체제는 정당이 상호작용하고 영향을 미치는 관계망으로 한 국가 내 정치세력 간의 위상과 영향력 관계를 함축한다. 또한 정당체제는 유권자의 선택 범위와 각 정치단위체가 산출해내는 정치 내용에도, 그리고 정부의 응집성과 안정성에도 영향을 미친다. 아울러 정당체제는 행정부와 의회 사이의 관계를 결정하는 핵심 요인이기도 하다. 이러한 점에서 최근 유럽정치에서 목도되고 있는 정당체제 파편화 및 심화 현상은 향후 유럽정치를 보다 불안정하게 할 가능성과 새로운 대응방식 및 새로운 형태의 연합정치 모델이 등장할 개연성을 한층 높일 것으로 보인다.

이러한 일반적 흐름과 관련하여 제19대 독일 총선 이후의 독일 및 유럽정치의 방향과 내용의 윤곽이 예견된다. 자국 이기주의가 팽배하고, 통합 유럽에 대한 회의주의가 강세인 상황에서 제19대 총선 결과 부상한 독일대안당의 위세는 당분간 지속될 것으로 보인다. 그런 한에서 안정성과 효율성을 앞세운 독일 정당체제의 특징이 단기간 내에 회복되기는 어려울 것으로 전망된다. 독일정치의 불안정과 위기 문제가 짧은 시간 내에 진정되기는 쉽지 않을 것이다. 독일 정치의 불안정은 독일의 문제로 끝나지 않는다. 초국가적인 정치체에 부정적인 독일대안당이 영향력을 확대하는 한, 통합 질서를 심화하려는 유럽의 노력에는 부정적인 영향을 미칠 것으로 판단되기 때문이다. 여기에 더해 중도우파와 중도좌파를 중심으로 추진되어온 유럽 통합의 속도와 방향도 이전과는 사뭇 다르게 진행될 것으로 전망된다. 속도는 늦춰질 것이고, 방향과 선택의 내용은 새로운 세력의 이해관계가 더해짐에 따라 더욱 복잡하게 전개될 가능성이 크다.

참고문헌

곽병휴. 2007. "극우주의(Rechtsextremismus)인가, 아니면
    우익급진주의(Rechtsradikalismus)인가?"『독일언어문학』36. 291-301.
김면회. 2017. "유럽정치의 최근 동향과 정당체제의 변화."『유럽연구』35-3. 1-28.
_____. 2016. "독일 극우주의 정치 세력의 성장 요인 연구."『유럽연구』34-3. 23-48.
_____. 2014. "독일 연방하원 선거 분석과 대연정: 제18대 총선을 중심으로."
    『한·독사회과학논총』24-1. 87-116.
_____. 2013. "독일 정당정치의 현황과 전망 : 니더작센주 주의회 선거 결과를 중심으로."
    『한·독사회과학논총』23-1. 37-66.
_____. 2010. "통일 독일의 정치지형 변화 연구: 정당체제를 중심으로."
    『한·독사회과학논총』20-2. 35-60.
_____. 2009. "독일의 정당 분화 연구: 신자유주의와 정치지형의 변화." 경남대학교
    극동문제연구소.『동북아연구』14-2. 193-221.
김면회, 장준호. 2012. "해적당의 등장과 독일 정당체제의 변화–독일의 경우."『EU연구』31.
    141-171.
김영태. 2004. "독일의 정치제도와 정치과정." 유럽정치연구회 편.『유럽정치』서울:
    백산서당.
김주호. 2017. "독일 대안당의 시장급진적 정책과 비수혜집단의 지지: 정책과 지지집단의
    불일치, 그리고 그 원인."『유럽연구』35-4. 119-161.
장영수. 2014. "정당해산 요건에 대한 독일 연방헌법재판소의 판단기준에 관한 연구."
    『헌법학연구』20-4. 295-335.

Emanuele, Vincenzo and Alessandro Chiaramonte. 2016. "A growing impact of new
    parties: Myth and Reality? Party system innovation in Western Europe after 1945."
    Partypolitics.
Holtmann, Everhard. 2017. *Der Parteienstaat in Deutschland: Erklärungen,
    Entwicklungen, Erscheinungsbilder.* Bonn: Bundeszentrale für politische Bildung.
Inglehart, Ronald. 2008. "Changing Values among Western Publics from 1970 to 2006."
    West European Politics 31. 1-2.
Kulick, Holger and Toralf Staud. 2016. "Was ist Rechtsextremismus." http://www.netz-
    gegen-nazis.de/lexikontext/was-ist-rechtsextremismus-0(검색일: 2019년 7월 28일).
Landesamt für Verfassungsschutz. 2014. Sächsischer Verfassungsschutzbericht 2014.
    "Verfassungsschutz." http://www.verfassungsschutz.sachsen.de/download/
    VSB_2014_ rex_ziele.pdf(검색일: 2019년 7월 28일).
van Biezen, Ingrid and Thomas Poguntke. 2014. "The decline of membership-based
    politics." *Party Politics* 20-2. 205-216.
van Biezen, Ingrid, Peter Mair and Thomas Poguntke. 2012. "Going, going, ... gone?

The decline of party membership in contemporary Europe." *European Journal of Political Research* 51-1. 24-33.

https://www.bundeswahlleiter.de/bundestagswahlen/2017/ergebnisse/bund-99.html (검색일: 2019년 7월 28일).

http://www.bundeswahlleiter.de/de/bundestagswahlen/downloads/bundestagswahlergebnisse/btw_ab49_ergebnisse.pdf(검색일: 2019년 7월 28일).

http://www.bundeswahlleiter.de/de/bundestagswahlen/BTW_BUND_13/ergebnisse bundesergebnisse/index.html(검색일: 2019년 7월 28일).

http://www.die-linke.de/dielinke/wahlen/wahlergebnisse/landtagswahlen/berlin/ (검색일: 2019년 7월 28일).

http://www.spiegel.de/politik/deutschland/0,1518,789577,00.html(검색일: 2019년 7월 28일).

http://www.spiegel.de/politik/deutschland/fdp-beendet-jamaika-aus-dem-staub-gemacht- kommentar-a-1179274.html(검색일: 2019년 7월 28일).

http://www.spiegel.de/politik/deutschland/grafik-zur-wahl-in-schleswig-holst-ein-ergebnisse-sitzverteilung-und-wahlkreise-a-826692.html(검색일: 2019년 7월 28일).

http://www.spiegel.de/politik/deutschland/sonntagsfrage-umfragen-zu-bundestagswahl-landtagswahl-europawahl-a-944816.html(검색일: 2019년 7월 28일).

http://www.spiegel.de/politik/deutschland/wahlergebnisse-landtagswahl-nord-rhein-westfalen-2012-a-829466.html(검색일: 2019년 7월 28일).

http://www.spiegel.de/wirtschaft/soziales/deutschland-nach-dem-jamaika-aus-die-unsi- chere-republik-kolumne-a-1180285.html(검색일: 2019년 7월 28일).

http://www.statistik.baden-wuerttemberg.de/Service/Veroeff/Statistische_Analys en/803316001. pdf(검색일: 2019년 7월 28일).

http://www.statistik.sachsen-anhalt.de/wahlen/lt16/index.html(검색일: 2019년 7월 28일).

http://www.statistikextern.saarland.de/wahlen/wahlen/2012/internet_saar/LT_SL_12/landesergebnisse/(검색일: 2019년 7월 28일).

https://wahl.tagesschau.de/landtag.shtml(검색일: 2019년 7월 28일).

http://www.wahlen.rlp.de/ltw/wahlen/2016/land/index.html(검색일: 2019년 7월 28일).

http://www.wahlen.rlp.de/ltw/wahlen/2011/sitzverteilung/index.html(검색일: 2019년 7월 28일).

이탈리아 극우민족주의

— 파시즘과 분리주의의 사이에서

김종법(대전대학교)

I. 이탈리아 극우민족주의의 기원

유럽에서 민족주의라는 개념이나 이데올로기가 한국에서 생각하는 수준이나 내용과 유사한 것인가에 대해서는 논란의 여지가 있다. 이러한 논란이 발생하게 되는 가장 큰 이유는 두 지역의 역사적인 배경이나 정치사회적 환경의 차이만큼이나 '민족'을 정의하는 방식이 너무 다르기 때문이다. 특히 민족과 국가를 가치적으로 판단하고, 하나의 민족이 하나의 국가를 이루는 것이 최선이라는 생각이 지배적인 한국에서 '민족'이나 '민족주의'의 의미를 유럽과 유사한 방식이나 수준으로 해석하거나 분석하는 것이 쉽지 않다. 더군다나 민족주의라는 개념이나 이데올로기가 1920년대 유럽의 파시즘 시대를 이끌었던 이념이라는 점에서 이를 극우적으로 해석하거나 분석하는 것이 주를 이루고 있다.

이탈리아 역시 1920년대 파시즘을 시작했던 무솔리니 체제의 시작이 민족주의 계열의 극우 정치인들과 군인들이었다는 점에서 '이탈리아 민족주의'는 매우 조심스러운 주제일 수밖에 없다. 그러나 이탈리아 근대 역사에서 민족주의는 현재의 이탈리아를 이해하는 데 있어서도 중요한 출발점인 이념이라는 점에서 이 글을 시작하고자 한다. 유럽의 역사에서 이탈리아는 가장 중요한 지역적 토대이자 문화적 기반이기도 하다. 실제로 많은 이들이 유럽 문화의 3대 요소로 꼽는 것들이 모두 이탈리아에서 시작하고 발전했다. 로마제국과 문명, 가톨릭과 문화, 르네상스가 바로 그것이다.

그러나 역사적으로 보면 이탈리아는 근대와 현대로 오는 과정에서 다른 유럽 국가들과 유사한 역사적 경로를 밟지 못하면서 많은 문제점들과 해결해야 할 과제들이 쌓이게 되었다. 따라서 이탈리아 민족주의는 이러한 문제들과 과제들이 무엇이었고, 그것이 현대 이탈리아 사회에 어떤 방식으로 존재하고 있는가를 통해 글을 전개하고자 한다. 본서의 주제인 유럽의 이방인들 속에 이탈리아 극우민족주의를 동일한 방식과 성격으로 분류할 수 있을 것인가에 대해서는 좀 더 분명한 정의와 학문적 분석이 필요할 것이다. 그러나 여기서는 이탈리아라는 지정학적 공간 속에서 그들의 민족주의가 변형된 형태인 파시즘을 중심으로 현대에까지 이어지는 분리주의의 개념 속에서 이탈리아 극우민족주의를 설명하고자 한다.

이탈리아 민족주의를 이해하기 위해 가장 먼저 알아야 할 개념과 현상은 리소르지멘토(Risorgimento)라고 하는 통일운동이며, 두 번째는 통일 과정에서 각 지역별로 발생한 미수복영토귀속운동(이레덴티즘, Irredentismo)이고, 세 번째는 이러한 과정에서 발생한 파시즘

(Fascismo) 체제의 등장이다. 네 번째는 이러한 복합적인 현상들과 개념들이 복합적으로 발생하면서 형성된 남과 북의 지역주의와 북부 분리주의 운동 등이 현재의 소수민족들과 어떠한 방식으로 연계되어 있으며, 동시에 파시즘의 잔재이자 극우 이데올로기의 상흔으로 여겨지는 현대 이탈리아 극우민족주의 운동이 어떠한 방식으로 존재하고 남아 있는가를 언급하면서 글을 마무리하고자 한다.

이를 위해 이번 글은 네 개의 절로 구성하고자 한다. 첫 번째 절에서는 이탈리아 극우민족주의의 기원에 대한 간략한 개념 설명과 문제제기를 하게 될 것이다. 두 번째 절에서는 이탈리아 민족주의의 출발점이자 전제라고 할 수 있는 다양한 개념들과 현상들, 다시 말해 앞서 언급한 리소르지멘토와 미수복영토귀속운동, 파시즘 체제와 이탈리아 공화국의 탄생, 남부문제와 북부 분리주의에 대한 간략한 설명과 이해를 담게 될 것이다. 세 번째 절에서는 이탈리아 극우민족주의의 현대적 의미 그리고 극우민족주의와 연계된 북부 소수민족의 분리주의 운동의 연계성 등을 국가 체계 안에서 설명할 것이다. 마지막 절에서는 이탈리아 극우민족주의의 현대적 의미와 내용 등을 현재의 이탈리아 사회 안에서 짚어보는 것으로 결론에 갈음하고자 한다.

A.D. 476년 오도아케르에 의해 서로마제국이 멸망한 이탈리아 반도에서 이탈리아라는 국가와 민족을 어떻게 재건할 것인가의 문제는 상당히 중요한 정치경제적 사명이었다. 실제로 많은 이탈리아의 정치가들과 사상가들이 이 문제를 거론했다. 마키아벨리와 같은 이들은 실천적인 방식으로 통일의 방법을 설명하고자 했으며, 그 과정에서 근대 정치학이라는 것이 탄생하기도 했다. 그럼에도 불구하고 이탈리아라는 국가와 민족적 정체성이 본격적으로 재등장한 것

은 19세기 유럽 민족주의의 발흥과 함께였다. 다음 절에서는 19세기 이후의 이탈리아 통일운동 과정으로부터 이탈리아의 극우민족주의를 시작하고자 한다.

II. 이탈리아 극우민족주의 기반과 전제 요인들

1. 이탈리아 통일운동과 통일의 역설[1]

유럽 민족주의의 절정이었던 1848년과 1849년은 이탈리아에서도 커다란 반향이 발생하였다. 이탈리아를 대표하는 절대왕정으로 피에몬테 왕국이 더욱 성장하는 계기를 마련하였으며, 이웃 국가인 오스트리아와 유사한 중앙집권적인 절대주의 국가로의 발전을 계획하였다. 카부르는 이러한 피에몬테 중심의 발전국가 입안의 절대적인 기획자였으며, 유럽의 국제정치적 질서와 열강들 사이에서 부국강병의 필요성을 절감하고 있었던 정치가였다. 카부르의 지도 아래 1848년 헌법을 고수하면서 주변 지역으로의 영토 확장과 근대적인 절대왕정 국가로의 준비에 힘을 썼다. 카부르는 유럽의 정치상황을 외교적으로 적절하게 활용하여 자신의 입지를 구축하고 온건한 중도파를 연합하여 1881년부터 수상에 취임하여 피에몬테 부국론을 강조하였다. 카부르는 재정 및 금융정책을 수립하고, 유럽 국가들과

---

1 이번 항의 주요 내용은 다음의 책을 참조하여 논문의 성격에 맞게 재구성한 것이다. 민족주의라는 주제에 적절하게 당시의 시대적 상황을 서술하였다. 김종법, 『이탈리아 현대정치사회』, 2012, 서울: 바오출판사.

자유무역협정을 체결하고 자유무역관세제도를 도입하기도 했으며, 외교를 통한 위상 강화에도 힘써 1854년 발생한 크림전쟁[2]에 참가하기도 했다.

크림전쟁의 결과로 고립된 오스트리아에 대항하면서 피에몬테 중심의 이탈리아 통일이 구상된 시기가 이때였다. 카부르는 자신의 구상을 실천하기 위해 프랑스를 끌어들이려 했지만, 나폴레옹 3세가 이탈리아 통일 자체를 반대하였다. 프랑스를 비롯한 주요 유럽의 열강들은 지중해 연안에 새로운 강대국이 등장하는 것을 원치 않았기 때문에 교황 중심의 봉건적 구조를 가진 이탈리아 분할이 획책되었다. 1858년 7월의 비밀 회담으로 이러한 구도가 결정되었는데, 카부르와 나폴레옹 3세가 대표로 참석한 이 회담에서 이탈리아가 교황 지배하의 4개 지역으로 분할된 연방국가 설립이 합의되었다.[3] 그러나 협정조인이 실패로 돌아가면서 이탈리아의 대(對) 오스트리아 전쟁 역시 진행되지 않았다.

그러나 우연하게도 전쟁은 이탈리아가 아닌 오스트리아에 의해 일어났다. 1859년 4월 오스트리아는 롬바르디아를 넘어 피에몬테로 진격하였고, 나폴레옹 3세는 즉시 개입하였다. 그러나 마젠타

---

2 1854년 발생한 전쟁으로 영국과 프랑스가 러시아의 남하정책을 저지하기 위해 발발하였다. 이탈리아 역시 유럽에서의 외교적 입지강화를 위해 여러 반대에도 불구하고 카부르의 주장에 따라 전쟁에 참가하였다. 영국과 프랑스의 승리로 끝난 이 전쟁은 1856년 파리강화회의에서 이탈리아문제가 제기되었지만, 이탈리아가 오스트리아에 대해 지나친 적대감을 표시하면서 영국의 견제로 카부르의 의도는 성공하지 못했다.

3 회담의 주요 내용은 피에몬테가 로마냐를 포함하는 북부 이탈리아를 병합하고, 토스카나 주변에는 이탈리아 왕국이, 로마와 그 주변 지역은 교황령으로, 나폴리 왕국은 존속시키는 것이었다. 그 대가로 프랑스는 니스와 사보이아를 이양받기로 합의되었다. 그러나 이탈리아의 국왕 엠마누엘레 2세는 자신의 딸과 나폴레옹의 사촌 간의 결혼을 승인하지 않음으로써 회담이 무산되었다.

(Magenta)와 솔페리노(Solferino)에서 승리를 거두었음에도 나폴레옹은 카부르의 야심과 음모에 의혹을 품고, 오스트리아와 휴전협정을 맺었다.[4] 전쟁은 카부르의 의지와는 전혀 다른 방향에서 진행되었지만, 이 전쟁을 통하여 피에몬테는 다시 한번 영토를 확장하였다. 중부 이탈리아 자치도시들과의 합병을 추진하면서 나폴레옹 3세와 카부르는 독단적으로 밀약을 맺어 니스와 사보이를 넘겨주고 중부 이탈리아 자치도시들과의 합병을 인정받았다.

북부의 이와 같은 상황과 달리 남부, 특히 시칠리아의 상황은 더욱 복잡하고 혼란스러웠다. 여전히 봉건적이고 중세적 전통이 남아 있던 지주와 농민들의 관계는 급기야 여러 차례의 봉기로 이어졌다. 이 중에서도 1859년 4월에 억압적이고 착취적인 지주들에 대항해 일어난 농민 봉기는 시칠리아뿐만 아니라 이탈리아 통일에 주요한 전환점이 되었다. 봉기가 일어난 뒤 시칠리아의 일군의 지식인들은 농민 봉기를 정치적 혁명으로 이끌 필요성을 느끼고 이를 가리발디에게 요청하였다. 마침 런던에서 돌아온 마치니와 그 일파들은 이를 실행하기 위해 계획을 세우고 준비를 하였다. 가리발디는 천인대(Mille)라고 불리는 1000명의 군사를 이끌고 시칠리아에 상륙하여 성공을 거두게 되었다.

이러한 성공은 가리발디와 크리스피(Crispi)를 비롯한 지도자들

---

4   당시 카부르는 교황령을 합병하려고 비밀리에 계획을 수립하고 있었으며, 오스트리아와의 양국전쟁이 주변국들과의 이해관계가 얽히면서 프러시아를 주축으로 한 유럽 국가들의 개입 움직임이 있었다. 이에 나폴레옹 3세는 오스트리아에게 베네토를 넘겨주고 롬바르디아를 이양받는 조건으로 휴전협정을 체결하였다. 당시 이 전쟁 기간 중에 이탈리아 중부의 자치도시들은 오스트리아에 대항해 각 지역에서 봉기를 일으켰다. 이는 다시 이듬해 피에몬테와의 합병을 추진하는 계기가 되기도 하였다.

의 군사적·외교적 역량과 당시 시칠리아의 정치적 상황[5]이 적절하게 도움이 되는 방향으로 작용한 덕분이었다. 이렇게 가리발디는 시칠리아를 평정한 뒤 다시 본토까지 진격하여 10월 초에는 나폴리에 입성하였고, 남부 전역을 회복하여 교황령과 대치하는 상황을 만들어냈다. 이에 당황한 카부르는 나폴리에서 국민투표를 제안하여 피에몬테와의 합병에 대한 투표를 실시하였고, 결국 압도적인 표 차이로 합병 안이 통과되었다. 또한 가리발디보다 먼저 교황령을 점령하기 위해 나폴레옹 3세의 양해를 구하고 엠마누엘레 2세를 동원하여 나폴리 북부에 있는 테아노(Teano)까지 진격하였다.

여기에서 가리발디를 만나 설득하는 데 성공함으로써 가리발디가 점령했던 남부를 합쳐 로마를 제외한 통일을 이룩하였다. 일단 통일의 기초를 다지자 이후의 이탈리아 국가는 피에몬테 왕국의 연장선 안에서만 논의되었다. 즉, 모든 지방의 제도와 법령 및 행정과 세금은 피에몬테 제도와 법령에 따르게 되었고, 이는 지배 왕권의 교체에 지나지 않는 것으로 인식되어 더욱 복잡한 문제들을 야기하였다. 결국 이탈리아 통일이 민족주의자들에 의해 결정되고 실행된 것이 아니었다. 지배계층과 통일운동(Risorgimento)의 주류가 내세운 것은 새로운 시대와 국가를 위한 이념이나 주의가 아닌 카부르를 중심으로 하는 자유주의 중상계급 중심의 중도온건주의에 불과했다.

---

5   당시 시칠리아에는 봉기를 지지하는 계층들 사이에 서로 다른 목적이 복잡하게 얽혀 있었다. 지주들은 부르봉 왕가의 지배에서 벗어나 독립할 수 있으리라는 막연한 목적을, 농민들은 지주와 부르봉 왕가의 억압으로부터의 벗어날 수 있다는 희망을, 중간 계급들은 지역정부를 통한 정치적 주도권 획득이라는 현실적 목적을 가지고 있었다. 그러나 이것은 통일이라든지 독립과 같은 이탈리아적인 정치적 목적들과는 거리가 있었다.

2. 이탈리아 남부문제와 지역주의의 시작[6]

1861년 이탈리아의 통일은 대내외적으로 보다 복잡하고 당황스러운 역설적 상황과 문제를 야기하였다. 대외적인 측면의 문제에 대한 설명은 다음 항의 미수복영토귀속운동에서 보다 자세히 설명하고, 이번 항에서는 대내적으로 발생한 사회문제 중에서 가장 심각한 남부문제를 중심으로 서술하고자 한다. 뚜렷한 준비나 계획 없이 갑자기 실현된 피에몬테 중심의 이탈리아 통일 때문에 태생적으로 복잡한 사회문제가 발생할 수밖에 없었다. 북부 중심의 산업정책에 끼워진 경제정책과 제도는 국가 제도나 정책 그리고 현대적 의미의 '국가' 또는 '왕국'에 대하여 무지하였던 남부의 지식인들과 농민들 모두를 혼란과 어려움에 빠트리게 되었다.

　피에몬테를 거점으로 하는 북부 중심의 국가발전계획은 상대적 이질성이나 다양성을 무시하는 정책적 오류를 범하게 되었다. 그러한 오류를 해결하기 위해 부르주아 지배계급과 지식인들은 자기합리화의 이론과 정책 개발에 박차를 가하였지만, 이미 정치·경제·사회·문화적으로 뚜렷한 차이가 존재했던 두 개의 지역을 통합시키기에는 한계가 있었다. 산업화 과정의 북부와 여전히 전근대적인 사회구조에 매몰되어 있는 남부의 격차 해소에 대한 정책적인 배려나 준비가 부족하였다. 이 과정에서 해결되지 못한 남부문제의 간극은 북부와 남부의 이질성을 더해가게 되었고, 지역불균형과 불평등 문제

6　이번 항의 중심주제인 남부문제는 다소 긴 설명이 필요하지만, 여기서는 간략하게 주요 내용에 대해서만 설명하고 현대에까지 이어지는 지역주의 문제의 출발점으로 분석할 것이다. 보다 자세한 내용은 김종법(2006) 참조.

를 민족이나 국가와 연결하여 정치화하는 데 성공한 세력이 무솔리니와 파시스트 정당이었다.

남부라는 사회문제는 파시즘 치하에서는 수면 속으로 가라앉게 되었고, 파시즘이 몰락한 후 새로운 정부가 구성될 때까지 기다려야만 했다. 제2차 세계대전의 종전이 곧 이탈리아공화국의 성립이 아니었다는 점에서 더욱 복잡한 문제를 낳게 되었다. 특히 종전 직후 이탈리아는 볼로냐를 경계에 두고 미국이 중심이 된 연합국에 의해 군정기간을 거치게 되었다. 북부는 독일의 괴뢰정부였던 살로공화국(Salò)과 독일에 대항하는 레지스탕스 세력에 의해 해방되면서 자유민주의 체제와 사회주의 계열이라는 두 개의 국가정체성이 공존하는 상황이었다. 이에 놀란 미국이 이탈리아 정치에 깊숙하게 개입하면서 이탈리아공화국의 모습이 갖춰지기 시작했다.

이탈리아는 선택하기 쉽지 않은 정체(政体)의 문제를 국민투표로 결정했다. 국민투표의 문제는 그 정당성에서 논란의 여지가 있었다. 그 이유는 투표 자체의 유효성 문제로, 전체 유권자의 50%가 넘는 유효 투표가 진행되었는가가 쟁점이었다. 투표 결과는 약 2백만 표 차이(공화국 지지투표 12,717,000표와 군주국 지지투표 10,719,000표)로 공화국 지지자들이 승리를 거두었다. 당시 여러 상황상, 전체 유효 유권자의 수를 산정하는 것은 거의 불가능에 가까웠기 때문에 유효표 논란이 제기되었다. 나폴리에서 시위가 발생하는 등의 혼란한 상황이 되자, 이를 종식시키기 위해 1946년 6월 18일 논란 끝에 당시 기독교민주당은 이탈리아공화국을 선포하고 혼란을 해결하고자 했다.

그러나 여전히 군주국을 지지했던 남부 주민들과 공화국을 지지했던 북부 주민들 간의 갈등은 더욱 벌어졌고, 이는 지역문제가 더욱 격화되는 출발점이 되었다. 통합된 이탈리아 건설이라는 국가적 당면 과제는 미국식 자본주의 체제의 구축이라는 목표 앞에서 의미를 잃게 되었다. 결국 이탈리아 북부 중심의 산업발전 계획이 집중적으로 실행되면서 북부는 다시 한번 산업자본 축적의 기회를 갖게 되었다. 그러나 여전히 군주국에 대한 미련을 가졌던 남부 대중들은 불만을 가졌고 파시즘 체제에서 무솔리니 등을 지지했던 일부 가톨릭 세력들과 파시스트 잔재 세력들은 남부를 거점으로 정치세력화 하는 데 노력했다. 집권당이 된 기민당 정부 역시 자신들의 강력한 지지 기반인 남부를 위해 무언가를 해야 했고, 확실한 지지기반 구축을 위한 가시적 정책을 기획했다.

이렇게 시작된 남부와 북부 간의 갈등을 해소하기 위해 집권당이 정책적 차별—예를 들면, 1950년 남부문제에 대한 정책적 해결책으로 남부기금(Cassa per il Mezzogiorno)을 설립하여 운영했으며, 경제인연합회(Confindustria)와 정부가 남부를 성장거점(poli di sviluppo)으로 상정하는 정책적 방향을 설정하기도 했고, 1984년까지 존속되던 남부기금을 1986년 남부개발공사(Azienda per il Mezzogiorno)로 바꾸는 등의 정책—을 했지만, 오히려 북부 지역 주민들의 불만이 축적되는 역효과가 발생했다.

이후 1989년 베를린 장벽의 붕괴와 소련과 동유럽 사회주의 국가들의 몰락은 역설적인 상황을 초래했다. 특히 유럽 국가들 간의 전쟁이나 갈등이 감소되었지만, 이를 대신한 새로운 지역문제와 극우주의 문제가 불거지게 되었다. 더군다나 동유럽 국가의 국민들이 서유럽 국가들로 이주하고, 아프리카와 중남미 국가들로부터의 유럽 이주 등이 확대되면서 서유럽 사회 내부의 갈등이 심화되었다. 결국 이러한 내부문제는 이탈리아에서도 극우정당과 지역주의를 표방하는 정당이 지지를 확대할 수 있는 내적 요인이 되었다.

'북부분리주의' 운동이 확대되고 세력을 얻게 되면서 '북부동맹(Lega Nord)'이라고 하는 신나치즘 정당이 강력한 지지를 얻게 된 것은 우연의 일치가 아니었다. 1861년 이탈리아 통일 이후 150여 년이라는 시간 동안 두 개의 이탈리아로 나누었던 남부문제라는 지역문제가 21세기에도 여전히 유효한 정치적이고 사회적 의미를 갖는 이유는 바로 이와 같은 중층의 사회 현상들과 문제들이 겹치면서 새로운 전환점을 맞고 있기 때문이다. 국내적인 통합의 문제가 남과 북이라는 지역문제를 뛰어넘어 인종과 민족이라는 문제까지 겹쳐지면서 더욱 혼란스러운 양상을 나타내고 있다는 사실은 남부문제의 접근과 그 해결책 역시 새로운 기준과 방향에서 찾아야 한다는 사실을 증명하고 있다.

3. 미수복영토귀속운동(Irredentismo)

1) 이레덴티즈모의 의미

이레덴티즈모(Irredentismo)란 용어와 개념이 등장하게 된 것은 1866년 롬바르디아와 베네토 지방을 통합시켰음에도 불구하고 베네치아 줄리아(Venezia Giulia)와 이스트라(Istra), 카르나로(Carnaro), 트렌티노(Trentino), 알토 아디제(Alto-Adige) 등의 지역이 여전히 외국(오스트리아–헝가리 제국)의 지배 아래 있으면서 '잃어버린 땅'에 대한 수복 움직임이 일어나면서부터였다. 통일 이탈리아 왕국이 이탈리아 반도로 국한되면서 반도 이외 이탈리아 문화나 이탈리아인들이 거주하고 있던 지역을 이레덴티스타(Irredentista)라 명명하고 본격적인 회복운동을 시작하였다.

이런 이유로 이레덴티즈모를 '실지회복운동' 혹은 '미수복영토귀속운동' 등으로 해석할 수 있다.[7] 여전히 해결되지 않은 논란이 진행 중이어서 그 기원에 대한 여러 학설을 종합한다는 것은 그리 쉬운 작업이 아니다. 용어 자체를 한국어로 옮겨야 할 것인가는 또 다른 논의를 거쳐야 하는 부분이며, 내용에 중점을 두고 해석한다면 '실지회복운동'이나 '미수복영토귀속운동' 정도의 해석이 가능할 것이다. 그러나 이번 항에서는 이레덴티즈모의 원어적 의미를 충분히 살리는 것이 바람직하다는 판단에서 원어 그대로 사용하겠다.

이러한 이레덴티즈모의 가장 대표적인 지역으로는 남티롤(South Tyrol), 트리에스테(Trieste), 이스트라(Istra: 오스트리아-헝가리 제국령), 티치노(Ticino: 스위스령), 발레 다오스타(Valle d'Aosta: 이탈리아 영토), 달마치아(Dalmazia: 슬로베니아 영토), 니스(Nice: 프랑스령), 몰타(Malta), 코르시카(Corsica: 프랑스 영토) 등이었다. 물론 이 지역 중에서 몇몇 지역은 이탈리아의 거의 일방적인 주장에 근거한 지역도

---

7 용어 해석에 대한 문제가 그리 쉽지만은 않은 이유는 이탈리아 내부의 학자들 사이에도 이 시기와 내용을 두고 많은 논란이 끊이지 않고 있기 때문이다. 마치니의 공화주의적 전통에 의하여 해석하는 입장은 이 운동의 시기를 1848년에 두고 있으며, 만텔니(Mantelli)나 코르도바(Cordova)와 같은 학자들의 입장이다. 그러나 1866년 롬바르디아와 베네치아를 합병하는 과정에서 영토가 축소되면서 이스트라, 카르나로(Carnaro), 트렌티노, 알토 아디제 등의 지역이 여전히 해결해야 할 잃어버린 영토가 되었고, 이를 이레덴티즈모의 기원으로 삼는 입장도 있다. 이런 입장을 가지고 있는 학자들은 루이지 살바토렐리(Luigi Salvatorelli), 아우구스트 산도나(August Sandonà), 페데리코 차보드(Federico Chabod) 등이다. 이에 대하여는 다음의 책들을 참고하시오. Mantelli(1994/2000); Salvatorelli(969); Chabod(1951); Sandonà(1932).

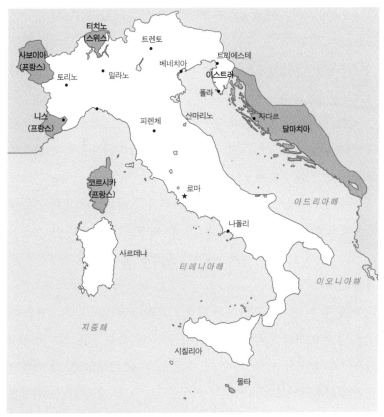

그림 6-1 이탈리아 영토분쟁지역과 이레덴티즈모 지역
출처: https://goo.gl/qGz8Kr(검색일: 2018년 2월 20일).

있지만, 역사적인 맥락에서 보자면 어째서 해당 지역을 거론하는지에 대한 어느 정도의 설득력을 가진다고 볼 수 있다.

이탈리아에서 이와 같은 미수복영토귀속문제가 본격적으로 불거진 것은 18세기와 19세기를 거치면서 발생했던 유럽 민족주의의 발흥기였다. 당시는 민족주의와 민족에 바탕을 둔 민족국가의 등장이 전 유럽을 휩쓸던 시대였다. 이탈리아 반도에 인접해 있던 국가들 역시 이러한 영향 아래 제각기 민족적 정체성을 강조하면서 조금이라도 영토를 늘리려는 유무형의 노력을 전개하고 있었다. 이는 기존 강대국에게도 해당되었고, 프랑스, 독일, 오스트리아, 영국 역시 마찬가지였다.

이탈리아와 국경을 맞대거나 간접적으로 영토적 이해관계가 걸린 국가들이 바로 그런 국가들이었으며, 이탈리아의 통일은 영토분쟁의 단초를 제공했다. 코르시카는 1768년에, 니스는 1860년에 프랑스에 양도되었지만, 1866년 롬바르디아와 베네토 지방을 통합시켰음에도 불구하고 베네치아줄리아와 이스트라, 카르나로, 트렌티노, 알토 아디제 등의 지역은 여전히 외국(오스트리아-헝가리 왕국)의 지배 아래 놓여 있었다.

이와 같은 정치적 상황에서 당대 이탈리아의 정치적 지도권을 쥐고 있던 피에몬테 왕국에게는 그다지 주요한 문제가 되지는 않았다. 피에몬테 주변의 지역적 이해가 걸린 문제도 아니었고, 갓 태어난 통일왕국의 번영보다는 여전히 피에몬테 왕국의 발전이라는 연장선에서 국가를 경영하고 있던 온건파 자유주의 정치지도자들에겐 그다지 주요한 관심사가 아니었다. 오히려 각각의 지역을 중심으로 이들 점령된 지역의 반환과 수복을 요청하는 목소리들이 발생하기 시작했고, 1877년 마테오 레나토 임브리아니(Matteo Renato Imbriani)가 미수복된 영토를 되찾겠다는 선서 속에 이레덴티즈모를 사용하면서 본격적인 국민적 관심사와 개념으로 발전했다

이후 이탈리아 반도 통일과정에서 이들 이외 지역까지 확장된 개념으로 미수복영토를 통칭해서 이레덴티즈모라 불렀다. 이후 보다 국민적인 운동과 관심의 대상으로서 반환운동이 펼쳐지게 된 것은

제1차 세계대전이 끝난 뒤였다. 이탈리아는 승전국임에도 불구하고 승리의 대가로 요구했던 미수복영토들에 대한 반환 요구가 일부분에 그치게 되면서 민족주의와 식민지주의 등이 결합한 "다양한 민족주의"의 한 형태로서 발전하게 되었다.[8]

2) 이레덴티즈모의 전개 과정

가장 먼저 이레덴티즈모가 조직적인 사회운동이자 지식인들의 정치적 지향점을 갖춘 조직으로 발전한 것은 앞장에서 거론한 임브리아니와 그의 주장에 동조하는 가리발디, 사피(Saffi), 카르두치(Carducci) 등이 중심이 된 일군의 지식인들에 의해서였다. 이들은 1878년 2월에 창간된 『이탈리아인들의 이탈리아(L'Italia degli italiani)』라는 이레덴티즈모를 지지하는 이들의 소식지를 통해서 해당 지역들을 본격적으로 거론하고 이들에 대한 수복을 주장하였다. 이들 이레

---

8 다양한 민족주의를 어떻게 해석해야 하는가의 문제는 먼저 이탈리아에서 사용되는 '민족'의 개념에 대한 명확한 정의가 필요하다. 혼동의 난해함의 기준은 민족과 함께 사용되는 국민이라는 용어 때문이다. 국민국가를 제대로 거치지 못한 이탈리아에서 국민이라는 용어의 존재를 인정할 것인가 아니면 민족국가의 의미 역시 근대에 와서 본격적으로 논의되었다는 점에서 어떤 것을 선택해야하느냐의 문제가 남는 것이다. 역사적 사건에 근거한다면 이탈리아 민족 또는 이탈리아 민족주의는 고대 로마제국에서 르네상스시기까지는 어느 정도 개념적으로 허용될 수 있는 부분이 있지만, 근대 특히 리소르지멘토 이후 시기의 이탈리아 역사에서 'nazione'란 단어를 '민족'으로 'nazionalismo'를 '민족주의'로 보기에는 다소 무리가 있다. 첫째는 무엇보다 이탈리아가 다민족으로 구성된 다민족국가라는 사실에 있고, 역사적으로 민족이라는 개념에 의해 통합된 적은 한 번도 없다는 사실이다. 지역별로 민족에 근거한 지방정부나 왕정은 존재했지만, 이탈리아 전체를 민족에 의해 통일된 민족국가가 나타났던 때는 한 번도 없다고 할 수 있기 때문이다. 물론 그 의미상의 사용에서 어느 때에는 nazione나 nazionalismo를 민족이나 민족주의로 사용할 수도 있지만, 이 경우 역시 명확한 조건이 제시되지 않는다면 사용시의 오류가능성을 피하기 어렵다. 그러나 본서에서는 가능한 한 '민족'이라는 단어를 사용하도록 하겠다. 이는 이레덴티즈모가 갖는 내용상의 의미 때문이며, 주로 보수주의적이고 우파적인 관점에서 사용하는 민족의 개념을 사용하겠다.

덴티즈모의 동조자들의 민족적 감정 호소와 트리에스테와 트렌티노 등에 대한 직접적인 공격 주장은 중앙정부를 움직이게 하였다. 그렇게 중앙정부 차원에서 이들 지역에 대한 정치적 관심과 정책적 배려를 약속받는 성과를 내기도 하였다. 그러나 이탈리아가 삼국동맹을 체결하면서 오스트리아 왕국과의 갈등을 피해야 했기에, 정부는 이들 이레덴티즈모 운동과 점차 거리를 두었다.

1882년 12월에 이레덴티즈모 지도자 중의 한 사람인 굴리엘모 오베르단(Gulielmo Oberdan)이 교수형에 처해졌던 사건과 이레덴티즈모와 관련하여 수감되었던 프란체스코 쥐세페(Francesco Giuseppe)가 왕의 사면을 거부했던 사건들이 일어나면서 이레덴티즈모 운동은 격화되었다. 이에 정부는 직접적으로 이들 이레덴티즈모를 탄압하는 반이레덴티즈모 정책을 수립하여 해당 지역을 중심으로 관련자에 대한 체포와 와해에 나섰다. 이에 이레덴티즈모를 주창하는 이들은 1889년 '단테 알리게리 협회(Dante Aligheri Societa)'를 창설하였다. 이 조직은 크리스피 수상의 집권 기간인 1889~1891년 사이에 자행되었던 탄압적인 국면에도 불구하고 해당 지역 수준을 넘어서는 확장된 규모의 전국적 운동으로 발돋움하였다.

이러한 간접적인 시위나 주장의 개진 이외에도 해당 지역에서 실지회복 관련 행사와 교류를 조직하였다. 1894년 트리에스테와 이스트라에서 이탈리아의 정체성 전시회를 개최한 일이나, 1898년 트렌토에서 단테 기념관의 설립을 '단테협회'가 주도한 사건 등은 이탈리아 문화를 해당 지역에서 직접적으로 보여준 노력이었다. 수세에 몰렸던 이들 이레덴티스트들이 국면의 전환을 꾀할 수 있었던 것은 20세기가 시작하면서였다. 이 시기에는 이탈리아 전역에서 수많은 우파 민족주의 계열의 잡지와 지도자가 등장하여 이레덴티즈모가 국민적 각광을 받는 데 결정적인 계기로 작용하였다. 이 과정에서 주도적인 역할을 했던 주요 사상가들을 거론하면 다음과 같다.

첫 번째로 거론할 수 있는 인물은 엔리코 코라디니(Enrico Corradini, 1865~1931)이다. 그는 19세기 후반부터 이탈리아 민족주의의 필요성을 주장하면서, 민족주의 전파에 노력하였다. 코라디니가 이러한 자신의 생각을 구체화시킨 것은 『왕국(Il Regno)』이다. 1903년에 창간한 이 잡지를 통해 이탈리아 민족주의 보급에 힘썼으며, 이탈리아 우파 지식인들을 민족주의 우산 아래 끌어모을 수 있었다. 이를 기반으로 코라디니는 1910년에 이탈리아 민족주의 연합(Associazione Nazionalista Italiana)을 창립하였고, 이 단체를 통하여 본격적인 이탈리아 민족주의를 표방하였다. 그러나 이 단체는 1923년 파시스트가 정권을 잡게 되면서 파시스트 당으로 흡수되었다. 그가 주장하는 민족주의는 다소 기이한 형태를 띠었다. 그는 이탈리아인만으로 구성된 인민대중을 기반으로 하여 생산자들을 결합시키고, 이를 조합이라는 형태로 구체화시킨 뒤에 부르주아 중심이 아닌 무산자 계급, 즉 프롤레타리아 계급에 입각한 조합주의적 국가 건설을 주장했다. 이러한 국가의 성립과 완성을 위해서 아프리카 식민지 확장과 정복전쟁을 통하여 국력을 강화하고, 국내의 실업자와 농민의 식민지 이주정책을 활용하여 이탈리아 경제를 활성화하고자 했다. 19세기 이전까지 다소 분열적이던 이탈리아에 민족이라는 개념을 통하여 통일국가를 이룩하고자 했던 그의 의도는 유감스럽게도 파시즘과 결합하면서 전체주의적이고 전쟁 지향적인 파시즘 국가 등장에 기여했다.

코라디니와 함께 거론할 수 있는 또 다른 이탈리아 민족주의자로 주세페 프레졸리니(Giuseppe Prezzolini, 1882~1982)를 들 수 있다. 그는 다른 사상가들이나 학자들과는 여러 가지 면에서 다른 점들이 있는 인물이었다. 정규 과정의 교육을 받지 못하고 독학으로 공부를 했던 그는 20세기 초 민족주의와 파시즘을 연결하는 매개체 역할을 하였다고 평가받는 인물이었다. 당대 가장 영향력이 컸던 크로체의 영향을 받았고, 원칙론에 입각한 주장을 펼친 학자이자 문인이었다. 그는 미래주의 운동의 이론가였던 조반니 파피니(Giovanni Papini, 1881~1956)의 친구이자 동료로 파피니와 함께 『레오나르도(Leonardo)』라는 비평지를 1903년에 창간하여 1905년까지 존속시켰다. 프레졸리니는 1908년 생디칼리즘과 전투적 크로체주의 그리고 민족주의를 모아 당대 가장 영향력 있는 비평지 『라 보체(La Voce)』를 창간했다. 『라 보체』는 1914년까지 활동하면서 당대 주요한 사상가들과 문화가들을 집필진에 포진시켜, 민족주의에서 파시즘으로 나아갈 수 있는 사상적이고 문화적인 토대를 제공하였다. 1914년 발발했던 제1차 세계대전에 참전 주장을 했던 주창자로 지원병으로 전쟁에 참가하기도 했다. 그는 『일 포폴로 디탈리아(Il popolo d'Italia)』에 참여하여 소렐적인 생디칼리즘과 초기 파시즘을 연결하는 중개 역할을 하였다. 이후 무솔리니와 개인적으로 친분을 유지하면서 파시즘이 정권을 잡을 때까지 파시즘에 우호적인 입장을 보였다. 그러나 1925년 이후에는 파시즘의 반자유주의적 성격과 전체주의적 특징에 반대하면서 파리로 이주했다. 1930년에 미국 뉴욕에서 거주하였고, 콜럼비아 대학 이탈리아어과 학과장으로 재직하면서 파시즘과 결별하였다.

세 번째로 거론할 수 있는 문학가로는 가브리엘레 단눈치오(Gabriele D'Annunzio, 1863~1938)를 들 수 있다. 그는 특이한 문학적 성향과 입장을 가졌던 이탈리아 데카덴티즈모(Decadentismo)[9]의 대표적인 시인이자, 소설가였으며, 모험가였고, 실천적 민족주의자였다. 그는 19세기 말부터 유럽에 불기 시작한 세기말 사상과 자본주의 발전에 따른 혼란한 사회, 불안정한 정치 등을 지켜보면서 인간 이성에 대한 회의와 신비스럽고 이상적인 삶을 작품화했다. 이러한 그의 문학적 성향은 사회에 대한 반동과 질서의 이탈, 쾌락의 추구, 전쟁을 통한 새로운 시대에 대한 열망으로 나타났다. 그는 이와 같은 자신의 성향을 니체의 초인사상과 연결시켰고, 이는 이탈리아 민족을 이끌 만한 새로운 초인을 고대하고 동경하는 문학 소재였다. 이러한 이유로 그는 이탈리아의 제1차 세계대전 참전에 찬성하였으며, 실제로 1915년부터 1918년까지 자원하여 전쟁에 뛰어들었다. 그러나 이탈리아가 제1차 세계대전의 승전국이었음에도 연합국으로부터 약속한 땅을 되돌려받지 못하자, 퇴역 군인과 생디칼리스트 및 민족주의자로 구성된 의용군을 이끌고 피우메(Fiume)를 점령하였다. 이와 같은 그의 사상은 제국주의에 대한 옹호 및 힘과 폭력의 예찬으로 이어졌고, 이탈리아에도 이를 실현시킬 새로운 지도자가 나타나길 고대하였다. 새로운 이탈리아의 지도자는 부르주아 지배체제를 연장하기 위한 인물이 아닌 인민과 대중을 이끌 영웅이어야 한다는 것이 단눈

9 데카덴티즈모를 하나의 주의나 용어로 정리하기 어렵지만, 일반적으로 19세기 유럽에 나타났던 세기말 사상과 결합한 낭만주의와 퇴폐주의 등이 혼합된 부정적 의미의 사조로 정의할 수 있다. 특히 이탈리아에서는 이를 하나의 주의와 경향으로 정리했으며, 이러한 데카덴티즈모를 문학적으로 표현한 대표적인 문학가가 바로 단눈치오(D'Annuzio)였다.

치오의 사상이었다. 이것이 무솔리니의 등장을 용인하고 제국이라는 이미지를 고양시키는 경례와 의식 등을 찬양하게 했던 이유였다.

이와 같은 사상가들은 민족주의의 우파 입장들을 대변하고 폭력이나 힘을 철학과 결합하는 과정에서 파시즘의 철학적 기반을 제공했다는 공통점이 있다. 그러나 이들의 사상적 측면에서의 노력과 행동은 이레덴티즈모의 빈약했던 공간과 사고를 채워주면서, 이레덴티즈모의 성격이 제국주의적 팽창과 잃어버린 땅의 수복을 위한 회복운동의 성격을 갖는 데 결정적인 역할을 하였다. 이러한 민족주의적 사상들은 신생 이탈리아 왕국의 대외팽창정책의 추진의 토대가 되었으며, 수세적이던 이탈리아가 공세적인 입장을 취할 수 있는 여지를 제공했다. 특히 삼국동맹을 주축으로 하는 이탈리아 외교정책 노선 역시 변화하였고, 이레덴티스트들에게 좀 더 유리한 국면이 조성되기도 하였다.

관련 조직들 역시 보다 체계적이고 수가 확장되었다. '우리의 이탈리아(Italia Nostra)'나 '형제자매 망(Corda Frates)'과 같은 단체들이 조직되었다. 더군다나 지역 주민들이나 학생들까지 이러한 움직임에 동조하는 시위나 사건을 일으킴으로써 이들의 주장이 단지 지식인이나 특정 단체의 전유물만이 아니라는 것을 보여주었다. 이러한 특징들로 인해 제1차 세계대전 이후 이들 지역에 대한 수복 의지를 보다 분명하게 유럽 주요 국가들에게 과시하였다. 이는 전쟁 종결을 위한 베르사이유 강화조약에서 이탈리아의 입장을 어느 정도 반영할 수 있었던 주요한 기준이었다.

4. 파시즘과 극우민족주의

20세기 초까지만 해도 이탈리아에 파시즘이란 존재하지 않았다. 파쇼[10]란 명칭으로 각종의 사회단체들은 있었지만, 이도 사회주의 계열의 단체들이 주를 이루었다. 어느 날 갑자기 하나의 사회적 현상으로 그리고 하나의 주의(主義)로 자리 잡게 된 것은 국가의 묵인과 자본가들의 암묵적 지원에 기인한 결과였다. 사회주의를 공공의 적으로 간주하면서 국가와 애국심이 주된 이데올로기 요소로 자리 잡게 된 배경에는 바로 이와 같은 1920년대 이탈리아의 정치적·사회적 상황이 있다.

제1차 세계대전의 승전국임에도 불구하고 이탈리아는 상처뿐인 영광만을 안은 채 경제적으로 어려움을 겪었다. 또한 그토록 원하던 옛 영토의 수복은 이루어지지 않았다. 이러한 상황에서 단눈치오가 의용대를 이끌고 피우메를 점령하자 이탈리아 전역은 애국심과 이탈리아라는 국가주의가 확산되었다. 이를 고취시킨 것은 단눈치오와 같은 민족주의 계열의 우익 인사들이었지만, 이를 지원했던 것은 당시 정치가들과 산업자본가들이었다.

---

10 이탈리아어로 파쇼(fascio)란 본래 '여러 사람의 의견을 하나로 묶는다'라는 의미를 갖는다. 일반적으로 연대를 의미하는데, 19세기 말 남부 이탈리아에서 발생한 소요와 농민 봉기 등에서 일단의 그룹들을 지칭할 때 사용되기도 하였다. 이후 카포레토(Caporetto) 전투에서 패배한 뒤 정부에서 국민적 에너지 결집을 촉구하는 선전문으로 사용하기도 했다. 전체주의적이고 군국주의적인 의미를 띠기 시작한 것은 무솔리니가 1919년 밀라노에서 발족한 전투연대(Fasci di Combattimento)라는 단체를 이끌면서부터였다. 특히 1919년 선거에서 전투연대는 단 한 명의 당선자도 내지 못했고, 무솔리니도 자신의 고향에서 낙선하는 사태가 벌어졌다. 이후 무솔리니는 다소 사회주의적 성향의 단체를 우익단체로 탈바꿈시켰고, 이 때부터 본격적인 전체주의와 군국주의적 성격을 띠기 시작했다.

이때까지도 파시즘은 여전히 사회주의적 색채를 띠고 있었고, 피우메 점령과 같은 사건도 국가가 개입한 극우적이고 반동적인 것으로 평가하였다. 파시즘 창시자인 무솔리니가 이와 같은 변화의 흐름을 감지한 것은 바로 이 때였다. 최초의 파시스트 단체인 전투연대(Fasci di Combattimento)가 1919년 밀라노에서 창설되었을 때만 해도 강령에 포함된 내용은 사회주의적이었다. 상원제의 폐지, 농민들을 위한 토지분배, 유권자 모임을 표방하는 등 그 기조는 여전히 사회주의적이었다. 무솔리니가 본래 사회당에서 정치생활을 시작하였고, 사회당의 일간지 『전진(Avanti!)』에서 편집장으로 일했다는 경력을 고려하면 당연한 것이기도 했다.

이와 같은 무솔리니의 파쇼 단체들이 전국적인 규모에서 많은 이들의 지지와 지원을 받게 되었던 것은 1919년 선거가 끝난 뒤였다. 단 한 명의 의원도 당선시키지 못한 정치단체가 되자 무솔리니는 자본가들의 지원을 얻기 위해서 우익으로의 전환이 필요하다고 판단했다. 1920년 강령 개정을 통해 애국심과 국가 그리고 전쟁 등과 같은 요소를 최우선시하여 우익과 보수의 지원을 구했던 것은 그런 이유였다. 이후 사회주의 계열의 정당과 노동조합은 공공의 불만과 욕구를 해소할 수 있는 파시스트의 공격대상이 되었다.

파시즘의 부상은 바로 이와 같은 여러 정황과 맞물리면서 갑자기 전국적인 현상으로 떠올랐다. 산업 자본가들과 국가의 묵인과 지원은 사회당의 몰락, 그리고 아직 공고한 조직을 갖추지 못하고 있던 사회주의 성향의 노동계급의 분해를 촉진했다. 파시스트들은 공격의 대상을 사회주의 계열의 정당과 언론 그리고 노동자들에게 집중하여 그들의 사무실과 본부 및 저택 등을 방화하거나 파괴하였다.

이에 따라 사회주의 세력과 노동자들은 커다란 타격을 받았고, 사회당은 1920년 20만 명이던 당원 수가 1922년 10월에 2만 5천 명이 안될 정도로 급격하게 약화되었다. 노동총동맹 역시 조합원 수가 200만 명에서 50만 명으로 떨어졌다.

파시스트의 불법적 폭력은 갈수록 더해갔다. 파시스트 국민당의 당수인 무솔리니도 이를 통제하지 못할 정도로 파시스트 행동대원들의 폭력성은 점점 전국적으로 확산되었다. 1922년 5월 1일 노동절에 사회주의 계열의 노동자들과 정치가들이 이들 파시스트에 공격을 받아 10여 명이 죽기도 하였다. 정부는 이를 방관했다. 국가의 안정과 번영이라는 미명하에 파시스트들에 의해 자행되는 폭력을 방관하고 오히려 동조하는 태도를 보였다. 파시스트의 폭력에 맞서 1922년 7월 31일에 총파업이 선언되었지만, 노동총동맹의 지도자들은 파업을 거부하였고, 파시스트의 역공으로 7월의 총파업은 실패로 돌아갔다. 파시스트에 의한 권력 장악은 기정사실화되었고, 그해 10월 28일 나폴리에서 개최된 파시스트 전당대회에서 일단의 젊은 파시스트들이 로마로 진군하여 비 오는 로마의 관공서를 무력충돌 없이 점령하는 사태가 벌어졌다.[11]

'로마진군(La Marcia su Roma)'이라는 사건은 이렇게 발생했고, 밀라노에 있던 무솔리니가 10월 30일 로마로 내려와 39세의 젊은

---

11 당시 왕은 무장도 안 된 폭도들이었던 이들 파시스트 청년단원들을 진압하라는 명령을 하지 않았다. 이는 아직까지도 풀리지 않는 의혹이며, 무솔리니 자신도 이에 대한 성공여부를 확신하지 못해 밀라노에서 사태 추이를 지켜볼 정도로 성공 가능성이 거의 없었던 역사적 사건의 하나였다. 후세 역사가들은 만약 파시스트들의 로마진군을 왕과 정부가 진압했다면 이탈리아는 무솔리니가 지배하지 못했을 뿐만 아니라 파시스트 국가라는 오명에서 벗어날 수 있었을 것이라고 이야기한다.

나이에 수상에 올라 국가 권력을 장악하였다. 권좌에 오른 무솔리니는 국가의 번영과 안정을 위한 회유 정책과 입장을 견지하고 보수 세력과 자본가들 그리고 가톨릭 세력에게 우호적인 태도를 보였다. 또한 파시즘의 철학과 사상적 기반을 위해 조반니 젠틸레(Giovanni Gentile)[12]를 앞세워 사상과 이념을 정비하고 크로체를 비롯한 자유주의자들과 단눈치오와 같은 민족주의 계열의 보수적 우익 인사들 그리고 미래파[13]들을 아울러 명실상부한 지배 권력이 되었다.

이렇게 시작되고 형성된 이탈리아 파시즘은 민족주의와 국수주의 그리고 보수주의 등이 결합한 형태를 띠었다. 일반적으로 힘의 철학이나 행동 철학을 중요시하였고, 로마제국에 대한 향수와 함께 강력한 민족국가의 출현을 열망하였다. 또한 그 수단으로 전쟁과 무력을 채택하였고, 특히 당대의 유럽 강대국들에 의해 이미 시작된 식민지 개척에 대한 적극적 의지를 보였다는 공통점이 존재한다. 무솔리니는 이러한 군국주의에 바탕한 극우민족주의를 내세우면서 1920년대 유럽의 파시즘 시대를 이끌었다.

그러나 이탈리아 파시즘이 현대적으로 문제가 되었던 것은 제2차 세계대전의 종전에도 불구하고 전후청산이 되지 않았다는 점이었다. 가톨릭과 파시스트 세력은 상징적인 의미에서의 처벌을 받았을 뿐, 대부분의 세력이 재기를 기다리며 민족주의를 내세운 정당과

---

12 조반니 젠틸레는 이탈리아 파시즘의 철학을 완성시킨 인물로 무솔리니 정부의 교육부 장관을 맡으면서 전체적인 파시즘의 방향정립에 힘을 쓴 인물이었다.

13 1909년 필리포 토마소 마리네티(Filippo Tommaso Marinetti)에 의해 선언된 미래주의 운동에 가담한 일련의 예술가들을 가리킨다. 마리네티와 함께 『예수의 생애』를 쓴 파피니 등이 주도한 미래주의 운동은 기계에 대한 찬양과 국가를 고양시키는 예술적 작업을 했으며, 파시즘의 예술적 기반으로 무솔리니에 협력하였다.

사회세력이 되었다. 청산되지 못한 파시스트 잔재 세력이 모인 정당이 무솔리니 외손녀인 알레산드라 무솔리니(Allesandra Mussoilini)도 함께 가입되어 있던 MSI(이탈리아사회주의운동)였다. MSI는 유사 파시즘 정당으로 분류할 수 있는 신파시스트 계열의 정당으로 1970년대 초반에 등장하였다. 조르조 알미란테(Giorgio Almirante)가 선거 참여를 선언하면서 창당한 이 정당은 1972년 총선에서 8.7%를 득표하였다. 이후 일정 수준의 지지와 득표를 기록하면서 선거 참여에 대한 끊임없는 논쟁 속에서 이탈리아 극우민족주의 정당을 대표하였다.

1980년대에 들어서면서 MSI는 새로운 전환기를 맞았다. 알미란테의 후계자였던 지안프랑코 피니(Gianfranco Fini)는 이탈리아 국가를 민족주의적인 통합국가를 지향하고 법과 질서를 중시하는 강력한 국가를 건설하기 위해 전통과 보수적 가치를 중시하는 새로운 의미의 극우정당을 표방하였다. 피니가 이끄는 MSI는 1992년 총선에서 5.4%를 득표하면서 새로운 정당으로 발전하였다. 1992년 마니 풀리테 이후에도 새로운 신파시스트 정당인 민족동맹(Alleanza Nazionale: AN)을 창당하면서 우파 연정에서 핵심적인 역할을 하였다. 이외에도 삼색횃불사회운동당(Movimento Sociale Fiamma Tricolore: MSFT)이라는 정당이 1994년에 창당되어 본격적인 민족주의 우파정당으로서 활동하기 시작하였다. 또한 2013년에는 우파 및 극우정당들이 새로이 이탈리아형제당(Fratelli d'Italia)을 탄생시켰지만, 그 정치적인 세력은 축소되기도 하였다.

III. 이탈리아 극우민족주의의 실체와 유형: 극우정당의
다양성

파시즘 체제의 경험이 존재하는 이탈리아에서 민족이나 국가를 공식적으로 내세워 다시 한번 유사 파시즘 체제를 수립한다는 것은 불가능하다. 그럼에도 민족동맹이나 삼색횃불운동과 이탈리아형제당, 그리고 북부동맹과 같은 극우정당이 여전히 국민들의 지지를 얻고 있다는 점에서 극우민족주의 이념이 현대 이탈리아 사회에서 현실정치의 중요한 축이라는 데 이의를 제기할 수도 없는 이중성이 존재한다. 최근 이러한 극우민족주의가 정치적 생명을 지속적으로 연장하고 세를 확산할 수 있었던 근본적인 이유는 극우정당이다. 특히 극우민족주의 정당만이 아니라 극우지역주의 정당 역시 일정 부분 정치적 지분을 확보하고 있다는 점에서 주목할 필요가 있다. 더군다나 최근 스페인의 바르셀로나가 중심이 된 카탈루냐주의 분리주의와 독립 움직임은 이탈리아의 정치적 분리주의 운동 혹은 지역주의와 많은 부분이 유사하다는 사실을 보여준다.

이탈리아는 헌법을 개정하거나 체제 자체를 바꾸지는 않았지만, 일부 전문가들은 선거제도 변화와 더불어 공화국의 형태로 구분한다. 제1공화국 체제는 해방 이후 100% 비례대표제를 채택했던 시기로 1992년 마니 풀리테 운동으로 선거법이 개정되기 전까지이다. 제2공화국은 100% 비례대표제에서 25%의 비례대표제와 75%의 단순다수소선거구제로 바뀐 선거법으로 탄생한 1993년부터 2005년까지이다. 제3공화국(가칭)은 다시 100% 비례대표제로 바뀌었고, 2018년 선거에서는 비례대표제 61%와 단순다수소선구제 37%, 그리고

2%의 해외선거구 의석 비율로 개정되어 유지되고 있다. 이 과정 중에 형성되어 유지되고 있는 이탈리아 극우민족주의는 주로 민족주의 우파 계열의 정당들에 의해 현대적으로 해석되고 있다. 또한 지역에 따라 특별 자치주에서는 지역주의 정당들이 자신들만의 지역 정체성을 유지하면서 이탈리아 극우민족주의의 다양성을 구체화하고 있다.

현재 이탈리아에는 세 가지 유형의 극우정당이 존재한다.[14] 이들 극우정당은 각각 지지요인과 강령을 통해 나타나는 정당의 이념에서 다소간의 차이를 보이지만, 공통적으로 극우주의의 주요 요소들이 적어도 3가지 이상 복합적으로 나타나고 있다는 점에서 이탈리아 민족주의를 대표하는 정당이라고 할 수 있다. 따라서 현대적인 이탈리아 극우민족주의를 구체화하여 분류한다면 이러한 유형의 정당을 통해 분류하는 것이 바람직하다. 이탈리아 민족주의 우파 정당들을 간략하게 살펴보면 〈표 6-1〉에서 비교한 것과 같다.

가장 먼저 이야기할 수 있는 정당은 AN(민족연맹)이다. 이 정당은 현재 이탈리아형제당이라는 당명으로 재창당하였는데, 이탈리아 제1공화국 시절부터 오랫동안 신파시즘 운동을 이끌었던 MSI의 후신이라는 점에서 현대 이탈리아 극우민족주의 정당의 중심 역할을 수행했다. 강령상에 나타나는 AN의 주요 가치는 MSI와 그다지 큰 차이가 나지 않으며, 원내 정당으로서 주요한 역할을 수행하였던

---

14 현재 이탈리아에 3가지 유형의 극우정당이 존재한다는 것은 지역이나 다른 요소에 의해 존재하는 지역정당이나 지역에 기반한 극우정당이 존재하지 않는다는 것을 의미하지 않는다. 실제로 20개 주의 행정단위로 이루어진 이탈리아의 경우 지방자치단체장 선거 등에서 지역의 극우정당 출신들이 지방자치단체장이나 정당 활동을 하는 경우가 많다. 이에 대해서는 김종법(2012) 참조.

표 6-1 이탈리아 민족주의 우파정당들의 주요 특징과 내용 비교표

정당	이탈리아형제당(AN)	삼색횃불사회운동당(MSFT)	북부동맹(LN)
이념적 특징	삶의 정신적인 비전과 가치 중시, 자유시장 체제에 사회적 경제 도입, 애국주의와 민족주의의 진흥, 유럽통합의 근본주의 고양, 가족의 역할과 가치에 대한 재인식, 법치와 질서 및 안전 중시, 전통적인 정의 가치의 준수, 다원주의와 의사표현의 자유의 옹호, 새로운 유럽의 지향	이탈리아 언어와 문화 정체성 확립, 강력한 민족국가 도모, 이탈리아 역사와 전통 보존, 가족 중심의 이탈리아 공동체 사회의 정통성 보호, 이탈리아의 주권성 강조, 유럽통합 방향의 근본주의 회귀 주장	분리독립주의, 연방주의, 반이민자정책, 인종차별주의, 세계화에 대한 반대, 유럽통합회의주의와 유럽통합 반대
주요 지지자층	남부 농민, 파시즘 지지자들, 민족주의 계열의 보수주의자, 토지소유자들, 주부들	민족주의 우파, 애국을 중시하는 국가주의자들, 극우 보수주의, 가톨릭옹호론자들, 전통적인 보수주의 우파 지지자들	북부 자영업자, 북부 인종주의자, 북부 분리주의자, 전문직을 가진 중상 이상의 계층
이데올로기적 좌표	극우 보수주의	극우 민족주의, 민족 자본주의	극우 인종주의 및 지역주의
주요제안정책	공공의 인종주의 정책 표방, 반이민정책과 이민 동화주의정책 지지, 불법 이민자 정책 강화, 외국인 노동자 입국허가제 등	개방적 이민정책 반대, 이주노동자 입국과 허가 정책의 엄격화, 외국인 사회보장 수혜 금지, 금융세계화 반대, 민족 자본주의 체제 강화	이민허가제, 반세계화 정책, 연방제, 유로사용 폐지, 유럽연합으로부터 탈퇴

출처: 김종법, 2015, p. 295.

극우민족주의 정당이었다. 이들이 지향하는 주요 가치는 삶에 있어서 정신적인 비전과 가치를 중시하고, 자유시장 체제에 사회적 경제의 도입, 애국주의와 민족주의의 진흥과 유럽통합에 서양이라는 근본적인 정체성의 고양, 사회 안에서 가족의 역할과 가치에 대한 재인식, 법치와 질서 및 안전과 관련한 정의 개념과 내용의 준수, 문화

적 상대주의에 대한 혐오를 인정하는 다원주의와 의사표현의 자유의 옹호, 새로운 유럽의 지향 등이다.[15] 이러한 가치를 중심으로 하여 AN은 이민정책과 노동정책에 있어서 이탈리아 민족주의와 국가주의의 기치를 내세웠다. 새로운 공공의 인종주의 정책을 표방하면서 반이민정책과 이민자의 절대적인 동화주의를 표방하였다. 불법이민자 추방정책에도 찬성하고 있으며, 외국인 노동자의 수입은 철저하게 3D 분야에 국한하여야 한다는 외국인 노동자 허가제의 도입등을 주요 정책으로 내세워 실시하였다. 2013년 총선에서 이탈리아형제당으로 개명하여 2018년 선거에서도 약 4.3%의 득표율로 상원에서 16석을 하원에서 31석을 차지하였다.

두 번째로 거론할 수 있는 극우정당은 삼색횃불사회운동당(MSFT)이다. 신파시즘적인 색채가 강했던 민족동맹(AN)에 비하여훨씬 극우적인 민족주의를 표방한다. MSFT가 표방하고 있는 강령을통해 이들이 추구하고 있는 주요 가치를 보면 다음과 같다. 이탈리아의 언어와 문화 정체성을 확립하고 강력한 민족 국가의 성장과 발전을 도모하며, 이탈리아의 역사와 전통을 보존하면서 가족을 중심으로이탈리아 공동체 사회의 정통성을 보호하고, 이탈리아의 주권성을 강조하면서 유럽통합 방향의 근원을 로마문명과 독일문명 및 가톨릭이라는 종교에서 찾고자 한다. 또한 이탈리아의 민족적인 정체성을 유지하기 위하여 개방적인 이민정책을 반대하고 이주노동자의 이탈리

---

15 열거한 주요 가치들은 이탈리아형제당의 홈페이지 중에서 "이탈리아 내부의 도전"이라는 강령 속에 녹아 있는데, 총 16가지의 주요 주제로 분류된 이러한 가치들은 다음의 사이트에서 찾아볼 수 있다. 출처: http://www.fratelli-italia.it/?page_id=7484(검색일: 2015년 2월 20일).

아로의 입국과 허가를 보다 엄격하게 보완해야 한다고 주장하면서 외국인에 대한 사회보장 수혜를 금지해야 한다고 주장한다. 신자유주의 세계화와 같은 금융세계화에도 반대하며, 민족 자본주의 체제의 강화를 주장하는 등 매우 보수주의적이며 극우적인 민족주의를 주창하는 정당이다. 2013년 총선까지는 존속했지만 2018년 총선에서는 일부가 이탈리아형제당으로 가고 나머지는 NcI-UdC(우리의 이탈리아)로 가톨릭 우파들과 합당하여 1.3% 정도의 득표율을 기록했다.

세 번째 극우정당으로 분류할 수 있는 것은 북부동맹(Lega Nord: LN)이다.[16] 북부동맹은 역사적·정치적 배경이 매우 독특한 정당이다. 특히 이탈리아 특유의 지역문제인 남부문제에서 파생되어 이데올로기와 현대 이탈리아 정치 환경이 복합적으로 작동하여 탄생한 정당이라는 점에서 다각도의 논의가 필요한 정당이기도 하다. 여기서는 그러한 이론적이고 다양한 시각을 모두 제공할 수는 없지만, 지역문제의 변형과 지역에 기반한 소민족주의 그리고 극우주의 관점이라는 면에서 북부동맹의 이데올로기와 강령을 분석하고자 한다. 북부동맹이 추구하고 있는 가장 중요한 가치들은 분리독립주의, 연방주의, 반이민자정책, 인종차별주의, 세계화에 대한 반대, 유럽통합회의주의와 유럽통합 반대 등이다. 이러한 것들은 북부동맹이 창당되었을 때부터 추구했던 가치들이며, 북부동맹은 현재까지 이러한 가치들을 내세우면서 이탈리아 북부의 서부 지역에서 상당한 득표를

---

16 북부동맹의 주요한 이데올로기와 정책들은 다양하게 나타나지만 가장 주요한 기반이 되는 내용은 아래의 두 개 사이트에서 찾아볼 수 있다. http://www.leganord.org/phocadownload/ilmovimento/regolamento/Ln%20Regolamento.pdf; http://www.leganord.org/index.php/documenti/proposte-di-legge/camera(검색일: 2015년 2월 20일).

하고 있다. 그런데 이러한 북부동맹의 이데올로기는 이탈리아 내부적인 사회문제와 밀접하게 연관되어 있으며, 이는 두 개의 기존 극우민족주의 정당이 추구하는 이데올로기와는 전혀 다른 시각에서 접근하고 있다. 북부동맹은 이탈리아 전체 민족주의 이데올로기를 기반으로 하지 않고 이탈리아라는 국가의 정체성을 강력하게 주장하지도 않으며, 지역에 기반한 소지역민족주의와 지역이기주의 등을 통해 혈통과 인종의 순수성을 주장하고 있다. 또한 반이민자 정책뿐만이 아니라 세계화 정책이나 유럽통합 방향에도 동의하지 않고 있다.

이러한 극우정당이 2018년 총선에서 거둔 결과는 놀라운 것이었다. 지난 2013년 총선에 비해 적게는 2배에서 많게는 4배가 넘는 지지율과 의석수를 확보했다는 점은 이탈리아의 내외적인 여건이나 환경이 2013년과는 확연히 달라졌다는 사실을 의미하며, 특히 2017년 유럽 주요 국가들에서 나타난 극우 정당들의 약진이 이탈리아 총선에서도 그대로 확인되었다는 점은 유럽의 극우정당 세력 확대와 확산이 일시적인 현상이 아닐 수 있다는 우려를 낳게 하고 있다.

IV. 이탈리아 극우민족주의의 현대적 의미: 신파시즘과 분리주의의 사이에서

이탈리아 극우민족주의를 현대적으로 해석한다는 것은 현재 존재하고 있는 극우민족주의 정당이나 극우정당에 대한 이념이나 노선 설명만으로는 부족하다. 특히 현대 이탈리아에는 헌법에서 보장한 특별주의 존재로 인해 민족주의의 개념이 소수 민족에 의한 분리자치주의의 원칙과 연계되어 있기 때문이다. 실정법상으로 이탈리아에서 지방자치가 공식적으로 시작된 것은 1972년 지방자치법 시행에 따른 시기였다. 이어진 법 개정으로 1977년에 이르러 실질적 지방자치가 시행되었고, 지속적인 보완과 입법 등을 통하여 현재에 이르고 있다. 그런데 그중에서 가장 특별하게 주목할 만한 사항은 이탈리아의 20개 주 중에서 헌법상 그 지위와 자치적인 성격을 보장하고 있는 5개 특별주의 존재이다.[17]

이탈리아의 20개 주 중에는 헌법에서 부여한 지방자치의 독립성과 자치성의 기준에 따라 15개의 일반주(피에몬테, 롬바르디아, 베네토, 리구리아, 에밀리아 로마냐, 토스카나, 움브리아, 마르케, 몰리제, 아브루조, 라치오, 캄파냐, 칼라브리아, 바실리카타, 풀리아)와 5개의 특별주(발레 다오스타, 트렌티노 알토 아디제, 프리울리 줄리아 베네치아, 시칠리아, 사르데냐)가 있다.

보통 일반 주는 중앙정부에 덜 종속적이며, 충분한 자치권을 보장받고 있다. 그런데 위에서 언급한 5개의 특별 주는 15개의 일반 주들과는 달리 중앙정부의 구속력이 크지 않으며, 표준어 선택이나 세부적인 제도 등에서 완전히 자유롭고 독립적이라 할 수 있다. 더군다나 선거법에서도 예외적인 규정을 인정받아 비례대표 배분의 최저득표율도 전국정당에 적용하는 기준과 다를 정도로 지방정당과 지방정치를 인정하고 있다. 이러한 헌법과 실정법의 보장은 지역에 따른 분리주의가 이탈리아 국가주의나 극우민족주의와는 분명히 다른 차원에서 작동할 수 있는 근거이자 원천이라는 점에서 이탈리아

---

17 Brosio Giorgio, 1996, "l sistema del Governo locale in Italia," *Il Governo locale*, Blogna: Il Mulino, pp. 3-4.

극우민족주의를 규정하는 것이 더욱 어려워지고 있다.

역설적이게도 민족적인 통합이 가장 강했던 시기가 1920년대 파시즘이라는 점과 지역주의와 소민족 자치주의를 법과 제도에서 보장할수록 분리주의와 자치주의가 원심력을 더해가고 있다는 측면은 이탈리아 민족주의의 현대적 해석의 딜레마를 더해주고 있다. 오랜 역사적 배경에서 발생한 북부와 남부의 지역 격차를 상징하고 있는 '남부문제', 이레덴티즘이라는 실지회복운동에 기원을 두고 '남부문제'에 반하여 발생한 '북부분리주의운동', 지역의 자치와 소수 민족의 보호를 법과 제도로 보장하는 '분리자치운동', 상당한 자율성에 기반하고 현재보다 더욱 느슨한 형태의 연방제를 주창하는 '연방주의운동', 사르데냐의 일부 지역 등에서의 이웃 인접 국가로 통합하고자 하는 '귀속운동(특히 스페인 바르셀로나 지방으로 귀속을 주장하고 있는 상황임)' 등의 복합적인 운동이 존재하면서 이탈리아 민족주의의 설명을 난해하게 하고 있는 것이다.

이탈리아 민족주의는 남과 북의 분단 상황에서 벗어나지 못하고 있는 한국 민족주의에 많은 시사점을 주고 있다. '통일'이 최대선이고 '분단'은 극복해야 할 가치로 여기고 있는 한국의 민족주의에 이탈리아 사례는 '분리'와 '통합'이 동등한 가치와 의미가 있다는 사실을 직접 보여주고 있다. 따라서 이번 항에서 분석했던 이탈리아 극우민족주의를 통해 한국적인 상황과 한국 민족주의에 대한 새로운 시각과 의미를 찾아볼 필요가 있다. 이탈리아 민족주의의 다양한 측면들과 내용들은 과거지향적인 전통적 민족주의의 내용과 이념에서 벗어나 새로운 민족주의를 규정하는 중요한 시사점을 제공한다는 면에서 현재의 이탈리아 민족주의와 국가주의를 바라보아야 할 것이다.

참고문헌

김종법. 2013. "2013년 이탈리아 총선 전망과 정치적 의미." EU Brief. 삼성경제연구소.

_____. 2004. "하부정치문화요소를 통해 본 베를루스코니 정부의 성격."『한국정치학회보』 38-4. 417-437.

_____. 2004. "이탈리아 남부문제에 대한 정치사상적 연구-카부르에서 그람쉬까지 남부문제의 형성과 역사."『전환기의 유럽과 유럽통합』. 2004 한국유럽학회 춘계학술회의. 85-132.

_____. 2005. "이탈리아 마니뿔리떼의 사회적·정치적 의미."『세계지역연구논총』 23-1. 117-136.

_____. 2006. "변화와 분열의 기로에 선 이탈리아: 2006년 이탈리아 총선."『국제정치논총』 46-4. 267-288.

_____. 2006. "이탈리아 남부문제에 대한 정치사상적 기원: 치꼬띠에서 그람쉬까지." 『세계지역연구논총』 24-2.

_____. 2009. "2009년 이탈리아와 한국의 총선비교-정치문화와 투표행태 분석을 중심으로." 『지중해지역연구』 11-1. 1-17.

_____. 2011. "세계경제위기와 남유럽복지모델의 상관성: 이탈리아와 스페인의 복지정책을 중심으로."『유럽연구』 29-3. 32-62.

_____. 2012.『이탈리아 현대정치사회』. 서울: 바오출판사.

_____. 2015. "이탈리아 사회통합정책과 극우정당: 보씨-피니 협약을 중심으로." 『다문화사회연구』 8-1. 71-102.

_____. 2018. "과거의 소환, 극우의 부활, 미래의 정치: 2018 이탈리아 총선과 기억의 정치." 『국제정치논총』 58-4. 45-73.

정병기, 2000. "이탈리아 정치적 지역주의의 생성과 북부동맹당(Lega Nord)의 변천." 『한국정치학회보』 34-4. 397-419.

_____. 2012. "이탈리아 '제2공화국 선거연합 정치의 주요 요인과 특징."『한국정치학회보』 46-4. 73-99.

김수용 외. 2001.『유럽의 파시즘』, 서울: 서울대학교 출판부.

분리통합연구회편. 2014.『분단-통일에서 분리-통합으로』. 서울: 사회평론.

A.A.V.V. 1981. *La Cultura italiana tra '800 e '900 e le origini del nazionalismo.* Firenze: Olschki.

AA.VV. 1973. *Il sistema politico italiano.* a cura di Paolo Farnetti. Bologna: Il Mulino.

Banti, Anna. 1996. *Storia della borghesia italiana: L'etàliberale.* Roma: Donzelli.

Brosio, Giorgio. 1996. *Il sistema del Governo locale in Italia, nel Governo locale.* Blogna: Il Mulino.

Carl, Levy. 2001. *Italian Regionalism: History, Identity and Politics.* Oxford: Berg

Publishers.

Chabod, Federico. 1961. *La politica estera italiana dal 1870 al 1890*. Brri: Laterza.

Croce, Benedetto. 1977. *Storia d'Italia dal 1871 al 1915*. Roma-Bari: Laterza(1°ed. 1928).

Gaeta, Franco. 1981. *Il nazionalismo italiano*. Roma-Bari: Laterza(1°ed. Napoli, 1965).

Garrone, Alessandro. 1973. *I radicali in Italia 1849-1925*. Milano: Garzanti.

Garbari, Maria. 1979. "La storiografia sull'irredentismo apparsa in Italia dalla fine della prima guerra mondiale ai giorni nostri." in *Studi Trentini di Scienze Storiche*, a. LVIII.

_____. 1979. "L'irredentismo nel Trentino, in Il nazionalismo in Italia e in Germania." in *Studi Trentini di Scienze Storiche*, a. LVIII.

Lapegna, Nicola. 1932-1935. *L'Italia degli Italiani: Contributo alla storia dell'irredentismo*, vol. 2. Milano – Genova – Roma – Napoli: Societàeditrice Dante Alighieri, Albrighi, Segati & C.

Macchia, Grande. "L'irredentismo repubblicano dal 1876 al 1914", in *Rassegna Storica Toscana*, a. XVII, n. 2, luglio-dicembre.

Mantelli, Barbara. 2000(1994). *La nascita del fascismo*. Milano: Fenice.

Perfetti, Filippo. 1977. *Il nazionalismo italiano dalle origini alla fusione col fascismo*. Bologna: Cappelli.

Putnam, Robert. 1994. *Making Democracy Work*. Princeton: Princeton University Press.

Raniero, Romani. 1971. *L'anticolonialismo italiano da Assab ad Adua*. Milano: Edizioni di Comunità.

Rumici, Guido. 2002. *INFOIBATI, i nomi, i luoghi, i testimoni, i documenti*. Firenze: Mursia.

_____. 2001. *Fratelli d'Istria 1945 – 2000*. Firenze: Mursia.

Rustia, Giorgio. 2006. *Contro Operazione Foibe a Trieste*. Comunitàdegli Italiani di Trieste.

Sabbatucci, Giovanni. 1970. "Il problema dell'irredentismo e le origini del movimento nazionalista in Italia." in *Storia contemporanea*, a. I, n. 3, settembre.

Sandonà, August. 1932. *L'irredentismo nelle lotte politiche e nelle contese diplomatiche italo-austriache*. Bologna: Zanichelli

Salvadori, Massimo. 1981. *Il mito del buongoverno*. Einaudi: Torino.

Salvatorelli, Luigi. 1994. *Il pensiero politico italiano dal 1970 al 1870*. Einaudi Torino.

_____. 1969. Sommario della storia d'Italia(Torino; Einaudi);

Salvotti, Gugliemo. 1990. *Propaganda ed irredentismo nel primo Novecento*. Firenze: Olschki.

Salvetti, Paolo. 1995. Immagine nazionale ed emigrazione nella Società "Dante Alighieri". Roma: Bonacci.

Spadolini, Giovanni. 1980. *I repubblicani dopo l'Unità*. Quarta edizione con una parte aggiuntiva sul PRI dalla sua costituzione al 1980. Firenze: Le Monnier(1°ed. 1960, Prima appendice: La democrazia e l'irredentismo).

http://www.irredentismo.it
http://www.leganazionale.it
http://www.unitalia-movimento.it
http://utenti.lycos.it/irr_ita

영국의 탈유럽연합 투표 배경에 대한 담론[1]

이옥연(서울대학교)

I. 들어가며

2004년 유럽연합헌법조약의 인준을 둘러싼 갈등은 역내 극진세력
이 우선 유럽 차원에서 정치세력을 집결한 다음에 국내 차원에서 유
럽회의주의를 정치 의제로 설정한 성공 사례다. 그렇다면 유럽에 특
수한 다층 거버넌스(multi-level governance)를 통해 유럽회의주의
가 분리와 통합을 복합적으로 조합할 수 있는 비옥한 자양분을 제공
했다고 볼 수 있다. 본 연구에서는 유럽연합의 헌법적 근거와 한계
에 초점을 맞추고 영국에서 탈(脫)유럽연합 투표로 드러난 유럽회의
주의의 실체를 규명하고자 한다. 특히 유럽 지역통합이 지속되려면
"테러와 난민은 서로 다른 문제"이고 특히 테러 행위 자체를 이슬람

---

1   이 장은 『국제지역연구』(2019)에 게재되었던 "영국의 탈(脫)유럽연합 투표: 유럽 지역통
    합과 국가 체제통합 간 양자택일?"을 지엽적으로 보완한 결과물이다.

문제로 단순화해 극적 효과를 더하려는 정치적 음해를 저지해야 한다는 주장에 전적으로 동의한다는 사실을 강조하고자 한다(이동기, 2016). 영국은 "경제 유럽"보다 "사회 유럽"을 지나치게 앞세우는 유럽 지역통합에 대한 반발을 동력으로 삼아 다원적 정체성을 강요하는 초국가적 공동체로부터 독자노선을 수호하겠다는 선언에는 일단 성공했다. 그러나 대영제국을 보전하려는 체제통합 선택은 유럽 지역통합을 담보로 한 연고로 그 노정이 험난하다. 이 글에서는 영국의 탈(脫)유럽연합 투표 배경에 대한 담론을 제시하면서 소위 '브렉시트' 사례를 설명하고자 한다.

간략하게 말하자면, '브렉시트' 사례는 유럽을 '하나의 유럽'으로 정의하려는 정치인 집단과 그 정치엘리트 세력에 반기를 드는 정치인 집단이 유권자의 표를 빌려 전개한 알력싸움으로 파생된 부산물이다.[2] 부연해서 말하자면, '브렉시트' 사례는 리스본조약에서 천명한 보편적 가치를 민주주의 절차에 의존해 폐기하려는 탈(脫)유럽연합 시도 중 하나다. 문제는 이러한 시도가 유럽 지역통합을 해체할 정도로 잠재적 파괴력을 지닌다는 점이다. 또한 '브렉시트' 사례는 대표적 회원국이 유럽의 단일화 요구에 저항하며 지역통합 폐기를 빙자해 국가 체제통합을 도모한 점에서 이례적이다. 따라서 지역통합을 경제-무역-재정-통화정책이나 정치-군사-안보정책의 관점에서 접근해 "하나의 유럽"을 상정하는 발전 전망을 제시한 선행연구에 근거해 '브렉시트'를 설명하기에 역부족이다(Cooper, 2003: 165-172). 더불어 유럽의 과거에 비춰 그 미래를 처방하려는 유럽정체성

---

2   이는 Levitsky and Ziblatt(2018)의 트럼프 당선으로 드러난 미국 우선주의에 대한 분석 결론과 유사하다.

선행연구나 유럽화된 정치과정에 역점을 두는 선행연구의 설명력도 미흡하다.

본 연구는 유럽의 구성원이라는 사실을 부인하지 않으면서도 유럽에 의한 구속에 항명하려는 영국이 선택한 유럽연합 탈퇴의 배경을 검토하고자 한다. 파리조약, 로마조약, 그리고 유럽원자력공동체(EURATOM)조약 체결을 시작으로 70여 년에 걸쳐 확대하고 심화한 유럽 지역통합은 급기야 포괄적 '우리'와 배타적 '우리'를 선호하는 세력 간 대립각을 세우는 정치 전선을 형성했다(이졸데 카림 2019, 144). 전자인 포괄적 우리는 확대와 심화로 인한 변화를 수용하는 반면, 후자인 배타적 우리는 과거에 정상(正常)이라고 치부하던 것들이 이제는 당연하지 않게 된 변화를 거부한다. 그리고 배타적 우리를 내세운 세력은 변화의 책임 일부를 소위 기득권 엘리트로부터, 다른 일부를 이민자나 난민을 포함한 이질적 집단 구성원에게 캐묻는 포퓰리즘 전략에 열광한다(이졸데 카림, 2019: 202). 바로 이 공적 공간에서 대중은 당연시하던 정상을 상실하게 만든 변화, 특히 문화적 변동에 대한 분노를 표출하며 인정이나 타협 대신 배제와 독선으로 점철된 포퓰리스트 엘리트에게 포섭된다.

이 글에서는 포퓰리스트 엘리트가 상실된 정상(正常)에 대한 대중의 분노를 대변한다며 유럽회의주의와 결합시켜 유럽의 타자를 배제하는 수단으로 탈(脫)유럽연합을 선택하도록 종용한 경로를 추적하려 한다. 특히 영국이 탈(脫)유럽연합 의사를 천명했으나 공식적으로 유럽연합에서 탈퇴 절차가 마무리되지 못한 채 2019년 유럽의회 선거가 치러진 후, 급진적 유럽회의주의 성향의 정당이 대거

득세한 데에 대한 함의를 찾고자 한다.[3]

II. 유럽 다층 거버넌스의 실체

유럽연합 조약체계는 헌법에 준하는 문서로서 정부체계, 구성원 선출방식, 권한영역 등 최소한의 요건을 갖추고 있으나, 이를 충심으로 존중하는 의지나 헌신까지 유럽연합 회원국에게 강제할 수 없다는 한계를 드러낸다(Hix, 2008: 164-165; 안병억, 2018: 63). 결국 유럽 헌법조약의 인준과정에서 드러난 각종 교착 상태는 헌법적 통합과 정치적 통합 간 괴리로 인해 발생했다. 왜냐하면 개별 국가에 충실한 이해관계로 묶여 있는 유럽연합 회원국 간 공식적 합의를 도출하기 위해서, 유럽연합조약은 근본적으로 정치적 타협과 절충의 결과물이었기 때문이다. 구체적으로 2014년부터 2017년까지 기존 표결방식을 채택할 수 있는 여지를 회원국에게 허락했다. 특히 조세, 사회보장, 외교, 국방, 경찰작전 협조 등 분야에서 만장일치 방식을 유보했고, 법무, 내무 등 분야에 관한 한 유럽의회와 일반 입법절차로서 공동결정(co-decision) 방식을 연장했다. 그러나 이는 동시에 유럽 차원 의결과정에서 불만을 제기하는 소수결이나 의사진행 방해가 불거질 가능성을 내포했다.[4]

---

3   상세한 내용은 이 책에 실린 윤석준의 글 "극우 동종정당 분류에 기반한 2019년 유럽의회 선거 결과 분석"을 참조하기 바람.
4   유럽이사회 초대 선출직 의장인 헤르만 판 롬푀이를 향해 영국독립당 당수이자 유럽의회 원내교섭단체인 자유·민주주의 유럽(Europe of Freedom and Democracy) 대표와 자유·직접민주주의 유럽(Europe of Freedom and Direct Democracy) 의장을 역임한 나이절

물론 과도기 결과물인 리스본조약은 기존의 3개로 분화된 조직 체계를 단일한 조직체계로 대체해 역외정책분야, 역내 의사결정절차 및 인권헌장을 포괄하는 다양한 정책에 대한 피드백(feedback) 창구 개조를 통한 체질 변화를 지향했다. 그 결과 유럽연합에게 역외정책을 독자적으로 추진할 수 있는 권한을 부여하고 단일 창구와 절차를 제공했다. 또한 2014년 11월 이후부터 유럽이사회와 유럽연합이사회에 공통된 역내 의사결정절차로서 이중 다수결방식을 채택하고, 유럽연합이사회와 유럽이사회 내 회원국에 배정하는 가중치를 재조정했다. 무엇보다 '민주주의의 결핍'을 보완하는 수정절차로서 회원국 의회의 기능이나 시민발의 및 회원국의 참여 유보(opt-out) 또는 탈퇴에 대해 명시했다.[5]

그러나 영국을 비롯해 폴란드와 체코 등 일부 회원국에게 허용된 유럽연합 기본권헌장에 대한 참여 유보(opt-out)는 오히려 입헌주의에 입각한 권력의 이중성을 단적으로 드러냈다. 왜냐하면 설령 유럽헌법이 제정되더라도 그 최종적 권한의 소재지로서 주체가 누구인지 명확하게 규정했는지, 또는 명시된 정부체계와 권한영역이 과연 헌법이 표명하는 기본정신 또는 이념체계를 충실하게 반영 또는 구현했는지에 대한 논란 자체를 잠재우는 데 여전히 한계가 있기 때문

패라지(Nigel Farage)는 인신공격을 서슴지 않았다. 이는 유럽에 대해 회원국이 지니는 불신을 유럽연합 회의주의로 포장한 대표적 사례로 볼 수 있다. http://www.nytimes.com/2014/05/18/magazine/nigel-farage-and-his-uk-independence-party-want-out-of-europe.html?_r=0(검색일: 2019년 8월 29일).

5   회원국이 거쳐야 할 상세한 수정 절차와 시민발의, 참여 유보 절차 등을 명시하며 유럽연합의 탈퇴 절차는 http://www.lisbon-treaty.org/wcm/the-lisbon-treaty/treaty-on-european-union-and-comments/title-6-final-provisions/135-article-48.htm(검색일: 2019년 8월 29일)에 더해 50조를 참조하기 바란다.

이다(Walker, 2007: 248). 물론 유럽헌법에 준하는 조약의 수정절차를 명시함으로써 헌법의 기본 틀을 민주정치를 구현하고자 하는 실질적 내용으로 채우는 등 성과도 크다. 더불어 회원국 또는 회원국의 속령, 자치령 등이 유럽연합으로부터 탈퇴하는 절차를 간소화했다는 점은 획기적이다. 그러나 '브렉시트' 직후 불거진 문제는 그 탈퇴 조항을 실행에 옮기기까지 개별 회원국의 국내 정치과정에 반복적으로 노출되는 취약점을 안고 있다는 데 있다.[6]

결국 이러한 잠정적 조치는 헌법적 근거의 한계를 태생적으로 내포했다고 볼 수 있다. 특히 유럽연합의 공식적, 비공식적 기구에 가입하려는 의지를 표명한 시점과 가입 승인이 이뤄진 시점 간 격차가 두드러지는 경우, 분절 폭이 증가한다는 점을 볼 수 있다. 부연하자면, 유럽연합이 정부 간 협약에 의존해 지역통합의 계기를 구축했기 때문에, 통합이 이뤄진 이후에도 통합 이전 시기에 미처 이루지 못한 위업에 대한 불씨를 남겨둔 상태다. 예컨대 영국은 유럽경제공동체를 주도한 창립국가 6개국에 대한 반발로 중립국인 덴마크, 노르웨이, 스웨덴, 스위스, 오스트리아, 그리고 포르투갈을 중심으로 1960년 스톡홀름 회의에서 유럽자유무역연합(EFTA)을 창설했다. 이후 1986년 핀란드가 추가 가입했으나, 노르웨이와 스위스를 제외하고 영국을 포함해 나머지 모두 유럽경제공동체 또는 유럽연합에 가입과 동시에 유럽자유무역연합에서 탈퇴했다. 따라서 그 기능은

---

6   유럽연합조약 50조는 탈퇴 의사를 공식적으로 전달해 발동되면 탈퇴만 가능한 일방통행 조항이다. http://www.lisbon-treaty.org/wcm/the-lisbon-treaty/treaty-on-European-union-and-comments/title-6-final-provisions/137-article-50.html(검색일: 2019년 8월 29일).

유럽연합으로 이관되었으나, 유럽자유무역연합은 현재까지도 기구로 건재하다.[7] 반면에 유럽연합 공식 회원국도 아니고 심지어 유로존에 가입하지도 않았지만, 쉥겐 지역에 포함되어 유로를 통용하는 안도라, 산마리노, 모나코 등 소국가가 버젓이 병존한다.

무엇보다 유럽의 다양성을 유럽의 정체성과 연계하려는 정치적 노력은 40여 년에 걸쳐 공동체와 협의체로 양분되어 발전했다. 특히 영국의 경우 공동체와 대립각도에 입지를 표명하는 동시에 공동체 가입도 신청하는 이중적 행보를 보였다. 이러한 영국의 이중성에 반발해 프랑스는 영국의 가입 신청을 거부했고 이에 대해 영국도 공동체를 부인하면서도 그 유효성을 지속적으로 인지했다(Ludlow, 2010: 10). 이는 마스트리히트조약 체제 정립 이후 종교적 다양성이 유럽 다양성의 상징임에도 불구하고 유럽정체성에 대한 공감대를 구축하려는 의지만 결집된다면 "하나의 유럽"으로의 수렴이 가능했다는 증거다. 그러나 외면적 확대와 내부적 심화를 거치면서 유럽의 다양성과 유럽의 정체성 간 양자택일을 강요받는 영합적 성향이 커졌다.

기능면에서 유럽연합은 의결기구로서 태생적 한계를 내포한다. 구체적으로 "하나의 유럽"을 제도화하는 과정에서 안보와 경제 측면에 모두 분할된 형태로 통합 공동체를 구축했다. 안보 측면에서는 냉전에 대처하기 위해 이질적 북대서양조약기구(NATO)를 핵심 기구로 내재화시키는 과정에서 EU와 NATO 간 공식적 가입이 분절된 양상으로 나타난다. 예컨대 덴마크는 NATO 창설 회원국이면서 마

---

7 흥미로운 사례로 스위스는 1957년 로마조약에 의해 관세동맹이 1968년부터 출범하면서 유럽경제공동체 또는 유럽공동 또는 유럽연합 회원국은 자동적으로 가입된다는 원칙에서 제외되었다.

스트리히트조약에 명기된 참여 유보를 통해 EU의 유럽안보방위정책(ESDP)에 불참했다. 반면 경제 측면에서는 쉥겐 지역(Schengen Area)을 통한 국경통제 폐기와 유로존(Euro Zone)에 의한 금융·화폐통합에 참여유보(opt-out)를 선택사양으로 포함시켜 연성절차를 제공함으로써 분절 폭이 안보 측면보다 작았다.[8] 그럼에도 영국, 덴마크, 스웨덴은 유로존 가입 자체를 유보해 "하나의 제도, 하나의 정책"과 "하나의 시장, 하나의 화폐"로 분리해 "하나의 유럽"을 통한 이득을 극대하려는 속셈을 드러내었다.

그렇다면, 영국의 일탈 단서를 조직은 초국가적인데 실무는 국가 간 이해관계에 충실한 유럽연합의 실체에서 찾을 수 있다. 이는 1985년 단일의정서가 채택되는 순간부터 내포된 문제점으로서, 유럽 연방화를 지향하기보다 지역 통합의 장애물을 우회해 정치적 합의를 도출한 부산물이다(이용희, 1994: 208-218).[9] 유럽은 한편으로 장애물이 보일 때마다 건너뛰는 장치, 예컨대 참여유보를 허용하는 관례를 남겼고, 다른 한편으로 거부권 행사를 조건부로 허용해 회원국의 개별 의견이 초국가적 의사진행과정에 침투하는 여지를 남겼다. 물론 역내 단일시장에 관한 한 사안별 타결이 아닌 일괄타결안이 채택되어 단일의정서가 출범하는 쾌거를 낳기도 했다. 그러나 곧이어 다시 마스트리히트조약이 덴마크 국민투표 부결로 일시 좌절

---

8 특히 마스트리히트조약이 유럽연합조약체계로 편입되면서 그 일부로 쉥겐 지역도 수용했기 때문에 2009년부터 신규 유럽연합 가입국은 자동적으로 쉥겐 지역 가입 대상이다. 또한 2010년부터 비유럽연합회원국인 스위스도 쉥겐 지역에 참여해왔다.
9 스피넬리나 장 모네가 주도한 유럽통일이 "크로커다일"안의 주요 골격이었다면, 이를 희석하는 의미에서 소위 "물타기"에 해당하는 "캥거루"안이 궁극적으로 단일의정서의 근간으로 채택되었다.

되기도 했다. 결국 영국의 탈유럽연합 실험은 유럽연합이란 회원국의 동의로 성립되었으나 각 회원국은 주권을 유럽연합에 양도하지 않았기 때문에 회원국이 개별적으로 해결하기 어려운 공동 대응 사안에 제한된 권역에서만 운용한다는 보조성(subsidiarity) 원칙이 비례대표성과 상반된 양상으로만 나타나는 방증이라고 볼 수 있다. 이는 비록 주권의 핵심 요소들에 해당하는 조세결정권이나 예산권이 초국가적 기구로 실질적으로 상당 부분 이양되었음에도 불구하고 근본적으로 의사결정과정의 주요 행위자는 각 회원국에서 파견되거나 선출된다는 모호성에 기인한다.

유럽의 다층 거버넌스는 연방주의 원칙에 준해 규모나 자원이 상이한 하층위 구성원을 결집해 상층위 정치 공동체를 운용하는 공치(共治)와 각 하층위 구성원의 본성을 보전하는 자치(自治) 간 균형을 취할 수 있는 이점을 지닌다(이옥연, 2015: 56). 그러나 이 공유 연방 주권이라는 통치 원칙이 구현되는 단계에서 상층위 편중이나 하층위 이탈의 위험성은 여전히 존재한다. 따라서 유럽의 심화와 확대 과정에서 중앙집중화와 탈중앙화의 압력을 자국에 유리한 균형점을 도출하려는 탐색전이 필연적으로 수반된다. 게다가 유럽연합의 다층 거버넌스는 공동 권한과 고유 권한 간 모호한 경계선을 소지할 뿐 아니라 오랜 기간에 걸쳐 중층으로 각 회원국의 이해를 조정하도록 구조화시켰다.

또한 유럽의 다층 거버넌스는 이익대변과 재정분산에 있어서 연방주의의 공유 주권을 통치 원칙으로 삼는다. 그런데 정확한 정보나 적극적 홍보가 부족한 상황에서도 여전히 유럽연합의 구조적 심화와 확대에 따른 예산 증액이 이뤄졌다. 더욱이 구성원의 이질성이 점차 가시화되는데다 유럽 역외로부터 역내로 유입되는 이주민이 늘어나자, 유럽 구성원들은 "정치통합의 정당성"에 공감하지 않으려는 속내를 노골적으로 분출하기 시작했다(이용희, 1994: 234, 277). 게다가 유럽화는 추진 과정에서 의사결정구조를 재편하는 방편으로 공식적 규정변경을 통해 통합의 제도화를 모색하는 느리고 어려운 길과 빠르고 쉬운 길을 동시에 제공했다. 그 결과 유럽연합의 심화와 확대에 대한 저항이나 반발에 부딪히면, 연성 프로그램이나 비공식적 규정변경, 심지어 비공식적 제도화를 획책하는 소위 'kitchen politics'에 의존해 돌파구를 찾곤 했다. 이는 궁극적으로 비선출 전문직인 재판관의 판결에 준하는 규정 해석권한을 지닌 관료의 재량권 전횡 증대를 수반했다.

이러한 "민주주의의 결핍"을 해소하고자 투명한 민주주의적 의사결정과정을 정착시키겠다는 명분으로 의사결정과정의 회원국 비중치를 인구비례에 의해 재조정하려는 제도개혁 시도가 있었다(Tsebelis, 2009: 66). 그러나 이마저 불발에 그쳐 그 제도개혁의 잔영은 2005년 헌법조약 인준을 거부한 프랑스와 네덜란드를 기점으로 점차 유럽화에 대한 근본적 회의로 불거졌다(Zowislo-Grünewald, 2009: 15). 그리고 유럽 지역통합을 총괄하는 유럽연합에 대한 기존 회원국의 반발과 신입 회원국의 불안은 거세졌다. 바로 이 분위기 속에서 유럽연합의 개혁을 요구하거나 유럽회의주의를 정치 의제로 택하는 정당이 유럽 차원이나 국내 차원에서 동시에 늘어났다. 구체적으로 유럽연합에 대해 회의적 성향을 띤 정당의 의석수 변화를 회원국과 정당별로 분류해보면, 2009년, 2014년, 그리고 2019년 유럽의회 선거 결과로부터 특이한 점을 발견할 수 있다.

특히 유럽의회 내 영국의 정치적 입지가 불균등하게 줄어드는 데 대한 반발을 불러일으킬 여지가 있다고 볼 수 있다.[10] 1979년부터 유럽의회 의원을 직접 선출하는 제도가 정착되면서 유럽연합의 확대와 심화가 단계적으로 진행되었다. 4년마다 개최되는 유럽의회 선거에서 의석을 배정하는 과정에 영국은 독일이나 프랑스에 준하는 지위를 확보했기 때문에, 외형상 유럽강국의 격에 맞는 유럽 지역통합의 주도적 역할을 할 수도 있었다. 그럼에도 영국은 여전히 무늬만 유럽강국에 머무르는 선택을 한 결과, 큰 덩치를 활용해 실익추구에 탐닉한 양상을 보이자 이에 반발하는 독일과 프랑스 등 실질적으로 유럽통합의 주축을 형성하는 회원국들의 빈축을 샀다(Crowley, 2015: 75). 그렇다면 이러한 영국의 일탈은 태생적인가 아니면 점진적으로 굳어진 부산물인가? 우선 1973년 이후 유럽의회 의석이 배정된 추세를 살펴보면, 영국의 실익추구 행태가 상대적 박탈감 또는 상실감으로 인한 선제적 보호 본능이었다는 사실을 확인할 수 있다.

영국을 포함해 아일랜드, 덴마크가 가입해 9개국으로 확대된 1973년부터 그리스 가입으로 10개국, 스페인과 포르투갈 가입으로 12개국으로 확대된 1981년까지 영국은 독일, 프랑스, 이탈리아와 더불어 동일한 유럽의회 의석을 배정받았다. 그러나 1994년 암스테르담조약과 1995년 스웨덴, 오스트리아, 핀란드 가입으로 15개국으로 확대되면서 독일 의석은 증가한 반면, 영국에게는 프랑스, 이탈리아

10　European Parliament, Directorate-General for International Policies, Policies Department C: Citizens' Rights and Constitutional Affairs, 2011, "The allocation between the EU Member States of the seats in the European Parliament." http://www.statslab.cam.ac.uk/~grg/papers/cam-report-final2.pdf(검색일: 2019년 8월 29일).

와 동일한 의석이 배정되는 데 그쳤다. 게다가 2004년 폴란드, 체코, 헝가리, 슬로바키아, 슬로베니아, 리투아니아, 라트비아, 에스토니아, 키프로스, 몰타가 가입하며 25개국으로 확대된 후 영국은 프랑스, 이탈리아와 마찬가지로 의석을 상실했다.

이어 2007년 루마니아, 불가리아가 가입해 27개국으로 확대되고 2009년 니스조약이 체결되면서 의석을 추가로 상실했다. 특히 키프로스를 제외하고 기존 15개 회원국과 종교·문화적 분층에서 상당히 이질적 국가인 루마니아와 불가리아가 2007년에 유럽연합에 가입하면서 잠정적으로 785개로 불어난 유럽의회 의석을 니스조약에서 736개로 급격히 감축한 사실을 확인할 수 있다.[11] 비록 이 감소폭은 인구비례에 준하나, 폴란드를 제외하고 영국, 프랑스, 이탈리아 등 기존 회원국에게 유럽연합의 폭주로 인한 피해의식을 촉발시켰다고 볼 수 있다. 더욱이 영국의 경우, 아일랜드 국민투표에서 리스본조약이 부결되며 감축된 의석수가 751석으로 재조정되어 상실한 6석 중 2석을 회복했음에도 불구하고 유럽연합에 대한 불신은 최고조에 달했다. 또한 2011년부터 영국은 이탈리아와 동등한 의석을 배정받는 데 비해 프랑스는 영국보다 많은 의석을 배정받아 현재까지 이어진다. 그리고 2013년 크로아티아 가입으로 28개국으로 확대되면서, 독일 의석도 감소되어 전체적으로 조정된 결과 2017년 현재 총 751석 중 영국에게 73석, 9.7%가 배정되어 있다.[12]

---

11 http://www.europarl.europa.eu/members/expert/groupAndCountry/search. do?group=2978&language=EN(최종검색일: 2019년 8월 29일).

12 1979년부터 1986년까지 독일, 영국, 프랑스, 이탈리아는 모두 81석이었으나 1994년 독일은 99석으로 증가한 반면 영국, 프랑스, 이탈리아는 87석으로 증가하는 데 그쳤다. 1994년부터 독일 배정 의석은 그대로였으나 2004년에 영국, 프랑스, 이탈리아는 78석으

무엇보다 2011년 1월에 유럽의회가 주관해 캠브리지 의석조정 회의(Cambridge Apportionment Meeting)에서 과거 의석을 정치적으로 맞바꾸는 방식을 지양하는, 즉 정치 중립적 공식을 제안했다. 구체적으로 모든 회원국에게 기본 5개 의석을 배정하고 인구 비례 준거로 의석을 추가해 최소 6석부터 최대 96석까지 배정하는 소위 캠브리지 타협안(Cambridge Compromise)이 제시되었다. 이 타협안은 27개국, 크로아티아를 포함한 28개국, 크로아티아와 아이슬란드를 포함한 29개국을 상정하고 총 751석을 전제로 각각 81석, 80석, 79석을 영국에게 배정했다. 그러나 실제로 영국은 현재 유럽연합 28개 회원국을 기준으로 80석보다 훨씬 작은 73석을 배정받은 데 그쳐 비례대표성이나 보조성이나 제대로 보장받지 못하는 형국이었다. 2014년부터 '체감적 비례대표성(degressive proportionality)'에 의거해 각 회원국에게 배정된 유럽의회 의석을 재조정한 결과, 영국을 포함해 큰 나라에 상대적으로 불리하게 배정되었다.

이는 유럽회의주의가 주창하는 유럽의 동맥경화증을 회원국 유권자에게 실체로서 재확인시켜준 계기가 되었다. 따라서 유럽연합의 비효율성을 비판하는 대중영합주의 노선에 왜곡된 양상으로 유리하게 작동했다고 볼 수 있다.[13] 그 결과 통치체계를 정비하기 위한 목적으로 설정된 리스본조약의 권한영역 분류가 역설적으로 지역통합의 현실에 그다지 부합하지 않다는 인식이 팽배해졌다(Christian-

<hr>

로 감소했고, 이어 2009년에 72석으로 더 감소했다. 2011년부터 프랑스는 74석, 영국과 이탈리아는 73석으로 미미하게 증가했고 2014년부터는 독일도 96석으로 감소했다.

13 더불어 아일랜드 국민투표로 리스본조약이 부결된 후에는 각 회원국에게 집행위원직이 고르게 배정되던 종전 방식으로 환원해 유럽연합은 심근경색 직전이라는 비방에 노출되었다.

sen and Reh 2009, 69-82). 나아가 이 헌법상 권한영역 분류가 궁극적으로 개별 회원국의 특수성을 제대로 투영하는 지침이 될 수 없다는 비관론으로 이어졌다(Héritier, 2001: 57).

III. 유럽회의주의의 정치적 퇴화

바로 이 시점에서 유럽의 다양성을 조립하는 정치와 탈세속화된 유럽의 정체성이 맞물려 당연시되던 정상(正常)을 축출하는 것에 대해 불안해하던 유권자의 불만이 제대로 대변되지 않는다는 자괴감이 커졌다. 그리고 이 변화에 대한 거부의 몸부림은 국내보다 유럽 차원에서 더 큰 폭으로 작동할 수 있다는 이점을 포퓰리스트 엘리트가 활용하기 시작했다.

이후 유럽 차원의 성공을 바탕으로 이 포퓰리스트 엘리트는 국내로 선회해 유럽화를 역공하는 유럽의 내폭 현장을 점차 빈번하게 목격할 수 있다. 예컨대 이탈리아에서는 유럽연합 난민 정책 등이 궁극적으로 회원국 국내정치, 특히 선거 쟁점으로 드러나면서 난민 수용 기준을 선점해 결정하려는 노력으로 가시화되었다(김종법, 2018: 101-102).[14] 흥미롭게도 유럽 회의적 국수주의 보수파는 1979년부터 1999년 선거까지 지속적으로 의석을 상실하다 2004년과 2009년 선거에서는 증가세를 보였으나 2014년 선거에서 다시 감소세로 돌아섰다.

14 상세한 내용은 김종법 "이탈리아 극우민족주의: 파시즘과 분리주의의 사이에서"를 참조하기 바람.

반면 1984년 선거부터 등장해 2009년 선거까지 지속적으로 성장해 두 배로 증가한 유럽회의주의와 극우 국수주의는 2014년 선거에서 초창기보다 6배가 넘는 의석을 확보하기에 이르렀다. 더불어 1979년 최초로 직선 의원으로 구성된 유럽의회에서 특이하게도 무소속을 표명한 경우, 1984년과 1989년을 거치며 이념분포를 따라 다른 정당 집단으로 유입되었다가 1994년부터 2009년까지 보합세를 유지했고 2014년과 최근 2019년 선거에서 1.5배 증가했다.

국내 의석점유율이 미미한 영국독립당(UKIP)은 2009년 유럽의회 선거에서 무려 18%(=13/72)에 달하는 데 성공했다.[15] 이후 유럽연합 반박에 총력을 기울인 영국독립당은 24석을 확보한 이후, 국내에서도 집권당인 보수당을 상대로 지역통합보다 체제통합을 우선시한 탈(脫)유럽연합 투표를 밀어붙여 성사시켰다. 이는 유럽화로 인한 이익대변 통로의 경색에 대한 불만이 누적되어 마침내 2014년과 2019년 유럽의회 선거에서 폭발적으로 나타났다는 방증이다.[16] 즉, 영국도 일부 유럽회의주의 성향을 띤 회원국들과 마찬가지로 국내가 아닌 유럽 차원에서 유럽화에 대한 반발을 먼저 그리고 강렬하게 표출했다. 그리고 이를 발판으로 국내 정치과정에서 지지 기반을 공고히 하며 공세적으로 활용하는 데 성공했다.

〈표 7-1〉은 다양한 정치 노선을 표명한 유럽회의주의 성향 정당

---

15 이탈리아의 경우 북부동맹(LN)의 국내 의석점유율이 낮은 데 비해 유럽의회 의석점유율은 12.5%로 훨씬 컸다. 프랑스의 국민전선(FN) 경우, 국내 의석점유율과 유럽의회 의석점유율 간 격차는 그다지 크지 않으나 국내보다 유럽차원에서 선전했다는 점에서 공통된다.

16 영국의 유럽연합 탈퇴를 국민투표에서 도출한 후, UKIP은 2019년 유럽의회 선거에서 Brexit Party로 재탄생한다.

표 7-1 2009년, 2014년, 2019년 유럽의회선거 급진 유럽회의주의 성향 정당 변화[1]

회원국	2009 유럽의회 의석 (증감)[1]	2014 & 2019 MEP 의석 (증감)[2]	2009 유럽회의주의 정당 (의석수)[3]	2014 유럽회의주의 정당 (의석수)[3]	2019 유럽회의주의 정당 (의석수)[4]
영국	72 (-6)	73 (+1)	BNP (2), DUP (1), Con (1), UKIP (13)	DUP (1), UKIP (24)	DUP (1), Brexit Party (29)
프랑스	72 (-6)	74 (+2)	FN (3), Libertas (1)	FN (23), Bergeron (1)	RN (20), Garraud (1), Mariani (1)
이탈리아	72 (-6)	73 (+1)	LN (9)	LN (5), M5S (17)	Lega (28), M5S (14)
스페인	50 (-4)	54 (+4)	UPyD (1)	해당 없음	JuntsxCat (2), ERC (1)
루마니아	33 (-2)	32 (-1)	PRM (3)	해당 없음	해당 없음
네덜란드	25 (-2)	26 (+1)	PVV (4), SGP (1)	PVV (4)	해당 없음
벨기에	22 (-2)	21 (-1)	VB (2)	VB (1)	VB (3)
헝가리	22 (-2)	21 (-1)	Jobbik (3)	Jobbik (3)	Jobbik (1)
그리스	22 (-2)	21 (-1)	LAOS (2)	XA (3)	KKE (2), XA (1), Lagos (1)
오스트리아	17 (-1)	18 (+1)	FPÖ(2), Martin (3)	FPÖ(4)	FPÖ(3)
불가리아	17 (-1)	17 (0)	AKATA (2)	해당 없음	해당 없음
덴마크	13 (-1)	13 (0)	DF (1)	해당 없음	DF (1)
핀란드	13 (-1)	13 (0)	PS (1)	해당 없음	PS (1)
리투아니아	12 (-1)	11 (-1)	PTT (1)	PTT (2)	PTT (1)
독일	99 (0)	96 (-3)	해당 없음	NPD (1), AfD (7)	DiePartei (1), AfD (11)
폴란드	50 (-4)	51 (+1)	해당 없음	KNP (4)	KORWiN (1)
체코	22 (-2)	21 (-1)	Party of Free Citizens (1)	Svobodní(1)	Svobodní(2)
포르투갈	22 (-2)	21 (-1)	해당 없음	해당 없음	해당 없음
스웨덴	18 (-1)	20 (+2)	해당 없음	SD (2)	해당 없음
슬로바키아	13 (-1)	13 (0)	SNS (1)	해당 없음	L'SNS (1)
아일랜드	12 (-1)	11 (-1)	해당 없음	해당 없음	해당 없음

크로아티아	–	11	–	해당 없음	ZZ (1), Kolakušić(1)
슬로베니아	7 (0)	8 (+1)	해당 없음	해당 없음	해당 없음
라트비아	8 (-1)	8 (0)	해당 없음	LZS (1)	해당 없음
에스토니아	6 (0)	6 (0)	해당 없음	해당 없음	EKRE (1)
키프로스	6 (0)	6 (0)	해당 없음	해당 없음	해당 없음
룩셈부르크	6 (0)	6 (0)	해당 없음	해당 없음	해당 없음
몰타	5 (0)	6 (+1)	해당 없음	해당 없음	해당 없음
총합	751	751	58	104	130

출처: 이옥연 (2011), 부록 6, pp. 305-306을 보완해 재편집하고, 2019년 결과를 보완함.
https://election-results.eu/(검색일: 2019년 11월 9일).

1. 2007년 불가리아와 루마니아의 신입회원국 가입으로 총 785석으로 상향 조정된 후, 니스조약에 의거해 2009년 유럽의회선거에서 다시 총 736석으로 하향 조정되었다. 그러나 리스본조약에 대한 아일랜드의 국민투표 부결로 인해 최대치인 총 751석으로 상향 조정되어 그 감소폭이 줄었다. 이후 크로아티아의 신입회원국 가입으로 총 751석은 유지하되 회원국 간 의석 배정이 재조정되었다. 2007년과 대조해 2009년 선거에서 각 회원국에게 하향 조정되어 배정된 유럽의회 의석수와 괄호 안은 감소폭을 나타낸 수치다.
2. 2009년 선거와 대조해 2014년 선거에서 재조정되어 배정된 유럽의회 의석수 옆 괄호 안은 각국 변동 폭을 나타낸 수치다. 국가별로 재조정된 유럽의회 의석수가 증가한 경우 굵게, 이와 반대로 감소한 경우 밑줄로 표시했다. 2019년 유럽의회 의석 총수와 국가별 의석수는 2014년과 같다.
3. 2009년, 2014년, 2019년 유럽의회 선거결과 각 회원국 내 정당 중 유럽의회 무소속(Non-Inscrit) 중 급진 유럽회의주의 성향 정당과 유럽 회의주의 & 극우 국수주의에 연계된 정당의 명칭 옆 괄호 안에 당선된 소속의원 수치를 표시했다. 다양한 급진 유럽회의주의 성향을 표명한 유럽의회 의원이 2009년 58석, 2014년 104석, 그리고 2019년 130석으로 지속적으로 증가하는 추세이다.
4. 2018년 영국이 유럽연합 탈퇴 국민투표(Brexit) 결과에 근거해 유럽의회에 공식적으로 탈퇴 의사를 제출한 후, 유럽각료이사회는 장차 영국에게 배정된 73개 의석 중 46개를 감축하고 나머지 27개 의석을 27개국에 재배정해 총 의석수를 705개로 결정했다. 영국이 완전히게 탈퇴하면, 벨기에, 불가리아, 키프로스, 체코, 독일, 그리스, 헝가리, 라트비아, 리투아니아, 룩셈부르크, 몰타, 포르투갈, 슬로베니아의 의석수는 변동이 없다. 오스트리아, 크로아티아, 덴마크, 에스토니아, 핀란드, 폴란드, 루마니아, 슬로바키아, 스웨덴은 각각 1개, 아일랜드는 2개, 이탈리아, 네덜란드는 각각 3개, 그리고 프랑스, 스페인은 각각 5개 의석이 증가한다.

이 득세한 2009, 2014년, 그리고 2019년에 주목할 필요성을 확인시켜준다. 2009년과 2014년 두 선거를 거치며 "신 유럽 (new Europe)"에 대한 실질적이고 구체적 청사진을 제시하지 못한 유럽연합의 무능을 공공연히 비난하며 대안을 제시하겠다는 공약을 내세우는 정당이 득세하는 지각 변동이 발생했다(Christiansen, 2009: 30). 그 결과 기존의 정치 이념 분류에 의한 통합의 심화와 확대에 대한 강도를 정확하게 측정하기 어려워졌다. 더불어 새로 부상한 종교·문화적 분층이 사회경제적 분층과 중첩되지 않고 작동하는 경우가 비일비재했다. 특히 유럽연합 의회 내 특정 정당 집단에 소속되길 거부한 무소속 유럽연합의원의 경우, 국내 정치과정에서 무소속으로 분류되거나 혹은 대중 영합적 성향이 강한 탓에 극단적 정치공세를 공공영역에서 전파해 당선된 경우가 빈번했다(Medrano 2009, 106). 무엇보다 극소수라는 열세에도 불구하고 정치판을 근간부터 흔들어 기존 주요 정당의 우경화를 획책하는 현상이 점차 증가했다. 그리고 2019년 선거에서는 투표율도 증가하여 브렉시트는 역설적으로 유럽의회의 위상을 제고했다.

국내 의회선거에서 의석을 확보하지 못하더라도 유럽의회선거에서 의석 확보에 성공한 정당은 대체로 단일의제(single-issue) 정당인 경향이 크다. 특히 공통적으로 강제된 유럽화에 반발하면서 통합 확대나 심화를 반대하거나 거부하는 소수정당이 많다(Kaelble 2009, 205). 이들 소수정당 중에는 국내 선거제도나 정당등록 및 선거자금 규제 등과 관련한 법제도로 인해 원내진출이 좌절된 경우도 있다. 비록 유럽의회선거는 정당명부나 단수투표 등 비례대표제로 치러지나, 각 회원국이 여건에 맞춰 각기 채택한다. 이는 국내 의회선거와 유럽의회선거 결과 간 간극을 창출하며, 단일의제 소수정당에게 세력을 구축할 수 있는 창구를 제공할 수 있다. 그리고 이를 활용해 유럽연합에 소속되었으면서도 유럽연합이 강제하는 구성원의 자격 또는 자질에 대한 합의를 거부하려는 정치 풍경, 즉 유럽화와 그로 인한 변화를 거부하는 정치 노선이 공고해졌다(Wellings, 2015: 36; 방청록, 2017: 80-84; 이선필, 2017: 16).

물론 체제 유지와 공적 기능 수행을 위해 공동체의식으로서 정체성을 명분으로 내세우는 작업은 모든 정치 체제의 필연적 숙명이다(이옥연, 2011: 231-276). 다만 미국과 달리 세속화된 사회라고 명명되던 유럽에서 무슬림 이주민 집단을 상대로 "문화적 인종주의"가 공공영역에서 지역통합에 대한 반발심과 결합되어 유럽의 정체성에 대한 호불호를 결정하는 정당의 지지 기반이 재편성된 정치 풍경은 충격적이라 할 수 있다(홍태영, 2011: 214-241).[17] 더불어 과거사에 대한 원죄 의식과 법제도적 차원의 재발 방지 노력에도 불구하고 2017년 독일 연방의회 선거에서 극우주의 세력이 비약했다는 사실은 심히 우려스럽다.[18]

그렇다면 유럽의 일원이라는 자부심을 지닌 영국이 유럽의 심화와 확대 과정에서 중앙집중화와 탈중앙화의 압력을 자국에 유리한 균형점을 도출하려는 탐색전으로부터 벗어나려던 것일까? 일찍이 영국은 영연방을 유럽공동체보다 우위에 두었지만, 영국의 유럽 역내 대외 영향력 감소를 우려해 1962년과 1967년에 연거푸 회원국 가입을 시도했으나 고배를 마셨다. 사실 보수당 맥밀란 수상은 내각 내부의 불만에도 불구하고 조건부 유럽과 협력을 전제로 영국의 가입을 추진했으나, 드골의 반대로 첫 번째 가입 시도는 무산되었다. 이

---

17 상세한 내용은 홍태영 "신자유주의와 '민족' 없는 민족주의의 등장: 21세기 유럽 극우민족주의에 대한 이해를 위하여"를 참조하기 바람.

18 1990년까지 극우정당 득표율은 1% 미만에 머물다 점차 득세해 1998년 3.3% 득표율을 정점으로 다시 주춤했으나, 2013년 6.2%, 2017년 13%로 급성장했다. 다만 이전에는 주의회에 한해 세력을 확장했다. 상세한 내용은 김면회 "독일 극우주의 정치세력의 득세와 정당체제의 변화"를 참조하기 바람.

어 노동당 윌슨 수상도 노조나 당 내부의 반대에도 불구하고 두 번째 가입을 시도했으나, 역시 드골의 거부권 행사로 실패로 끝났다. 마침내 1973년에 이르러서야 유럽연합의 전신인 유럽경제공동체(EEC)에 가입했지만, 히스(Heath) 보수당 내각의 주도로 유럽경제공동체 가입이 성사되었음에도 불구하고 과도한 양보를 수용했다는 비난이 탄력을 받았다. 그리고 이듬해인 1974년 2월 하원의원 선거에서 소수당으로 집권한 윌슨(Wilson) 노동당 수상은 유럽경제공동체(EEC) 가입 조건에 대한 재협상을 국민투표에 부치겠다는 공약을 내세워 8개월 후 10월 하원의원 선거에서 과반수 의석을 확보해 재집권하는 데 성공했다.[19] 이어 공약을 실행에 옮겨 1975년 8월에 치러진 국민투표에서 유럽 공동시장, 즉 유럽 공동체에 잔류해야 한다고 생각하느냐는 질문에 대해 67.2% 찬성으로 유럽 탈출은 불발에 그쳤다.

흥미로운 사실은 영국이 유럽을 지향하면서도 동시에 유럽의 구속에 얽매이지 않으려는 이중 성향을 보인 경향이 유럽 지역통합의 초기부터 나타났다는 점이다. 물론 유럽합중국의 결성을 주창하던 처칠의 연설과 달리 유럽 지역통합이 제도화되고 20여 년이 경과된 후에야 영국의 가입이 성사되기까지 상실한 20년의 책임은 일차적으로 영국의 가입에 반감을 가진 프랑스 드골 대통령의 방해에 있다고 볼 수 있다. 그러나 실질적으로 영국 내부에서 유럽 지역연합 가입에 대한 조건으로 최대한 유리한 고지를 선점하려는 공감대 형성

---

19 1974년 2월 총선 후 노동당 37.2%, 보수당 37.9%, 자유당 19.3%, 스콧 국민당 2% 등 정당별 의석점유율은 그해 10월 총선을 통해 노동당 39.2%, 보수당 35.8%, 자유당 18.3%, 스콧 국민당 2.9% 등 얻은 결과, 노동당과 스콧 국민당은 의석을 추가한 반면 보수당과 자유당은 의석을 상실했다.

에 난관을 극복하지 못한 전력이 결국 영국의 발목을 잡았다는 평가가 더 설득력을 지닌다고 볼 수 있다(신종훈 2017, 185). 더불어 경제 침체가 악화되면서 1977년 노동당은 결국 실각했으며, 유럽회의주의 기류를 도약의 발판으로 삼아 정치적 발언 창구를 모색하려는 스코틀랜드 분리주의가 심화되는 계기가 마련되었다.

특히 유럽 차원에서 유독 영국에게 불균등하게 이익대변 창구가 재조정되었다는 반발은 영국의 유럽연합 예산 기여금과 비교해 환급금이나 공공부문 수령액 등이 불균등하게 할당되었다는 의혹으로 꾸준히 제기되었다.[20] 영국은 궁극적으로 외연 확대가 비례대표성을 침해할 뿐 아니라 보조성 원칙마저 위배한다는 불신을 탈(脫)유럽연합 투표로 표출하였다. 그러나 실제로 영국은 1973년부터 유럽연합으로부터 공공부문 수령액을 지급받았으며 실 기여금 대비 수령액 비율은 최저 40%, 최고 120%까지 평균 절반 이상을 돌려받았다. 또한 매년 돌려받는 배당금을 재산정하기 시작한 1985년 이전에도 협상을 통해 환급금을 돌려받았다. 결국 영국의 엘리트가 주장한 국민의 불만은 실 기여금 대비 환급금과 수령액 총액 비율이 아니라, 정치인들이 회계장부 상 기입하는 총 기여금 대비 환급금 비율을 영국 유권자들에게 부각시키려는 데서 기인한다고 볼 수 있다. 이러한 인식의 차이는 〈그림 7-1〉을 분석하면 명확하게 드러난다.

〈그림 7-1〉에서 '가성비1'은 실 기여금, 즉 총 기여금에서 환급

---

20 European Parliament, Members' Research Service, 2016, "The UK 'rebate' on the EU budget: An explanation of the abatement and other correction mechanisms," http://www.europarl.europa.eu/thinktank/en/document.html?reference=EPRS_BRI(2016)577973(검색일: 2019년 8월 29일).

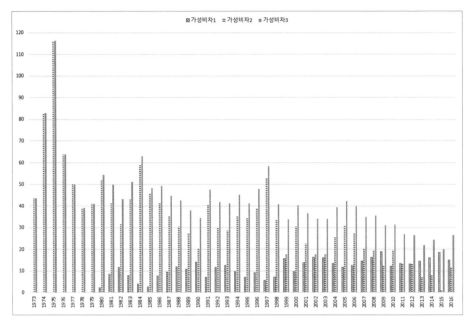

그림 7-1 영국의 유럽연합 예산 수혜 비율, 1973년~2016년

출처: Table 3 http://researchbriefings.parliament.uk/ResearchBriefing/Summary/CBP-7886
(최종검색일: 2019년 8월 29일).

1. 유럽연합 예산에 기여하는 영국의 기여금 대비 환급금 및 공공부문 수령액 비율을 '가성비'로 환산한 후, 각
   비율 간 수혜 인지 차이를 '가성비차'로 비교한다. 이에 따라 가성비는 다음과 같은 세 방식으로 환산했다.
   이 중 가성비1은 영국에게 할당된 기여금 총액에서 환급금으로 돌려받은 금액을 제한 실질적 기여금 대비
   공공부문 수령액 비율이다.
   - 가성비1 = (공공부문 수령액/실 기여금)*100
   - 가성비2 = ((환급금 + 공공부문 수령액)/기여금 총액)*100
   - 가성비3 = (환급금/기여금 총액)*100
2. 유럽연합을 가입한 이후 1973년부터 1979년까지 환급금은 없었다. 그러나 영국의 부담을 경감시키려는
   취지에서 유럽연합은 영국에게 할당하는 기여금과 수령액 간 차액의 66%를 보전하는 잠정 기제로서
   1980년부터 1985년까지 협상에 따른 환급금을 지급했고, 이후부터 공식적으로 환급금이 지급되었다. 결국
   1985년에는 유일하게 협상에 따른 환급금과 공식 환급금이 추가적으로 지급되었다.
3. 가성비차는 다음과 같은 세 방식으로 산출할 수 있으며, 이 중 실 기여금을 분모로 설정한 가성비1이
   포함되지 않은 가성비차23이 가장 큰 값을 나타낸다. 즉 가성비차23이 영국의 유럽연합 예산 부담 비율을
   가장 큰 수치로 보여주는 지표다.
   - 가성비차21 = 가성비2-가성비1
   - 가성비차13 = 가성비1-가성비3
   - 가성비차23 = 가성비2-가성비3
4. 1973년부터 1979년까지 (가성비1 = 가성비2), 즉 가성비차21 = 0, 따라서 이 기간 동안 가성비차21은
   〈그림 7-1〉에 보이지 않는다. 마찬가지로 (가성비차13 = 가성비차23)로 나타난다.

금을 제한 실질적 기여금 대비 공공부문 수령액 비율을 가리키며, 1973년부터 2016년까지 평균 55.7%에 해당한다. '가성비2'는 표면상 기여금 총액 대비 환급금과 공공부문 수령액을 합한 지급액 비율을 가리키며, 평균 65.3%로 '가성비1'보다 훨씬 높다. 이에 비해 '가성비3'은 '가성비2'와 마찬가지로 표면상 기여금 총액을 분모로 하고 가시적으로 수령하는 환급금을 분자로 한 비율을 가리키며, 평균 22.2%로 가장 낮다. 다시 말하자면 '가성비3'은 다른 두 가성비에 비교해, 재정 부담을 포괄적으로 산정해서 가시적 수혜만 대비한 결과 유럽연합 운영을 위해 영국이 부당하게 높은 재정 부담을 진다는 방증 자료로 활용될 수 있다는 추론이 가능하다. 더불어 '가성비3'을 과장해 노출시키는 경우, 영국의 부당한 대우를 입증하는 수치로서 정치 의제 또는 선거 의제로 부각시킬 수 있다는 점을 보여준다. 예컨대 '가성비3'과 간극을 측정하는 '가성비차13'와 '가성비차23'은 '가성비차21'보다 훨씬 극심한 간극을 보여준다. 즉 '가성비1'이나 '가성비2' 대신 '가성비3'을 강조하는 경우, 영국은 유럽연합에 가입한 혜택을 전혀 받지 못하고 오히려 유럽연합 운영만 부담하게 되었다고 주장할 수 있다.

실제로 1973년부터 1974년에 걸쳐 노동당은 영국이 지급하는 기여금 중 실질적으로 공공부문 수령액을 배당받는다는 사실 대신 표면상 드러나는 총 기여금과 환급금을 더한 수치만 내세우며, "(유럽으로부터) 벗어나 세계로 뻗어가자(Out! and into the world)"는 구호를 통해 유럽으로부터 분리함으로써 세계 강국으로 통합된 영국을 구현하자는 주장을 펼쳤다. 그러나 1975년 6월 국민투표에서 유럽연합 잔류를 담은 "유럽 속 영국(Keep Britain in Europe)" 구호에

67.2%가 동조했다. 그 결과 1977년에 노동당이 실각하고 영국의 유럽연합 탈퇴 시도를 계기로 스코틀랜드 분리주의가 득세하게 되었다. 그리고 40년이 경과한 후 마침내 유럽으로부터 분리함으로써 체제통합을 꾀하려는 영국의 시도가 재현된 결과, 탈유럽은 일단 성공적으로 이뤄졌다. 그 배경에는 영국독립당의 역할도 컸으나 무엇보다 양 거대정당인 보수당과 노동당의 정치적 오산이 복합적으로 연동되어 가능했다(Yi, 2016).[21]

2010년 5월 하원선거에서 제3 정당들이 총 35% 득표율을 보인 가운데 캐머런 보수당은 자유민주당과 가까스로 연립정권을 수립했고 무엇보다 영국독립당(UKIP)의 지위가 부각되었다.[22] 이러한 극우 성향의 급성장에 위협을 느낀 보수당은 반유럽연합 정서에 호소하는 영국독립당에게 지지층을 잠식당하지 않으려는 전술로서 2013년에 유럽연합 잔류 여부를 국민투표에 회부하겠다는 공약을 내세웠다. 그러자 이러한 영국의 분리 행보에 반기를 들며 2014년 9월에 스코틀랜드 독립에 대한 국민투표가 실시되었으나 44.7% 대 55.3%로 간신히 부결되었다. 게다가 앞서 5월에 실시된 유럽의회 선거에서 영국독립당은 노동당이나 보수당을 제치고 32.9%에 해당하는 높은 의석 점유율을 과시했다.[23] 결국 일 년 후 2015년 5월 하원선거

---

21 http://times.postech.ac.kr/news/articleView.html?idxno=9274(검색일: 2019년 8월 29일).

22 2009년 유럽의회 선거에서 보수당이 구성원인 ECR이 영국독립당이 구성원인 EFD보다 2배 많은 26석을 확보했다. 그러나 노동당이 구성원인 S&D가 확보한 13석과 동등한 의석을 확보한 영국독립당의 약진은 비록 영국 총선에서는 3.1% 득표율과 의석을 전혀 확보하지 못했음에도 불구하고 보수당에게 지지층 잠식을 위협하기에 이르렀다.

23 2014년 유럽의회 선거에서는 영국독립당이 구성원인 EFDD가 73석 중 24석, 노동당 S&D 20석, 보수당 ECR 19석을 확보하며 정치적 충격을 가져왔다.

에서 자유민주당 의석은 1/3로 줄었고 보수당과 노동당은 보합세인 반면, 영국독립당은 4배, 스코틀랜드 독립당은 3배 가까이 의석을 늘렸다. 이어 마침내 2016년 6월에 실시한 국민투표에서 51.9%를 득표하며 유럽연합 탈퇴라는 이변이 발생했다.

IV. 유럽회의주의와 유럽의 타자

유럽의회뿐 아니라 1995년부터 2010년까지 유럽연합이사회 의결과 정을 살펴보면, 덴마크에 이어 영국은 유럽연합과 연관된 법안에 대해 가장 빈번하게 기권하거나 반대를 표했다.[24] 특히 2004년 유럽연합 확대를 기점으로 유럽화에 대한 저항이 독일에서는 약간 감소한 데 반해, 영국에서는 스웨덴, 네덜란드, 덴마크, 오스트리아, 포르투갈, 핀란드, 그리스 등보다 훨씬 큰 폭으로 오히려 증가했다. 무엇보다 이주민 유입이 폭증하면서 유럽 시민권을 둘러싸고 극단주의 세력의 극단적 언행이 정보화시대에 빠르게 전파되었다. 이에 정치인들은 종교의 다양성과 생활방식으로서 다원주의 간 불편한 동거에 반발하던 유권자들의 분노를 활용해, 이질 집단 문화와 주류사회 문화 간 우위 서열을 설정하는 등 국가통합 문제를 선거에서 주요 쟁점으로 설정해 반유럽연합 정서를 굳히는 데 성공했다(Habermas

---

24 국가별 상세한 비교나 유럽연합 평균과 대조는 Figure 6와 Figure 7을 참조할 수 있다. http://www.sieps.hemsida.eu/sites/default/files/2012_2rap_1.pdf(검색일: 2019년 8월 29일).

2008, 61-65).[25]

구체적으로 무슬림이 중대 규모(critical mass)를 구성하는 회원 후보국이 늘어나면서, 종교적 다양성은 유럽의 정치적 통합에 중대한 도전을 제기하는 요소로 활용되는 양상이다. 이는 유럽의 정체성을 규정하는 일환으로 종교적 다양성을 포용하는 데 있어서 역내 이슬람 문화권에 대한 반발심으로 드러날 수 있는 가능성과 연계된다(Karolewski, 2009; Triandafyllidou, 2010).[26] 게다가 만약 통합의 확대와 심화가 "고향"을 잃게 만들었다는 상실감으로 연계되는 경우, 예컨대 역외 이슬람 문화권으로부터 이주민이 폭증해 삶의 터전이 위협받고 있다고 인지한다면, 그 책임을 유럽연합으로 돌려 추궁할 역설적 상황이 가시화될 수 있다. 실제로 2016년에는 그보다 앞서 2004년 동구권 10개국의 유럽연합 가입에 따른 이주노동자의 증가에 더해 2015년 시리아 사태의 악화로 비유럽국가 이주민의 증가 등 외부적 요인이 내부적 요인보다 더 강하게 작동했다고 볼 수 있다. 무엇보다 이 외부적 요인에 동요하는 영국의 자제를 촉구하는 유럽연합에 대한 영국 유권자들의 불만이 증폭된 결과, 외부적 요인과 내부적 요인 간 경계가 허물어지며 외부적 요인으로 인한 피해 사실 자체보다 인식이 지배하는 형상으로 치달았다.

그렇다면 이주민 또는 난민의 급증이 야기할 해법을 둘러싼 유럽의 분열로 인한 긴장감이 극대화되었다는 주장은 타당할까? 결론부

---

25 상세한 내용은 김준석 "유럽정체성의 규범적 기초: 하버마스의 헌정적 애국주의를 중심으로"를 참조하기 바람.
26 상세한 내용은 이 책에 실린 윤 비의 글 "서구 중세와 종교정치적 공간으로서의 '유럽' 개념의 탄생"을 참조하기 바람.

터 말하자면, 2008년 이전에도 유고슬라비아 내전과 알바니아 내정 불안뿐 아니라 크로아티아 내전과 보스니아 내전 및 코소보 내전으로 인해 발칸반도로부터 서유럽으로 대규모 난민 유입이 발생했다. 구체적으로 2008년부터 2015년까지 유럽 12개국을 두 개 유형으로 분류해 독일, 프랑스, 이탈리아, 스웨덴, 오스트리아, 헝가리 등 증가세를 보인 국가군과 영국, 벨기에, 네덜란드, 핀란드, 노르웨이, 스위스 등 감소 또는 보합세를 보인 국가군의 난민 추세를 대비해보자.[27] 우선 이 기간 동안 총 난민 수는 지속적으로 증가해, 리히텐스타인과 아이슬란드를 제외하고 노르웨이와 스위스를 합쳐 유럽 전체 총 난민 신청자는 2008년 281,995명에서 2015년 1,393,375명으로 약 5배 증가했다.[28] 그러나 동시에 다양한 유형을 국가별로 관찰할 수 있다. 스웨덴과 오스트리아는 완만한 증가폭을 보인 반면, 독일은 동 기간에 3배 이상, 헝가리는 7배 정도 증가폭을 보였다. 스웨덴이나 오스트리아보다 훨씬 약소하나 핀란드에서도 난민 신청자 수는 완만하게 증가했다. 이탈리아는 2008년, 2011년, 그리고 2014년 전후로 급락을 반복하는 반면, 프랑스, 벨기에, 네덜란드, 영국 및 노르웨이, 스위스는 2010년, 2011년, 2012년을 정점으로 감소세를 보인다. 즉 영국에서도 난민 신청자의 감소가 관찰된다.

결국 유럽과 영국 간 체감 온도 차이의 연원을 마스트리히트조약

27 난민 추세는 노르웨이와 스위스를 포함한 유럽 28개국 난민 총수 대비 해당국 난민 수 백분율을 가리킨다. Eurostat, "Asylum and first time asylum applicants," http://ec.europa.eu/eurostat/tgm/table.do?tab=table&init=1&plugin=1&language=en&pcode=tps00191(검색일: 2019년 8월 29일).

28 노르웨이와 스위스는 공식적 유럽연합 회원국은 아니나, 관세협정과 솅겐 지역에 참여한다는 사실에 근거해 난민 추세 수치에 포함시켰다.

으로부터 리스본조약까지의 한계에서 추론할 수 있다. 물론 2016년 유럽연합과 결별을 선언한 영국의 분리 행보는 유럽연합과 분리를 통해 영국의 체제통합을 도모한 1975년과 비교해 정반대의 결과를 가져왔다. 그러나 동시에 정치적 동기 측면에서 1975년과 2016년은 크게 다르지 않다고 볼 수 있다. 특히 2016년의 경우는 다수의 판단 실수가 치명적이었다. 예컨대 보수당 내 유럽연합 잔류와 탈퇴에 중립적인 보리스 존슨(Boris Johnson) 전 런던시장은 지도부에 대해 반발하면서 탈퇴를 주창하는 선봉에 나섰고, 이에 보리스 존슨과의 맞대결에 부담을 느낀 캐머런 수상은 토론 참여를 고사했다. 그러나 오히려 TV 토론에서 존슨의 허점을 노출시킬 수 있는 기회를 잃었을 뿐 아니라, 선거유세 책임자인 로즈 경(Lord Stuart Rose)은 연이은 홍보 실책을 범했다. 더불어 유럽연합 잔류 진영이면서도 유럽연합 회의주의자인 제러미 코빈(Jeremy Corbyn) 노동당수는 유세에 미온적이었다.

무엇보다 영국독립당은 2016년 초반에 이주노동자에 대한 고용복지 수혜를 제한하려는 보수당의 조치를 저지하려는 메르켈 총리와 올랑드 대통령 간 신(新)'불독연맹'을 영국에 대한 유럽연합의 탄압으로 각인시키는 데 성공했다. 그리고 반유럽연합 정서를 부추기며 백인 노동자 지지층을 잠식했다. 결국 대학 이하 학력소지자의 65%, 경제빈곤층의 64%, 65세 이상의 61%, 2015년 당시 보수당 지지자의 58%가 유럽연합 탈퇴에 기표했다(우드 경, 2016). 그렇다면, 반유럽연합 정서와 경제상황 악화 간 상관관계가 높을까? 우선 유럽의회 영토 단위 통계 분류(NUTS 1)에 따른 선거구 획정에 근거해, 2016년 영국의 경제번영 지표와 브렉시트 주민투표 결과 간 상관관계를 검토해보자.[29] 경제번영지표의 유효성에 대한 논란에도 불구하고, 브렉시트에 반대한 런던, 스코틀랜드 및 북아일랜드뿐 아니라 모든 지역이 경제성장을 경험했다는 점을 확인할 수 있다.

구체적으로 런던과 북동부는 경제번영 지표가 평균(9.96%)에 비해 가장 낮은데 런던 주민투표 결과는 40.1%로 탈유럽연합 찬성 평균(51.9%)보다 현저하게 낮다. 반면 북동부 주민투표 결과는 58%로 런던과 무려 18%p 차이가 난다. 경제번영 지표가 높은 북아일랜드의 경우 남동부(11.3%)와 동일하나, 주민투표 결과는 44.2%와 51.8%로 판이하다. 마찬가지로 경제번영 수치가 높은 동부와 서중부의 경우, 각각 11.4%와 11.5%의 높은 경제번영 지표에도 불구하고 탈유럽연합 찬성은 56.5%와 59.3%다. 다시 말하자면, 경제번영 수치와 무관하게 탈퇴 찬성 비율은 대다수 지역에서 높게 나왔다. 특히 유럽연합 구조조정기금에 의존해 지역 개발 재원을 충당한 카운티도 브렉시트에 찬성했고, 여전히 그 결정을 번복하지 않겠다고 장담한다.[30] 더구나 유럽연합 구조조정기금을 대체해 중앙정부가 소위 공유번영기금을 설립한 경우, 탈중앙 지방분권이 제대로 보존될 수 있을지에 대한 우려에도 불구하고 유럽연합으로부터 분리함으로써 영국의 체제통합을 도모할 필요성에 공감하는 집착증마저 보인다.

---

29 경제번영지표(Barclays'prosperity map)는 GDP, 고용, 기업 수, 주택 가격, 가정 지출, 고소득자 수, 기부금 등 11개 공식 통계수치를 집계한 복합 지수로 영국 지역별 경제 번영을 가늠할 수 있는 자료이다. https://wealth.barclays.com/en_gb/home/research/research-centre/uk-wealth-prosperity-map.html(검색일: 2019년 8월 29일).

30 http://www.theneweuropean.co.uk/top-stories/eu-funding-brexit-s-other-looming-cliff-edge-1-5147158(검색일: 2019년 8월 29일).

그렇다면 경제적 동기에 반하는 정치적 선택을 강행한 배경을 어떻게 설명할 수 있을까? 특히 이주민이나 난민 감소세가 보수당을 비롯한 정치권의 선제적 조치로 인한 결과라고 주장했음에도 불구하고, 난민 또는 이주민 폭증 자체보다 그 이면에 영국 유권자의 분노를 촉발시킨 요인을 규명할 필요가 있다. 유럽회의주의 지지자들은 기득권들이 "하나의 유럽"을 구축하기 위해서 유럽정체성 구축을 명분으로 경제적 희생을 강요하며 정치적 합의를 도출한다고 비난해왔다. 구체적으로 탈유럽화 지지 세력은 유럽 선주민들에게 불리하다는 피해의식을 조장하여, 유럽 지역통합이 경제적 논리보다 정치적 정당화에 보다 큰 비중을 둔다는 반발심을 획책했다. 그 결과 경제 불황이나 안보 불안 자체보다 그러한 위기감이 팽배해지며 배타적 대중영합주의가 유럽의 다양성에 연원을 둔 문화적 유산과 정체성 확립을 연계하려는 정치적 의지를 잠식하는 데 성공했다고 볼 수 있다.

〈그림 7-2〉는 Eurobarometer에 드러난 1973년부터 2016년까지 설문조사의 변동을 보여준다. 영국의 유럽연합관(觀)은 우선 유럽연합 소속에 대한 자체 평가를 통해 측정할 수 있다. 40년간 긍정적 평가 평균치는 54.2%인데, 1980년부터 1984년까지, 그리고 1995년 이후 대체적으로 평균보다 밑돌았고 특히 2011년 이후 최저치로 급락했다. 구체적으로 유럽연합 회원국의 호감도는 1991년 최고치인 71%부터 1997년 최저치인 46%까지 등락을 보인다. 2012년부터 2014년까지 영국의 유럽연합 호감도는 최저인 33%~39%로 감소했는데, 이는 유럽연합 회원국의 평균 47%~50%과 대조해도 큰 폭의 급락이다. 더불어 이미 1980년부터 1984년까지 영국의 여론은 탈

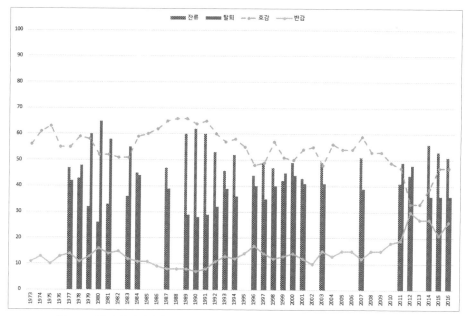

그림 7-2 영국의 유럽연합관(觀)

출처: Eurobarometer 1973년부터 2011년까지 취합한 여론조사 자료는 아래에서 찾을 수 있다. http://ec. europa.eu/commfrontoffice/publicopinion/index.cfm/Chart/index#(검색일: 2019년 8월 29일), 2012년부터 2016년까지 자료는 Parlemeter 2013, 2014, 2015, 2016, 2017에서 추출해 추가했다. 또 다른 자료는 https://www.ipsos.com/ipsos-mori/en-uk/european-union-membership-trends(검색일: 2019년 8월 29일)에서 찾을 수 있다.

1. Generally speaking, do you think that (your country's) membership of the European Union is ...?
   1) A good thing, 2) A bad thing, 3) Neither good nor bad, 4) Don't know 중 1)과 2)만 〈그림 7-2〉에 선으로 표시했다.
2. If there were a referendum now on whether Britain should stay in or get out of the European Union, how would you vote? 1) Stay in, 2) Get out, 3) Don't Know 중 1)과 2)만 〈그림 7-2〉에 막대로 표시했다.

(脫)유럽연합을 지향하는 방향으로 선회한 적이 있다.[31]

더불어 〈그림 7-2〉에서 보듯, 영국의 유럽연합 잔류 평균치는

---

31 https://www.ipsos.com/ipsos-mori/en-uk/european-union-membership-trends(검색일: 2019년 8월 29일). 영국의 유럽연합 존속 또는 탈퇴 여부를 묻는 설문에 대한 응답을 1977년부터 2016년까지 측정한 결과를 보여준다.

46.7%이며, 1990년 최고치인 62%부터 1980년 최저치인 26%까지 더 큰 등락을 보인다. 반면 영국의 유럽연합 탈퇴 평균치는 42%이며, 1980년 최고치인 65%부터 1990년 최저치인 28%까지 마찬가지로 더 큰 등락을 보인다. 특히 2011년부터 2012년까지 유럽연합 탈퇴 찬성률이 평균보다 높았으나 이후부터 2016년까지도 평균치보다 밑돌았다는 점은 흥미롭다. 따라서 영국의 유럽회의주의는 유럽연합에 대한 불만으로 대변되었다고 볼 수 있다. 다만 1995년 이후 여론조사에서는 탈(脫)유럽연합을 지향하는 의견과 유럽연합 존속에 찬성하는 의견 간 차별성이 드러나지 않다가, 2010년을 정점으로 유럽연합 존속이 유럽연합의 규제 예속으로 귀결된다는 자체 평가가 급격하게 부정적으로 기울었다. 이는 마스트리히트조약 이후 영국의 유럽회의주의는 유럽연합의 심화에 대한 불만을 넘어서 확대하는 유럽 지역통합 자체에 대한 불신으로 나타났다고 볼 수 있다.

V. 맺으며

영국의 민족국가 우선주의(nationalism)는 잉글랜드, 웨일즈, 스코틀랜드, 북아일랜드로 구성된 체제 복합성을 극복하는 정당화를 목적으로 유럽 정치 공간(European political space)에서 영국의 특수성과 예외성을 극대화하려는 유럽회의주의가 반(反)유럽연합 정서와 결합된 양상이다(Sweet et al., 2001: 12). 따라서 영국을 가리켜 "유럽의 스코틀랜드"라고 명명한다(Wellings, 2015: 36-41). 특히 유럽을 타자로 규정하는 정치적 담론이 정치문화의 근저로 자리매김하면서 기존 정치세력에 대한 신뢰가 낮아졌고, 그 공백을 채우려는 기회를 활용하려는 극단주의가 재정 위기 심화 속에 득세했다. 더욱이 유럽화 여파로 이해관계가 상충하는 시민사회 권역이 확대하면서, 유럽회의주의를 모태로 하는 이익집단과 언론매체가 늘어났다(Gifford and Tournier-Sol, 2015: 6). 그 결과 유권자들의 분노를 불쏘시개로 사용하려는 대중 영합적 정치 열풍이 휩쓸 우려가 커졌고 실제로 구현되었다.

게다가 미국발 금융위기 이후 경기 침체가 지속되는 상황에서 유럽연합 회원국 간 격차에 더해 회원국 내 격차도 심화되었다(이옥연, 2018). 이러한 소득 격차 악화는 아랍의 봄과 시리아 내전으로 인해 급격하게 늘어난 이주민 유입으로 인해 만성적 실업률에 압박을 가한다는 사회 전반의 불만을 초래하기에 이르렀다(김종법 2018). 그 결과 폭증하는 이주민에 대한 해법과 대처 비용 분담을 둘러싼 회원국 간 이견이 커졌고 이를 지켜보는 유권자들의 불안감과 불만도 동시에 불거졌다. 특히 난민 문제를 둘러싼 회원국 간 첨예한 대립은 쾰른, 파리, 브뤼셀, 니스, 베를린 등지에서 발생한 사태를 접하며 유럽회의주의를 심화시켰다.[32] 특히 난민의 절대 다수인 무슬림 집단에 대한 저항과 반발이 궁극적으로 유럽통합의 존재 가치와 유럽정체성에 대해 근본적으로 도전하는 계기를 마련했다고 볼 수 있다. 결국 유럽연합의 정체와 유럽시민권에 대한 유권자의 확신 결여는 유럽연합의 의결안 불신과 유럽 차원의 합의 부인뿐 아니라 유럽이 제시하는 미래상 거부까지 야기했다.

---

32 상세한 내용은 이 책에 실린 조홍식의 글 "2017년 프랑스 대선과 총선에서 민족전선의 부침"을 참조하기 바람.

본 연구에서는 2016년 유럽 지역통합과 영국의 체제통합 간 양자택일이 불가피해진 이유를 바로 국가 간 이해관계를 초월하는 강제성을 결여한 유럽연합의 구조적 취약점에서 찾을 수 있다고 일차적으로 강조했다. 나아가 유럽 지역통합의 내실을 제고하려는 지도층과 그 필요성을 인지하고 동참해야 하는 일반 유권자 간 간극을 역으로 활용해, 유럽 지역통합을 희생하더라도 영국의 국가 체제통합이 우선이라고 설득하는 데 성공한 부산물이 브렉시트라고 결론지었다. 그러나 영국의 유럽회의주의가 유럽화에 대한 반발에 근거해 영국 자체 체제통합을 위한 정치적 도구로서 활용되었듯이, 유럽 지역통합을 바라보는 영국 내 스코틀랜드, 웨일즈, 북아일랜드에게도 동일한 함의를 지닐 수 있다. 이런 점에서 불충분한 경제적 논리에 기반을 두고 정치적 논리로 포장한 채 경제적 이익만 추구한 영국이 선택한 탈(脫)유럽연합의 항로가 여전히 험난하다는 사실을 유추하기는 그다지 어렵지 않다고 볼 수 있다(Bellamy, 2019).[33]

영국의 탈(脫)유럽연합은 유럽을 상대로 회원국의 등가성을 제도로 내재화하려는 시도가 수포로 돌아가면서 지역 통합 방식에 대한 이견이 극단화되어 표출된 결과물이라고 볼 수 있다. 특히 지역통합 원칙과 실재 간 간극이 커진다는 인식이 팽배해지면서 이를 정치 쟁점으로 극대화한 포퓰리스트 엘리트를 통해 분노로 발현되었다.[34] 아이러니는 유럽연합이라는 초국가기구를 포함해 중층으로 구

---

33 급기야 영국 의회는 탈(脫)유럽연합 합의안을 부결하고 메이 총리에 대한 불신임안을 제출해 보리스 존슨이 신임 총리로 선출되었다.
34 통합 과정에서 등가성을 인정받는 정도에 따라 '공동주체성'의 척도가 결정된다고 볼 수 있다. '공동주체성'에 대한 상세한 논의는 김학노(2018)를 참조할 것.

성된 정치 풍경에서 거대 정당이 극단주의 성향 소수 정당에게 수세로 몰리면서 유럽연합의 기본정신이라고 자부하는 "다양성의 연합(union of diversity)"을 민주적 절차에 의해 해체하는 데 성공했다는 점이다(Kraus, 2008). 이는 공유 연방주권(shared federative sovereignty)을 통치 원칙으로 채택해도 탈중앙으로 권력이 경도하는 현상으로 인한 폐단을 결국 풀어내지 못하면, 주권공유의 명분마저 상실한다는 방증이다(이옥연, 2015: 56). 민주적 결핍을 보완한다는 명분으로 영국 유권자들은 공개적으로 분노를 표출해 탈(脫)유럽연합을 공표했으나, 그를 공식적으로 인정받지 못한 채 치른 2019년 유럽연합 의회선거가 예년보다 높은 투표율을 보였다. 이는 난민 사태, 테러 범죄, 경제재정 위기에 대한 불안감이나 공포가 포퓰리즘과 유럽회의주의 간 연대를 공고하게 지탱한다는 방증이다. 존슨 행정부의 신임을 묻는 총선이 영국과 유럽, 나아가 영국과 세계 관계를 어떻게 설정할지 또는 과연 그 설정에 대한 합의를 도출할 수 있을지 궁금하다.[35]

---

35 브렉시트 유형의 복합성은 통합의 허용 범위에 따라 아래 링크에서 상세한 내용을 참조할 수 있다. http://bruegel.org/2016/10/beyond-hard-soft-and-no-brexit/?utm_content=buffer5d444&utm_medium=social&utm_source=twitter.com&utm_campaign=buffer+(bruegel(검색일: 2019년 8월 29일).

참고문헌

김종법. 2018. "EU의 확대와 공생 개념의 변화에 따른 난민과 이민정책의 패러다임 전환 가능성: 유럽 주요 국가들의 선거를 중심으로." 『문화와 정치』 제5권 2호. 97-125.

김학노. 2018. "공동주체성의 차원과 척도." 『한국정치연구』 제27집 3호. 53-78.

방청록. 2017. "브렉시트 결정의 유럽의 통합과 분열에 대한 영향 연구." 『유럽연구』 제35권 1호. 59-95.

신종훈. 2017. "브렉시트와 유럽통합: EEC 창설기부터 브렉시트(Brexit)까지 영국의 유럽정치." 『통합유럽연구』 제8권 2집. 171-202.

안병억. 2018. "브렉시트 1단계 협상의 평가: 응집력(cohesiveness)과 효율성(effectiveness)의 측면에서." 『통합유럽연구』 제9권 1집. 61-80.

이동기. 2016. "21세기와 유럽의 싸움이 시작되었다." 8월 10일. 『창비주간논평』.

이선필. 2014. "유럽통합의 심화가 유럽회의주의의 증가에 미치는 영향에 관한 연구." 『EU연구』 제38호. 3-22.

이옥연. 2011. "유럽의 종교, 정치, 그리고 정체성." 이옥연 외. 『유럽의 정체』. 서울: 서울대학교 출판문화원. 231-276.

_____. 2015. "연방제도 다양성과 통일한국 연방제도의 함의." 『한국정치연구』 제24집 1호. 55-81.

_____. 2018. "연방주의 비교 연구를 토대로 한 연방주의화의 조작적 정의: 미합중국과 유럽연합 사례를 중심으로." 『미국학연구』 제41권 1호. 99-131.

이용희. 1994. 『미래의 세계정치: 국가연합론 강의』. 서울: 민음사.

홍태영. 2011. 『정체성의 정치학』. 서울: 서강대학교 출판부.

Bellamy, 2019. *From Maastricht to Brexit: Democracy, Constitutionalism and Citizenship in the EU*. Langham: Rowman & Littlefield International.

Charim, Isolde. 2019. 『나와 타자들: 우리는 어떻게 타자를 혐오하면서 변화를 거부하는가』. 이승희 역. 서울: 민음사.

Christiansen, Thomas. 2009. "The EU Treaty Reform Process since 2000: The Highs and Lows of Constitutionalising the European Union." In Anca Pusca (ed.), *Rejecting the EU Constitution?: From the Constitutional Treaty to the Treaty of Lisbon*. New York: International Debate Education Association.

Christiansen, Thomas, and Christine Reh. 2009. *Constitutionalizing the European Union*. New York: Palsgrave Macmillan.

Cooper, Robert. 2003. *The Breaking of Nations: Order and Chaos in the Twenty-First Century*. New York: Grove Press.

Crowley, Cornelius. 2015. "British Euroscepticism and the Geopolitics of a Post-Imperial Britain." In Karine Tournier-Sol and Chris Gifford (eds.), *The UK Challenge to Europeanization: The Persistence of British Euroscepticism*. New

York: Palgrave MacMillan.

Gifford, Chris, and Karine Tournier-Sol. 2015. "Introduction: The Structure of British Euroscepticism." In Karine Tournier-Sol and Chris Gifford (eds.), *The UK Challenge to Europeanization: The Persistence of British Euroscepticism*. London: Palgrave Macmillan.

Habermas, Jürgen. 2008. *Europe: The Faltering Project*. translated by Ciaran Cronin. Cambridge: Polity.

Héritier, Adrienne. 2001. "Overt and Covert Institutionalization in Europe." In Alec Stone Sweet, Wayne Sandholtz, and Neil Fligstein (eds.), *The Institutionalization of Europe*. Oxford: Oxford University Press.

Hix, Simon. 2008. *What's Wrong with the European Union & How to Fix It*. Malden: Polity.

Kaelble, Hartmut. 2009. "Identification with Europe and Politicization of the EU since the 1980s." In Jeffrey Checkel and Peter Katzenstein (ed.). *European Identity*. Cambridge; Cambridge University Press.

Karolewski, Ireneusz Pawel. 2009. *Citizenship and Collective Identity in Europe*. London: T&F Books.

Kraus, Peter. 2008. *A Union of Diversity*. Cambridge: Cambridge University Press.

Levitsky, Steven, and Daniel Ziblatt. 2018. *How Democracies Die*. New York: Crown Publishing Co.

Ludlow, N. Piers. 2010. "Governing Europe: Charting the Development of a Supranational Political System." In Wolfram Kaiser and Antonio Varsori (eds.), *European Union History: Themes and Debates*. New York: Palgrave Mcmillan.

Medrano, Juan D. 2009. "The Public Sphere and the European Union's Political Identity." In Jeffrey Checkel and Peter Katzenstein (eds.), *European Identity*. Cambridge: Cambridge University Press.

Sweet, Alec Stone, Wayne Sandholtz, and Neil Fligstein. 2001. "The Institutionalization of European Space." In Alec Stone Sweet, Wayne Sandholtz, and Neil Fligstein (eds.), *The Institutionalization of Europe*. Oxford: Oxford University Press.

Triandafyllidou, Anna. 2010. *Muslims in 21st Century Europe: Structural and Cultural Perspectives*. London: T&F Books.

Tsebelis, George. 2009. "Thinking about the Recent Past and the Future of the EU." In Anca Pusca (ed.), *Rejecting the EU Constitution?: From the Constitutional Treaty to the Treaty of Lisbon*. New York: International Debate Education Association.

Walker, Neil. 2007. "Post-Constituent Constitutionalism? The Case of the European Union." In Martin Loughlin and Neil Walker (eds.), *The Paradox of Constitutionalism: Constituent Power and Constitutional Form*. Oxford: Oxford University Press.

Wellings, Ben. 2015. "Beyond Awkwardness: England, the European Union and the End of Integration." In Karine Tournier-Sol and Chris Gifford (eds.), *The UK Challenge to Europeanization: The Persistence of British Euroscepticism*. London: Palgrave Macmillan.

Yi, Okyeon. 2016. "Awakenings from the Historic 'Brexit' Referendum." *The Postech*

Times. 9월 28일.

Zowislo-Grünewald, Natascha. 2009. "On Europe's Representation: A Symbolic
Interpretation of Rejecting the Constitution." In Anca Pusca (ed.), *Rejecting the EU
Constitution?: From the Constitutional Treaty to the Treaty of Lisbon*. New York:
International Debate Education Association.

http://bruegel.org/2016/10/beyond-hard-soft-and-no-brexit/?utm_
content=buffer5d444&utm_medium=social&utm_source=twitter.com&utm_
campaign=buffer+(bruegel(검색일: 2019년 8월 29일).

http://ec.europa.eu/commfrontoffice/publicopinion/index.cfm/Chart/index#(검색일:
2019년 8월 29일).

http://researchbriefings.parliament.uk/ResearchBriefing/Summary/CBP-7886(검색일:
2019년 8월 29일).

http://www.europarl.europa.eu/thinktank/en/document.html?reference=EPRS_
BRI(2016)577973(검색일: 2019년 8월 29일).

https://www.ipsos.com/ipsos-mori/en-uk/european-union-membership-trends (검색일:
2019년 8월 29일).

http://www.lisbon-treaty.org/wcm/the-lisbon-treaty/treaty-on-european-union-and-
comments/preamble.html(검색일: 2019년 8월 29일).

http://www.lisbon-treaty.org/wcm/the-lisbon-treaty/treaty-on-european-union-and-
comments/title-6-final-provisions/135-article-48.html(검색일: 2019년 8월 29일).

http://www.lisbon-treaty.org/wcm/the-lisbon-treaty/treaty-on-European-union-and-
comments/title-6-final-provisions/137-article-50.html(검색일: 2019년 8월 29일).

http://www.nytimes.com/2014/05/18/magazine/nigel-farage-and-his-uk-
independence-party-want-out-of-europe.html?_r=0(검색일: 2019년 8월 29일).

http://www.sieps.hemsida.eu/sites/default/files/2012_2rap_1.pdf(검색일: 2019년 8월
29일).

http://www.statslab.cam.ac.uk/~grg/papers/cam-report-final2.pdf(검색일: 2019년 8월
29일).

극우 동종정당 분류에 기반한 2019년 유럽의회 선거 결과 분석[1]

윤석준(서강대학교)

I. 들어가며

2019년 5월 23일부터 26일까지 유럽연합(European Union: EU) 28개 회원국에서 실시된 유럽의회(European Parliament) 선거는 투표율 50.62%로 지난 20년 동안의 유럽의회 선거 중 가장 높은 시민들의 참여를 보여주었다. 1950년대 유럽석탄철강공동체(European Coal and Steel Community: ECSC)에 처음 설치되었던 의회(Assembly)가 모태인 유럽의회는 유럽통합이 심화 및 확장되는 과정에서 그 권한을 지속적으로 확대해왔고, 특히 1979년부터는 직선제를 실시하여 민주적 정당성이 확보되면서 그 위상은 지속적으로 강화되어왔다. 하지만 유럽의회 선거의 투표율은 1999년 49.51%, 2004년

---

1   이 장은 『의정연구』 제25권 2호(2019)에 실린 필자의 논문 "극우 동종정당(Far-Right Party Family) 분류에 기반한 2019년 유럽의회 선거 결과 분석"을 수정 및 보완한 것이다.

45.47%, 2009년 42.97%, 2014년 42.61%로 지속적으로 낮아지면서 유럽시민들의 관심과 참여가 멀어지는 것에 대한 우려가 커져왔다. 그런데 영국의 브렉시트(Brexit)를 둘러싼 혼돈 양상과 유럽 주요국들에서 전통적인 중도좌우파 기성 정당들이 주도하던 정당 질서가 흔들리는 위기 상황이 이어지면서 오히려 이번 유럽의회 선거에 대한 시민들의 관심은 그 어느 때보다도 뜨거웠고, 그것이 이처럼 높은 투표율로 이어진 것으로 분석된다. 이는 향후 2순위 선거(second-order election)로 논의되던 유럽의회 선거의 한계를 극복하는 변곡점으로 작용할지 주목된다(Schmitt, 2005; Hobolt and Wittrock, 2011; 한정훈, 2014).

2019년 유럽의회 선거 결과는 유럽 차원(European level)의 정치 구도에 몇 가지 중요한 변화를 가져왔다. 첫째는 1979년 유럽의회 직선제 도입 이래 처음으로 유럽의회에서 중도우파 및 중도좌파 정치그룹(political groups)이 총 751의 의석 중 과반 확보에 실패했다는 점이다.[2] 이번 선거에서 중도우파 성향의 정치그룹인 유럽인민당(European People's Party: EPP)과 중도좌파 성향의 정치그룹인 사회민주진보동맹(Progressive Alliance of Socialists and Democrats: S&P)이 차지한 의석은 각각 179석과 153석으로서, 이는 지난 2014년 유럽의회 선거에서 이들이 차지했던 221석과 191석에 비하면 상당히 저조한 결과였다. 이러한 선거 결과는 최근 여러 회원국들에서 전개되어온 전통적 정치질서의 변화가 이제 국가 차원에서 유럽 차원으

---

2   유럽의회의 정치그룹(political group)은 일종의 원내 교섭단체와 같은 것으로, (1)25명 이상의 의원들로 구성되어야 하며, (2)EU 회원국 1/4 이상에서 선출된 의원들로 구성되어야 한다는 두 가지 요건이 충족되어야 한다.

로도 확산된 결과로 해석된다. 둘째는 녹색당(GREEN) 성향의 정치세력의 약진이 두드러졌다는 점이다. 이는 유럽연합 회원국들 대부분에서 공통적으로 나타난 현상이지만, 특히 주요국인 독일, 프랑스, 영국에서 녹색당 성향의 정체세력들의 약진은 더욱 두드러졌다. 그 결과로 유럽의회에서 녹색당 성향의 정치세력들이 주도하는 정치그룹인 유럽녹색당-자유동맹(Greens/European Free Alliance: GREEN/EFA)은 2014년 50석에서 2019년 75석으로 유럽의회 내 의석을 대폭 확대시켰다(European Parliament, 2019).

그러나 이번 유럽의회 선거에서 극우 성향(extreme right 혹은 far-right) 정치세력들이 거둔 성과에 대해서는 평가가 다소 엇갈리고 있다. 특히 서구의 주요 언론들은 선거 실시 이전에 극우정당의 큰 약진을 예상하는 기사들을 앞다투어 쏟아내다가, 막상 선거 결과가 나온 이후부터는 극우정당들이 이번 선거에서 그다지 약진하지는 못했다는 평가들을 내리고 있다(Nougayrède 2019; Wills 2019; Charlemagne's notebook 2019). 그 이유는 유럽연합 선거 이전에 실시되었던 여러 여론조사들에서 극우정당 의석이 대폭 증가할 것으로 전망되었는데, 실제 개표 결과 대부분의 여론조사들이 예측한 예상 의석수에는 상당히 미치지 못하는 결과가 나왔기 때문이다. 구체적으로, 유럽의회 선거 실시 직전 1개월 동안 실시된 여론조사들에서 유럽의회의 극우 성향 정치그룹인 민족과 자유의 유럽(Europe of Nations and Freedom: ENF)은 새로운 유럽의회에서 82석~85석을 차지할 것으로 예측되었으나, 실제 개표 결과로는 73석을 확보한 것에 그쳤다(Europe Elects, 2019; Election DE, 2019). 오히려 당초 선거 전 여론조사들에서는 크게 주목을 받지 못했던 유럽의회의 녹색

당 성향 정치그룹이 선거 개표 이후 극우 성향 정치그룹 선거 결과
보다 더 많은 주목을 받고 있는 상황이다. GREEN/EFA은 당초 여론
조사들에서는 새로운 유럽의회에서 49석~63석을 차지할 것으로 예
측되었지만 실제 개표 결과 75석을 얻었기 때문이다(Europe Elects,
2019; Election DE, 2019).

그러나 유럽의회 선거에서 극우정당에 대한 지지세 현황이나 변
화 추이를 이처럼 유럽의회의 극우 성향 정치그룹 의석수에 기반해
서 분석하는 것은 근본적인 한계를 지닌다. 이는 유럽의회에서 극
우 성향 의원들의 의석수와 극우 성향 정치그룹 구성원의 의석수가
일치하지 않을 수 있다는 점을 간과하고 있기 때문이다. 유럽의회
에서는 극우 성향으로 분류되지 않는 정치그룹에도 극우 성향 의원
이 속해 있는 경우가 있고, 어느 정치그룹에도 속하지 않은 무소속
(Non-Inscrits: NI) 의원들 중에도 극우 성향 의원이 존재한다. 유럽
의회 내 정치그룹은 의원의 국내 소속 정당과는 무관하게 다른 층위
에서 작동하는 구조이다. 그렇기 때문에 유럽의회에서 극우정당 지
지세 현황이나 변화 추이는 유럽의회의 특정 정치그룹에 속한 의원
수만으로는 정확히 파악될 수 없고, 개별 국가들에서 극우 동종정당
(far-right party family) 후보로 출마하여 당선된 유럽의회 의원들의
수를 합산하는 방식을 통해 분석되어야 한다.[3] 유럽정치에서 동종정
당 연구는 유럽연합 차원에서는 물론 국내정치 차원의 비교연구에

3 유럽정치에서 활발히 연구되어 온 'Party family'를 다룬 국내 선행연구가 거의 없는 바,
   본 연구에서는 이에 대한 번역어로 한정훈, "유럽연합 내 이주자에 대한 태도의 정당별
   차별성: 정치엘리트와 일반 유권자의 간극," 『국제정치논총』 54권 1호 , pp. 133-166에서
   사용된 바 있는 '동종 정당'이라는 번역어를 사용한다.

서도 비교가능성(cross-national comparability)을 확보하기 위해서 중요한 의미를 가진다. 하지만 그 커다란 중요성만큼이나 많은 어려움이 있는 연구이기도 하다. 동종정당 분류를 위해서는 28개 국가별로 상이한 역사적 및 정치적 맥락에 대한 이해가 필요하고, 최근 유럽의 다수 국가들에서 급변하고 있는 정당정치의 지각변동도 고려해야 하기 때문이다.

이에 본 연구는 최근 급변해온 유럽 정당정치 지형을 충분히 반영한 극우 동종정당 분류를 수행하고, 이를 바탕으로 2019년 유럽의회 선거에서 극우정당이 거둔 선거 결과의 의미를 분석해보고자 한다. 이를 위해서 본 연구는 우선 극우 동종정당 분류를 위하여 오늘날 유럽의 극우정당과 근접한 의미로 통용되는 급진우파(Radical right), 유럽회의주의(Euroscepticism), 우파포퓰리즘(Right-wing Populism) 정당들이 가지고 있는 상호 변별 지점들을 살펴보고자 한다. 그동안 일부 선행 연구들에서 유럽 각국 정당들이 가지고 있는 역사적 및 이념적 배경을 고려할 때 극우정당과 동일시될 수도 있고 또 그렇지 않을 수도 있는, 국가들에 따라 상당히 가변적인 급진우파, 유럽회의주의, 우파포퓰리즘 정당들을 면밀히 구분하지 않거나 명확하고 일관된 기준 없이 이들을 혼용하여 유럽의회 선거에서 극우정당이 거둔 성과들에 대한 분석을 수행해온 경향이 있었다. 이에 본 연구는 급진우파, 유럽회의주의, 우파포퓰리즘과 일면 공통점이 있으면서도 분명히 차별화되는 극우 동종정당의 경계를 보다 명확히 하여, 이를 바탕으로 2019년 유럽의회 선거에서 극우정당 지지세의 현황을 살펴보고 2014년 유럽의회 선거 결과와의 비교를 통해서 극우정당 지지세의 추이 변동을 분석하고자 한다.

II. 유럽의 극우 동종정당

1. 극우정당의 정의 및 동종정당의 분류

유럽정치에서 극우정당의 정의는 국가 혹은 시대에 따라 상이하게 전개되어왔고, 이에 따라 상당히 가변적인 개념이라는 특징을 가지고 있다. 이로 인해 학자들에 따라서 유럽 극우정당 정의나 분류에 필요한 이데올로기적 요인들을 다소간 상이하게 제시하기도 하지만, 일반적으로 파시즘(Fascism)과 나치즘(Nazism)과 같은 전체주의(Totalitarianism), 외국인혐오주의(Xenophobia)와 반유대주의(Antisemitism)를 포함한 인종주의(Racism), 극단화된 애국주의(Patriotism) 혹은 민족주의(Nationalism)를 포함한 쇼비니즘(Chauvinism)이라는 이데올로기적 정체성을 공통분모로 갖고 있거나, 분류의 필요조건으로 상정한다는 점에 대해서는 관련 학자들 간에 큰 이견이 없다(Macridis, 1986, 231; Backes and Jesse, 1989: 474; Mudde, 2018: 10). 그러나 최근 유럽의 주요 국가들에서 수십 년간 안정적으로 정국을 주도해오던 기성 중도우파 및 중도좌파 정당들을 중심으로 한 정치 구도가 급속히 흔들리기 시작하면서 새로운 포퓰리즘 정치세력들이 부상하고, 유럽회의주의를 표방하는 다양한 정치세력들이 등장하면서 이들 중 일부 세력을 지칭하는 과정에서 극우정당이라는 용어의 외연을 지나치게 확대해 사용해온 경향이 있다. 특히 주요 언론들의 유럽의회 선거 결과 보도 과정에서 엄정하지 않은 정당 분류에서 비롯된 극우정당에 대한 부정확한 정의 및 분류는 여러 가지 개념적 혼란을 가져오기도 했다.

유럽 극우정당의 분류에서 나타나는 대표적인 오인 사례들 중 하나는 지난 2014년 유럽의회 선거에서의 영국독립당(UK Independence Party: UKIP) 사례였다. UKIP은 2014년 유럽의회 선거에서 26.6%의 지지율로 1위에 올라서면서 영국에 할당된 73개 유럽의회 의석 중 24석을 확보했다. 그런데 당시 UKIP의 선전을 보도하던 서구 언론들 중 일부가 UKIP을 초반에 극우정당으로 분류하는 오류를 범했다가, 선거 이후 심층적인 분석 기사들이 나오면서 이러한 오류들은 대부분 수정됐다. 물론 선거 수개월 이후부터 본격적으로 논의가 이루어진 서구 학계의 연구들에서도 UKIP을 극우정당으로 분류하는 경우는 더 이상 없었다. 하지만 국내 언론들은 당시 UKIP을 극우정당으로 보도하던 일부 서구 언론들의 초기 오류를 그대로 받아들인 후 이것을 제대로 수정하지 않은 채 지속적으로 사용해왔고, 국내 학계의 일부 연구들에서도 UKIP을 극우정당으로 분류해왔다(박기성, 2016: 174; 최인숙, 2017: 228; 강병익, 2018: 7). 그러나 2014년 유럽의회 선거 당시 UKIP은 유럽회의주의 정당으로 분류될 수는 있었지만 극우정당이라고 분류될 만한 이데올로기적 정체성은 가지고 있지 않았다(윤석준, 2015: 73). UKIP은 영국의 극우정당인 영국 국민당(British National Party: BNP)과는 이데올로기적 정체성의 차이가 뚜렷했고, 2014년 유럽의회 선거 당시 UKIP의 당수인 나이절 패라지(Nigel Farage)는 프랑스 민족전선(Front National: FN)을 극우정당이라고 비난하며 거리를 두기도 했다(Carnegy, 2014). 또한 2018년 말 UKIP의 새로운 당 지도부가 극우 성향을 보이자 대다수 의원들이 이에 동의하지 못해서 대거 탈당하고 새롭게 브렉시트당(Brexit party: BP)을 창당하여 2019년 유럽의회 선거에서 제1당을 차지하

게 된 것도 이러한 사실을 잘 방증해준다.[4]

유럽정치에서는 이처럼 각 국가별로 존재하는 다양한 정당들을 분류하여 공간 혹은 시간의 축으로 비교연구를 수행할 수 있도록 동종정당(party family)이라는 개념을 발전시켜왔다(Seiler, 1980; 1995). 이는 가족(family)이라는 횡적(형제, 자매) 및 종적(부모, 자녀) 혼유(mixed metaphor)에 기반하여 유럽 각국의 다양한 정당들에 존재하는 공통점과 차이점을 중심으로 이들을 몇 개의 집단으로 군집화한 정당 분류 체계이다. 동종정당 연구는 모리스 뒤베르제(Maurice Duverger)의 정당체제와 선거제도에 대한 연구도 그 모태 중 하나라고 할 수 있는데, 주로 양차세계대전 이후 냉전시기를 거치면서 서유럽 국가들의 국내정치에서 이데올로기적 스펙트럼에 기반한 좌파(혹은 진보)정당, 중도정당, 우파(혹은 보수)정당과 같은 대분류를 중심으로, 공산당(Communist parties), 사회민주당(Social democratic parties), 기독민주당(Christian democratic parties), 보수주의 정당(Conservative parties), 자유주의 정당(Liberal parties), 좌파자유주의 정당(Left-libertarian parties), 민족주의 정당(Nationalist parties) 등의 동종정당에 대한 연구가 활발히 이루어졌다(Mair and Mudde 1998, 213). 특히, 그중에서도 최근 동종정당 연구에서 가장 활발히 전개되고 있는 것은 극우정당, 포퓰리즘 정당, 유럽회의주의

---

4   BP는 UKIP으로부터 주도 세력이 탈당해서 창당한 지 불과 6개월 만에 치른 2019년 유럽의회 선거에서 30.5%의 지지율로 1위 정당에 올라서면서 영국에게 할당된 73석 중 29석을 차지하는 대승을 거두었다. 반면, UKIP은 이 선거에서 3.2%의 득표율로 한 석도 획득하지 못해서 원내 진출에도 실패하는 참패를 거두었다. 이렇듯 UKIP은 2014년 유럽의회 선거와 2019년 유럽의회 선거라는 두 시점을 놓고 볼 때 동일한 성격의 정당으로 볼 수 없으므로 이에 유의할 필요가 있다.

정당, 급진우파 정당에 대한 연구들이다(Mudde, 1996; De Lange and Mudde, 2005; Mudde, 2014; Mudde, 2018; Rydgren, 2005; Melzer and Serafin, 2013; Mammone, Godin and Jenkins, 2013; Petsinis, 2015; Golder, 2016).

그러나 유럽정치에서 동종정당에 대한 연구는 그동안 비교적 활발하게 진행되어왔음에도 불구하고, 아직 일반성은 물론 헤게모니적 보편성을 확보한 방법조차도 찾기 어려울 정도로 이론적 발전이 더딘 편이다. 유럽정치에 내재한 개별 국가 차원에서의 상이한 역사적 배경이나 정치적 맥락에 대한 이해에 기반한 특수성의 논리가 일반성의 논리와 여전히 이론적 절충 지점을 찾고 있는 상황이기 때문이다. 피터 마이어(Peter Mair)와 카스 머드(Cas Mudde)는 이러한 동종정당에 대한 그동안의 선행 연구들이 일반적으로 네 가지 접근법을 중심으로 발전해왔다고 분류한 바 있다(Mair and Mudde, 1998: 214-221). 첫째는 정당의 역사적 기원과 발전의 사회학적 측면(the origins and/or the sociology of the parties)을 중심으로 한 분류, 둘째는 정당이 기반한 이데올로기와 추구하는 정책에서의 유사성(similarities in party policy or in party ideology)에 기반한 분류, 셋째는 정당의 국제적 혹은 초국가적 활동 혹은 연합조직에의 참여(the international federations or other transnational grouping)를 기준으로 한 분류, 그리고 넷째는 정당명(the party name or label)을 중심으로 한 분류이다. 이 중에서 정당명을 중심으로 한 분류는 과거 냉전시기에는 이데올로기적 정체성이 정당명에 적극적으로 그리고 명확하게 반영되었기에 유효했지만, 오늘날 유럽정치에서는 정당명을 중심으로 동종정당을 분류하는 것은 쉽지 않다. 그리고 정당의 국제적 혹은 초국가적 활동이나 연합조직은 오늘날 유럽의회의 정치그룹(political group)이 그 대표적인 사례일 수 있으나, 극우정당의 경우에는 소속 정치그룹만으로는 명확히 구분되지 않는 경우가 종종 있다.

그러나 마이어와 머드가 논의한 그 외 동종정당에 대한 다른 두 가지 접근법으로서 '정당의 역사적 기원과 발전의 사회학적 측면에 기반한 분류'와 '정당의 이데올로기와 정책에서의 유사성에 기반한 분류'는 오늘날 유럽정치에서 극우 동종정당을 연구할 때 여전히 커다란 유용성을 지니고 있다. 특히 이러한 두 가지 접근법은 단순히 이를 양자 선택의 문제로 전제하지 않고 유럽 극우 동종정당들의 이데올로기적 정체성과 주요 정책에 내재해 있는 '일반성'과 그들이 성장해온 토대로서 각국의 역사 및 정치적 맥락에 기반한 '특수성'을 서로 보완할 수 있는 상보적인 방향으로의 접근을 가능하게 해준다. 유럽연합 28개 회원국들에 존재하는 수많은 정당들을 분류하고 국가를 초월한 비교가능성을 확보하기 위해서는 무엇보다도 각 국가별로 상이한 역사적 배경 및 정치적 맥락에 대한 이해가 충분히 전제되어야 할 필요성이 있기 때문이다. 이러한 이유로 최근 동종정당 관련 연구들에서는 국가별 특수성에 대한 고려뿐만이 아니라, 유럽연합 층위와 개별국가 층위의 중간에 있는 북유럽, 남유럽 등의 지역적 특성들에 대한 고려도 포함해서 보다 중층적이고 다면적인 동종정당에 대한 접근이 필요하다는 주장들이 제기되고 있다(Ennser, 2012; Jungar and Jupskås, 2014; Bickerton and Accetti, 2018). 특히 이 중에서 구 서유럽 국가들과 구 동유럽 국가들의 동종정당들에 대한 연구에서 무리하게 일반성만을 추구할 것이 아니라, 이 두 지역에 속한 국가들 간 역사적 배경 및 정치적 맥락의 차이를 충분히 고려해야 한다는 주장도 제기되고 있다(Allen, 2017).

2. 포퓰리즘 정당, 유럽회의주의 정당, 그리고 급진우파 정당

이러한 문제의식에 기반하여 극우 성향의 동종정당 분류를 하기 위해서 우선 필요한 과제는 무엇보다도 극우정당이라는 용어의 외연이 지나치게 확장되어 사용되어온 경향이 있다는 점을 고려하여 극우정당과 유사한 개념으로 여겨지고 있는 급진우파, 유럽회의주의, 우파 포퓰리즘 정당과의 변별 지점을 명확히 하는 것이다. 그래야만 이를 바탕으로 극우정당에 대한 동종정당 분류를 엄정하고 명확하게 할 수 있기 때문이다.

첫째로, 유럽정치에서 극우정당과 자주 혼용되어 쓰이는 용어들 중 하나는 '포퓰리즘(populism)' 정당이다. 포퓰리즘은 엘리트(elite)와 인민(people)이라는 대립을 중심으로 근본적인 정치 구도를 바라보면서, 기성 정치권을 주도하면서도 인민의 이해관계는 대변하지 않는 엘리트를 대신하여 인민의 견해와 바람을 대변하고자 하는 정치사상이나 활동을 지칭한다. 포퓰리즘의 어원은 인민을 의미하는 라틴어인 포풀루스(populus)에 그 뿌리를 두고 있으며, 그 역사적 기원은 기원전 2세기 로마시대 그라쿠스 형제가 추진하던 농지개혁으로 거슬러 올라간다(Mudde and Kaltwasser, 2013: 493-512; Judis, 2016: 21-41; Müller, 2016). 기본적으로 소수의 부패한 엘리트와 다수의 정직한 인민이라는 이항대립(binary opposition)적 구도 속에서, 다수 인민의 이해관계에 구조적으로 반하는 기성 정치권을 새로운 정치세력으로 대체해야 한다고 주장한다. 이러한 지점 때문에 역사적으로 포퓰리즘은 급진주의와 쉽게 결합되기도 했으며, 오늘날 유럽 정치에서는 기성 주요 정당들이 유럽통합에 우호적이었다는 이유로 그 이항대립적 구도에서 유럽회의주의와 종종 결합되기도 한다. 그러나 유럽의 포퓰리즘은 오늘날 유럽 정당정치의 이데올로기적 스펙트럼 내에서 우파 정치세력과 일방적인 친화성을 보이지는 않는다. 오히려 오늘날 유럽정치에서 포퓰리즘은 각국의 역사적 맥락 및 정치적 상황에 따라 상이하게 조응하여, 어떤 국가들에서는 우파 포퓰리즘이 부상해온 반면, 다른 국가들에서는 좌파 포퓰리즘이 부상하는 양태를 보여왔다.

가장 대표적인 사례가 스페인의 포데모스(Podemos)와 그리스의 시리자(Syriza)이다. 이들은 모두 오늘날 유럽정치에서 대표적인 포퓰리즘 정당으로 분류되고 있지만, 이들의 당 강령 및 정책을 고려하면 그 이데올로기적 정체성은 좌파정당으로 분류된다. 유럽 전역에서 포퓰리즘이 강력하게 부상하던 시기인 2014년 유럽의회 선거를 전후로 하여 프랑스에서는 우파 포퓰리즘으로 분류될 수 있는 극우정당인 민족전선(Front Nationale: FN)이 부상했다면, 스페인과 그리스에서는 좌파 포퓰리즘으로 분류될 수 있는 포데모스와 시리자가 부상했던 것이다. 양차 세계대전 이후 유럽 차원은 물론 개별 국가 차원의 기성 정치 질서가 기본적으로 중도우파 및 중도좌파 정당들을 중심으로 전개되어왔기 때문에, 오늘날 이러한 기성 정치권에 대항하여 부상하는 포퓰리즘은 기본적으로 중도가 아닌 이데올로기적 스펙트럼의 양 극단 모두에서 발현되는 경향을 보이고 있다. 그리고 다른 한편으로 이탈리아의 오성운동(Movimento 5 Stelle: M5S)

의 경우에는 오늘날 유럽정치에서 대표적인 포퓰리즘 정당으로 분류되는 데에 이견이 없지만, 이 정당은 이데올로기적 스펙트럼상에서 기존의 좌파와 우파 그 어디에도 놓기 힘든 정체성을 가지고 있다(김종법, 2018: 65-68). 5SM은 반기득권(anti-establishment)이라는 점에서 중도보다는 극단에 있지만, 인종주의에 기반하지는 않지만 반이민주의를 명확히 표명하기에 좌파라고 규정하기 어려우며, 환경주의(Environmentalism)에 기반한 여러가지 진보적 정책들을 고려하면 우파라고 규정하기도 힘들기 때문이다.

둘째로, '유럽회의주의' 정당 또한 오늘날 유럽정치에서 극우정당을 분류하는 과정에서 자주 혼용되는 개념이다. 일반적으로, 유럽회의주의 정당은 유럽통합(European integration)이라는 역사적 흐름에 대해 회의적이거나, 유럽연합(EU)이라는 지역통합체에 대해 회의적이거나, 혹은 이 두 가지 모두에 회의적인 정치적 견해를 가진 정당을 의미한다. 유럽회의주의 정당은 2014년 유럽의회 선거 및 최근 브렉시트 국면을 계기로 전 유럽에서 그 지지층을 폭넓게 확대해왔지만, 사실 그 기원은 양차 세계대전 직후 통합운동이 본격적으로 시작된 이래 지난 70여 년간 유럽통합의 역사 속에서 지속적으로 존재해왔다. 그러나 1950년대부터 1980년대까지는 주로 정부간주의적 통합(intergovernmental integration)이 아닌 초국가주의적 통합(supranational integration)의 심화에 대한 거부감에 기반한 유럽회의주의가 주를 이루었다면, 1990년대 이후부터 현재까지는 유럽통합 자체에 반대하는 경성 유럽회의주의(Hard Euroscepticism)와 유럽연합에 반대하는 연성 유럽회의주의(Soft Euroscepticism)로 분화된 흐름을 보여주고 있다(Taggart and Szczerbiak, 2002; 2004). 그런

데 오늘날 유럽 극우정당들의 거의 대부분이 유럽회의주의적인 성향도 보이고 있다 보니 국내외 주요 언론들은 물론 일부 학술논문들에서도 이 둘을 명확히 구분하지 않고 단순히 유럽회의주의 성향을 가진 정당조차도 극우정당으로 분류하는 경우가 종종 나타난다. 하지만 오늘날 유럽회의주의 정당들에는 극우정당들은 물론 민족주의 성향의 우파정당들과 좌파정당들도 존재한다는 점을 유념할 필요가 있다.

우선 유럽회의주의 정당들 중에는 전체주의, 인종주의 등과 같은 극우적인 성향과는 거리를 두고 단순히 민족주의에 기반해서 반난민 혹은 반이민 정책을 내세우거나 브렉시트(Brexit)와 같은 단일 이슈를 내세우는 우파정당들이 있다. 헝가리의 피데스(Flidesz)가 대표적인 사례인데, 이 정당은 1988년 반공산주의 성향을 가진 중도우파 정당 으로 출발하여 본격적인 체제전환 이후 점차 민족주의적 성향을 강화시켜왔다(Fowler, 2004; Szabó, 2011). 피데스는 2004년 EU 가입 이후 첫 선거를 실시한 이래로 줄곧 1위를 차지해왔고, 2010년부터는 총선에서도 1위를 유지하며 집권여당을 차지하고 있다. 피데스는 유럽의회 선거에서 민족주의적 감성에 호소하며 연성 유럽회의주의를 표방하는데, 이 지점에서 헝가리의 극우정당인 요비크(Jobbik)와 우파 민족주의에 기반한 유럽회의주의라는 공통적인 요소를 지니게 된다. 하지만, 요비크가 전체주의를 찬양하고 반유대 및 반집시를 공공연히 표방하는 인종주의적 성향을 보이는 것과는 달리, 이러한 이데올로기적 정체성과는 거리를 두고 있는 피데스는 극우정당이 아닌 우파 유럽회의주의 정당이다. 다른 한편, 유럽회의주의 정당들 중에는 극우정당들과 이데올로기적 스펙트럼상 정반대에 있는 좌파정당들도 존재한다. 단적인 예로, 2019년 유럽의회 선거에서 38명을 당선시킨 유럽 연합좌파-북유럽 녹색좌파(European United Left/Nordic Green Left: GUE/NGL) 정치그룹에 속해 있는 스웨덴 좌파당(Vänsterpartiet: V)과 포르투갈 좌파연합(Bloco de Esquerda: BE)인데, 이들은 유럽통합에는 반대하지 않지만 EU에 대해서는 명확히 반대하는 연성 유럽회의주의를 표방하는 대표적인 좌파정당들이다.

셋째로, 오늘날 유럽정치에서 극우정당과 종종 혼용하여 쓰이는 또 다른 용어 중에 '급진우파' 정당이 있다. 급진우파라는 용어는 유럽정치와 미국정치에서 각각 그 개념이 진화해온 상이한 역사적 배경으로 인해서 대서양을 사이에 두고 현재 그 의미가 다소 다르게 사용되고 있다. 우선, 미국정치에서 급진우파는 반공산주의(anti-communism) 성향을 가진 극단적 보수주의(extreme conservatism)를 지칭한다. 이는 미국정치에서 급진우파라는 개념이 매카시즘(McCarthyism)에 대한 학술적 및 사회적 논의 과정에서 1950년대 후반 로버트 웰치(Robert Welch)가 조직한 극우단체인 존 버치 소사이어티(John Birch Society: JBS)를 지칭하기 위해서 처음 등장했기 때문이다(강명세, 2009: 12-16). 반면, 유럽정치에서의 급진우파는 파시즘 및 나치즘과 같은 전체주의라는 역사적 경험에 기반하여 이러한 정치적 견해를 추종하는 정치세력들을 지칭하는 데 사용되기 시작했다. 그러나 양차 세계대전 이후 냉전이라는 맥락 위에서 전개된 유럽의 정당정치 구도 속에서 중도우파 세력들과 구분하기 위해서 급진이라는 용어의 외연은 점차 확대되어왔다. 그래서 오늘날 유럽정치에서 급진우파는 일반적으로 극우정당을 포함하여 중도우파로 분류되지 않는 우파 제 정당들을 지칭하는 의미로 사용된다. 미국정치에서도 이러한 유럽정치에서의 급진우파 정의에 조응하는 미국 나치당(American Nazi Party: ANP)이 1950년대 후반부터 현재까지 존재는 하고 있지만, 의회에 진출할 정도의 대중적 영향력을 갖지 못했기 때문에 미국에서의 급진우파의 의미 구성에 별다른 영향을 주지 못했고 결국 유럽의 급진우파와는 다른 의미를 구성해온 것이다.

이러한 배경에서 유럽의 여러 국가들에서 급진우파는 사실상 극우 정치세력을 포함하는 의미로 때로는 거의 혼용되어 사용되기도 했다. 하지만, 예외적으로 독일에서는 독일 정당정치의 특수한 역사적 맥락이 반영되어 급진우파와 극우를 보다 변별력 있게 구분해서 사용하기도 했다. 독일에서는 파시즘 및 나치즘과 같은 정치적 견해를 추종하는 정당들이라도, 기본적으로 헌법질서 그 자체를 위협하거나 거부하지는 않는 정치세력들을 급진우파로 지칭하고, 반면 헌법질서를 위협하거나 헌법정신에 일치하지 않는 정치세력들을 지칭하는 데 극우를 사용해왔기 때문이다(Golder, 2016: 478-479; Mudde, 2018: 12). 단적인 예로, 독일정치에서 독일을 위한 대안당(Alternative für Deutschland: AfD)과 독일국민민주당(Nationaldemokratische Partei Deutschlands: NPD)은 유럽정치 차원에서는 모두 극우정당으로 분류될 수 있지만, 독일 국내정치 차원에서 전자는 급진우파 정당으로 후자는 극우정당으로 분류될 수도 있다. 1964년 창당한 NPD는 그 전신인 사회주의제국당(Sozialistische Reichspartei Deutschlands: SRPD)이 1952년 독일 연방헌법재판소에 의해 정당해산 판결을 받은 데 이어, 2017년에도 독일 연방상원에 의해 피소되어 다시 한번 독일연방헌법재판소의 정당해산심판 대상이 될 만큼 독일

헌법질서를 위협하거나 거부하는 정치세력으로 규정된다(김면회, 2016: 26-27). 반면 AfD는 인종주의와 반유대주의와 같은 성향을 가지고 네오나치 운동과 연관성이 있음에도 불구하고 독일 헌법질서를 위협하거나 거부하는 정치세력으로는 여겨지지 않아 NPD와는 달리 정당해산심판의 대상이 된 적이 없다.

3. 유럽의 극우 동종정당

이렇듯 오늘날 유럽정치에서 극우정당들은 사실상 모두 포퓰리즘 정당인 동시에 유럽회의주의 정당으로 분류될 수 있는 정체성을 가지고 있지만, 그렇다고 포퓰리즘 정당이나 유럽회의주의 정당을 극우정당과 동일시할 수는 없다. 앞서 살펴본 바와 같이 포퓰리즘 정당이나 유럽회의주의 정당이라는 분류는 유럽정치의 고전적인 좌우 이데올로기적 스펙트럼 구도에서 우파 정당뿐만이 아니라 좌파 정당도 포괄하기 때문이다. 하지만 극우 동종정당 분류를 위해서 앞서 언급한 포퓰리즘 정당과 유럽회의주의 정당과의 변별지점들을 통해서 비 극우정당들을 배제하는 방법을 취하는 경우 그 시발점으로 가장 큰 범위는 포퓰리즘 정당보다는 유럽회의주의 정당을 삼는 것이 더 타당하다. 그 이유는 유럽은 물론 다수의 국가들에서 포퓰리즘이 가지고 있는 부정적인 의미 때문이다. 포퓰리즘은 원래 그 어원이나 개념과는 다르게 현실 정치에서 부정적인 의미로 사용되어 온 경우가 많았다(진태원, 2017). 이는 포퓰리즘 정당들이 새로이 등장하고 부상하는 과정에서 기본적으로 기성 정당들과 경쟁구도를 형성하게 되는데, 이때 기성 정치권에 의해 과거 포퓰리즘 정당들의 부정적인 측면이 과대 대표되어 시민들에게 인식되는 경향이 있기 때문이다. 포퓰리즘은 그 부정적인 의미 때문에 정당들이 스스로 그러한 정체성을 인정하지 않으려 하는 경우가 많고, 분류 기준도 불명확한 편이다. 반면에 오늘날 유럽정치에서 사실상 포퓰리즘 정당이라고 인식되는 유럽회의주의 정당들은 정책이나 선거공약을 통해서 유럽통합 혹은 유럽연합에 대해 부정적인 견해들을 오히려 구체적이고 적극적으로 표명하고 있기 때문이다.

2019년 유럽의회 선거에 후보를 출마시킨 정당들을 EU 28개 회원국별로 각각 분석을 해보면, 우선 첫 번째 단계로 이들 중 유럽회의주의 정당으로 분류될 수 있는 정당들은 〈표 8-1〉과 같이 총 52개 정당이다. 그리고 두 번째 단계로 이들 중 좌파 유럽회의주의 성향의 12개 정당들과 전통적인 좌우 구분을 넘어서는 2개의 유럽회의주의 정당들—이탈리아의 오성운동(M5S)과 크로아티아의 인간장벽(Živi zid: ŽZ)—을 포함한 총 14개 정당들을 제외하면 우파 유럽회의주의 성향의 정당들은 총 38개이다. 그리고 마지막 세 번째 단계로 우파 유럽회의주의 정당들의 정책이나 강령에서 전체주의, 인종주의, 쇼비니즘과 같은 극우정당의 정체성을 지닌 정당들을 분류하면 이번 유럽의회 선거에 출마한 정당들 중에서는 총 24개 정당이 극우정당으로 분류될 수 있다. 오스트리아의 자유당(Freiheitliche Partei Österreichs: FPÖ), 벨기에의 플라망이익당(Vlaams Belang: VB), 사이프러스의 민족대중전선(Ethniko Laiko Metopo: ELAM), 독일의 독일을위한대안당(AfD)과 독일국민민주당(NPD), 에스토니아의 국민보수당(Eesti Konservatiivne Rahvaerakond: EKRE), 그리스의 황금새벽당(Χρυσή Αυγή: XA), 스페인의 복스(Vox), 핀란드의 핀

표 8-1 2019년 유럽의회 선거에 참여한 유럽회의주의 정당

	유럽회의주의 정당			
	극우정당	우파 / 급진우파 정당	좌파 / 급진좌파 정당	기타
오스트리아	자유당 (FPÖ)			
벨기에	플라망이익 (VB)	신플라망연맹 (N-VA)	벨기에노동당 (PVDA)	
사이프러스	민족대중전선 (ELAM)			
독일	독일을위한대안 (AfD)			
	독일국민민주당 (NPD)			
에스토니아	에스토니아국민보수당 (EKRE)			
그리스	황금새벽당 (XA)	독립그리스인당 (ANEL)	그리스공산당 (KKE)	
스페인	복스 (Vox)			
핀란드	핀란드인당 (Finns Party)			
프랑스	민족동맹 (RN)	일어서라프랑스 (Debout la France)	굴복않는프랑스 (FI)	
	애국자들 (LP)		공산당 (PCF)	
아일랜드			신페인당 (Sinn Feiin)	
이탈리아	동맹당 (Lega)			오성운동 (M5S)
	이탈리아형제당 (FdI)			
리투아니아		질서와 정의 (PTT)		
룩셈부르크		대안민주개혁당 (ADR)		
라트비아				
몰타				
네덜란드	자유당 (PVV)	민주포럼 (FvD)	사회당 (SP)	
포르투갈			좌파연합 (BE)	
			단일민주연맹 (CDU)	

슬로베니아	슬로베니아민족당 (SNP)			
슬로바키아	인민당-우리슬로바키아 (L'SNS)	슬로바키아국민당 (SNS)		
		우리는가족(Sme Rodina)		
폴란드	연맹당 (Konfederacja)	법과정의 (PiS)		
		쿠키즈15 (Kukiz'15)		
불가리아	아타카 (Атака)	불가리아민족운동 (VMRO)		
		의지당 (Volya)		
덴마크	덴마크인민당 (DF)			적녹동맹 (Enhl., Ø)
				반EU국민운동 (FEU)
루마니아				
헝가리	요비크 (Jobbik)	피데스 (Fidesz)		
스웨덴	스웨덴민주당 (SD)		좌파당 (V)	
체코	자유와 직접민주주의 (SPD)		보헤미아 모라비아 공산당 (KSČM)	
크로아티아	크로아티아주권 (HS)			인간장벽 (ŽZ)
영국	영국국민당 (BNP)	브렉시트당 (BP)		

출처: 저자 분석

란드인당(Finns Party), 프랑스의 민족동맹(Rassemblement National: RN)과 애국자들당(Les Patriotes: LP), 이탈리아의 동맹당(Lega)과 이탈리아형제당(Fratelli d'Italia: FdI), 네덜란드의 자유당(Partij voor de Vrijheid: PVV), 슬로베니아의 슬로베니아민족당(Slovenian National Party: SNP), 슬로바키아의 우리슬로바키아인민당(Ľudová strana - Naše Slovensko: L'SNS), 폴란드의 연맹당(Konfederacja), 불가리아의 아타카(Атака), 덴마크의 덴마크인민당(Dansk Folkeparti: DF), 헝가

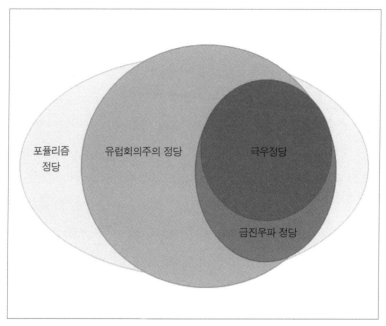

그림 8-1 유럽의 포퓰리즘 정당, 유럽회의주의 정당, 급진우파 정당, 극우정당의 벤 다이어그램

리의 요비크당(Jobbik), 스웨덴의 스웨덴민주당 (Sverigedemokrater-na: SD), 체코의 자유와 직접민주주의(Svoboda a přímádemokracie: SPD), 크로아티아의 크로아티아주권(Croatian Sovereignists: HS), 영국의 영국국민당(BNP) 등이다(김면회, 2016; 김종법, 2015; 오창룡, 2018; 윤석준, 2015; 장선화, 2017; 조홍식, 2015).

특히 이들 중 유럽회의주의 정당들이 국내정치 구도에서 극우, 급진우파, 급진좌파 성향을 가지고 복수로 경쟁하는 벨기에, 그리스, 프랑스, 이탈리아, 네덜란드와 같은 국가들의 경우에는 관련 역사적 배경 및 정치적 맥락의 중요성이 더욱 증가하는데 그 대표적인 사례들 중 하나가 벨기에의 경우이다. 벨기에 정치에서 플라망이익당(VB), 신플라망연맹당(N-VA), 벨기에노동당(PVDA)은 모두 유럽회의주의 정당으로 분류될 수 있다. 이 중에서 벨기에노동당은 우선 좌파 정당으로 분류되고, 플라망이익당과 신플라망연맹당이 우파 정당으로 분류된다. 그중에서 신플라망연맹당은 중도우파 성향의 연성 유럽회의주의를 표방하는 정당으로 분류되고, 플라망이익당은 경성 유럽회의주의 성향을 가진 극우정당으로 분류된다(Erk 2005; Jadot 2014). 플라망이익당은 반유대주의, 반이슬람주의를 표방하는 극우정당으로서, 원래 전신이었던 플라망연합(Vlaams Blok)이 법원에 의해 인종주의 정당으로 판결되면서 해산된 이후 2004년도에 현재의 당명으로 재창당한 것이다(오창룡 2018, 6). 플라망연합 및 플라망이익당은 2003년, 2007년 연방 하원의회 선거에서 각각 11.6%, 12.0%를 득표하면서 주요 정당으로 부상했었으나, 2010년, 2014년 연방 하원의회 선거에서 각각 7.8%, 3.67%의 득표율로 하락추세를 보여주었다. 그러나 플라망이익당은 2019년 연방 하원의회 선거에서 11.95%의 득표율로 총 150석 중 18석을 확보하면서 득표율로는 2위, 의석 기준으로는 3위의 정당이 된다(FPSHA 2019). 그리고 플라망이익당은 2014년 유럽의회 선거에서는 4.26%의 득표율로 벨기에가 가진 21석 중 1석을 얻었던 것과는 달리 2019년 유럽의회 선거에서는 11.68%의 득표율로 21석 중 3석을 확보하면서 유럽의회에서의 영향력도 확대했다.

III. 2019년 유럽의회 선거에서 극우 동종정당의 결과 분석

이와 같은 극우 동종정당 분류에 기반하여 2019년 유럽의회 선거에서 극우정당들이 확보한 의석에 대해 분석을 하면 〈표 8-2〉와 같은 결과가 나온다. EU 28개 회원국들 중 15개국에서 극우정당들이 유럽의회에 진출하게 되었고, 이들이 확보한 총 의석수는 유럽의회 정원 751석 중 90석에 이른다. 이탈리아의 동맹당(Lega)과 이탈리아 형제당(FdI)은 각각 34.33%와 6.46%의 득표율로 이탈리아에 배정된 의석 73석 중 28석과 5석을 확보했으며, 프랑스의 민족동맹(RN)은 23.31%의 득표율로 프랑스에 배정된 의석 74석 중 22석을 차지했다. 그리고 독일의 독일을위한대안당(AfD)도 11.00%의 득표율로 독일에 배정된 의석 96석 중 11석을 차지했고, 그 외에 오스트리아, 벨기에, 스페인, 스웨덴에서 각각 3명씩 극우정당이 의석을 확보했고, 그리스, 핀란드, 슬로바키아, 체코에서 각각 2명씩, 그리고 에스토니아, 덴마크, 헝가리, 크로아티아에서 각각 1명씩 극우정당이 의석을 확보했다. 이와 같이 동일한 극우 동종정당 분류에 기반하여 2014년 유럽의회 선거에서 극우정당들이 확보한 의석수를 분석해

표 8-2 2014년 및 2019년 유럽의회 선거에서 극우 동종정당들이 확보한 의석수

		제8기 유럽의회 (2014~2019)	제9기 유럽의회 (2019~2024)
오스트리아	자유당 (FPÖ)	19.72% (4/18)	17.2% (3/18)
벨기에	플라망이익 (Vlaams Belang)	4.26% (1/21)	11.68% (3/21)
사이프러스	민족대중전선 (ELAM)	2.7% (0/6)	8.25% (0/6)

독일	독일을위한대안 (AfD)	7.10% (7/96)	11.00% (11/96)
	독일국민민주당 (NPD)	1.00% (1/96)	0.30% (0/96)
에스토니아	에스토니아국민보수당 (EKRE)	4.0% (0/6)	12.70% (1/6)
그리스	황금새벽당 (XA)	9.40% (3/21)	4.88% (2/21)
스페인	복스 (Vox)	1.6% (0/54)	6.21% (3/54)
핀란드	핀란드인당 (Finns Party)	12.90% (2/13)	13.80% (2/13)
프랑스	민족동맹 (RN)	24.86% (23/74)	23.31% (22/74)
	애국자들 (LP)	–	0.65% (0/74)
이탈리아	동맹당 ((Lega)	6.15% (5/73)	34.33% (28/73)
	이탈리아형제당 (FdI)	3.67% (0/73)	6.46% (5/73)
네덜란드	자유당 (PVV)	13.32% (4/26)	3.53% (0/26)
슬로베니아	슬로베니아민족당 (SNP)	4.03% (0/7)	4.01% (0/7)
슬로바키아	인민당–우리슬로바키아 (L'SNS)	1.73% (0/13)	12.07% (2/13)
폴란드	연맹당 (Konfederacja)	–	4.55% (0/52)
불가리아	아타카 (Атака)	2.96% (0/17)	1.07% (0/17)
덴마크	덴마크인민당 (DF)	26.60% (4/13)	10.80% (1/13)
헝가리	요비크 (Jobbik)	14.67% (3/21)	6.34% (1/21)
스웨덴	스웨덴민주당 (SD)	9.70% (2/20)	15.3% (3/20)
체코	자유와 직접민주주의 (SPD)	–	9.14% (2/21)
크로아티아	크로아티아주권 (HS)	–	8.52% (1/12)
영국	영국국민당 (BNP)	1.09% (0/73)	–
		59/751	90/751

출처: 유럽의회 선거 결과 공식 페이지(https://election-results.eu/).

보면 총 59석으로 나온다. 이를 기준으로 하면 2019년 유럽의회 선거에서 극우정당들의 의석수는 2014년 유럽의회 선거 당시와 비교할 때 무려 53%나 증가한 것이 된다. 이탈리아에서 동맹당(Lega)의 의석이 5석에서 28석으로 크게 증가하며 성장세가 두드러졌으며, 독일의 독일을위한대안당(AfD)의 의석도 7석에서 11석으로 비교적 크게 증가했다. 스페인에서는 복스(Vox)가 군사정권 붕괴 이후 처음으로 극우정당으로서 국내의회에 진출하는 데 성공한 데 이어 이번에 유럽의회에도 처음으로 진출했으며, 에스토니아, 체코, 크로아티아에서도 극우정당이 새롭게 유럽의회에 진출했다. 반면, 유럽의회 선거에서 극우정당이 쇠퇴한 국가는 네덜란드와 헝가리 2개국 정도에 불과했다. 네덜란드 자유당(PVV)은 기존 4석의 의석을 모두 상실했으며, 헝가리 요비크(Jobbik)도 기존 3석에서 1석으로 지지세가 약화되었다.

이러한 결과는 유럽의회의 정치그룹을 중심으로 선거결과를 분석하면서 선거 실시 전 여론 조사들에서는 극우정당이 82석~85석을 차지할 것으로 예측되었으나 실제 개표 결과로는 73석에 그쳤다면서 극우정당들이 이번 유럽의회 선거에서 그다지 약진하지 못했다는 평가들을 내렸던 서구 주요 언론들의 분석과는 상당한 차이를 보여준다(Nougayrède, 2019; Wills, 2019; Charlemagne's notebook, 2019). 오히려 극우 동종정당 분류에 기반한 선거 결과 분석에 따르면 2019년 유럽의회 선거에서 극우정당들이 확보한 의석수는 기존 여론조사 결과에 부합되거나 혹은 상회하는 결과로서 이번 유럽의회 선거에서 극우정당은 크게 약진했다고 평가하는 것이 타당하다. 이처럼 서구 주요 언론들의 분석이 한계를 보여준 가장 큰 이유는 유럽의회에서 극우 성향의 의석수는 정치그룹만으로는 분석할 수 없다는 점을 간과하고 있기 때문이다. 그동안 제8기 유럽의회(2014~2019)에서 유럽의회의 정치그룹을 중심으로 극우정당 의석수를 분석하는 경우의 수는 보통 세 가지였다. 첫째는 정치그룹의 조합은 민족과 자유의 유럽(Europe of Nations and Freedom: ENF)의 소속 의원수를 가지고 분석하거나, 둘째는 ENF와 자유와 직접민주주의의 유럽(Europe of Freedom and Direct Democracy: EFDD)의 소속 의원수들을 합산하거나, 셋째는 ENF, EFDD와 유럽 보수와 개혁(European Conservatives and Reformists: ECR)을 모두 합산하는 경우였다.[5] 그러나 〈표 8-3〉에서 보는 바와 같이 제8기 유럽의회의 경우에는 개별 국가들에서 극우 동종정당으로 분류되는 정당들과 소속 의원들의 상당수는 ENF에 가입하지 않았고, 대신 다른 정치그룹들에 가입하거나 무소속(NI)으로 남아 있는 경우가 많았다. 또한 EFDD 정치그룹의 경우에 이를 주도하는 주요 정당이 영국의 영국독립당(UKIP)과 이탈리아의 오성운동(M5S)이었는데, 이는 앞서 논의한 바와 같이 극우정당이 아닌 이 두 정당들이 주도하는 EFDD를 극우 성향의 정치그룹으로 분류하는 것은 타당하지 않다. 또한 ECR의 경우에는 제8기 유럽의회에서 중도우파 성향의 의원들이 다수이고 소수가 극우 성향의 의원들이었기 때문에 중도우파나 극우 정치그룹 그 어느 것으로도 정의하기 쉽지 않다.

---

5   유럽의회에서 극우 성향으로 분류될 수 있는 정치그룹이 처음 등장하게 된 것은 2014년 유럽의회 선거 실시 이후였다. 유럽의회 선거 직후 프랑스의 민족전선 마린 르펜을 중심으로 유럽의회에서는 처음으로 극우 성향의 정치그룹을 결성하려 했지만 정치그룹으로 인정받기 위한 최소 충족 기준인 25명의 의원이 확보되지 않아 결국 유럽의회 개원 1년 뒤인 2015년 6월에 37명의 의원을 결집해서 민족과 자유의 유럽(Europe of Nations and Freedom: ENF)이라는 정치그룹을 출범시킨다.

표 8-3 2014년 및 2019년 유럽의회에 진출한 극우 동종정당들의 소속 정치그룹

		제8기 유럽의회 (2014~2019)	제9기 유럽의회 (2019~2024)
오스트리아	자유당 (FPÖ)	ENF	ID
벨기에	플라망이익 (Vlaams Belang)	ENF	ID
사이프러스	민족대중전선 (ELAM)	-	-
독일	독일을위한대안 (AfD)	ECR(2014~2016) EFDD, ENF(2016~2019)	ID
	독일국민민주당 (NPD)	ENF	-
에스토니아	에스토니아국민보수당 (EKRE)	-	ID
그리스	황금새벽당 (XA)	NI	NI
스페인	복스 (Vox)	-	ECR
핀란드	핀란드인당 (Finns Party)		ID
프랑스	민족동맹 (RN)	ENF	ID
	애국자들 (LP)	-	-
이탈리아	동맹당 (Lega)	ENF	ID
	이탈리아형제당 (FdI)	-	ECR
네덜란드	자유당 (PVV)	ENF	
슬로베니아	슬로베니아민족당 (SNP)	-	-
슬로바키아	인민당-우리슬로바키아 (L'SNS)	-	NI
폴란드	연맹당 (Konfederacja)	-	-
불가리아	아타카 (Атака)	-	-
덴마크	덴마크인민당 (DF)	ECR	ID
헝가리	요비크 (Jobbik)	NI	NI

스웨덴	스웨덴민주당 (SD)	EFDD	ECR
체코	자유와 직접민주주의 (SPD)	-	ID
크로아티아	크로아티아주권 (HS)	-	ECR
영국	영국국민당 (BNP)	-	-

출처: 유럽의회 선거 결과 공식 페이지(https://election-results.eu/)

이러한 문제는 제9기 유럽의회의 정치그룹 구성에서도 유효하다. 이탈리아 동맹당(Lega)과 프랑스의 민족동맹(RN)이 주도해서 73명의 의원들이 대규모 극우 성향의 정치그룹인 정체성과 민주주의 (Identity and Democracy: ID)를 새로운 유럽의회 출범과 동시에 구성하는 데 성공했다. 하지만 ID에 함께 하지 않고 NI로 남아 있거나 ECR에 속해 있는 여러 나라들의 극우정당 소속 의원들이 제8기 유럽의회에 비하면 숫자는 다소 줄어들었지만 여전히 상당수 존재하기 때문이다. 2019년 7월 중순 시점을 기준으로, 그리스 황금새벽당 (XA) 소속 의원 2인, 슬로바키아 우리슬로바키아인민당(L'SNS) 소속 의원 2인, 헝가리 요비크(Jobbik) 소속 의원 1인 등 총 5명의 극우정당 의원들은 ID에 합류하지 않고 NI로 유럽의회 의정활동을 수행하고 있는 상태이다. 또한, 이탈리아의 이탈리아형제당(FdI) 소속 의원 5명, 스페인의 복스(Vox) 소속 의원 3인, 스웨덴의 스웨덴민주당 (SD) 소속 의원 3인, 그리고 크로아티아의 크로아티아주권(HS) 소속 의원 1인 등 총 12명의 극우정당 의원들은 ID에 합류하지 않고 ECR에 합류해 있다. ECR은 제9기 유럽의회에서 62석밖에 확보하지 못하면서 73석을 확보한 ID에 밀리면서 유럽의회에서 영향력은 다소 감소한 상태이다. 그런데 극우 성향의 이탈리아형제당(FdI), 스페인의 복스(Vox), 스웨덴의 스웨덴민주당(SD), 크로아티아의 크로아티아주권(HS) 등이 모두 이번에 새로이 ECR에 합류하면서 제9기 유럽의회에서 ECR의 정체성은 제8기 유럽의회에서의 ECR보다 상대적으로 더 극우적인 성향이 강해졌다고 할 수 있다. 하지만, 그럼에도 불구하고 24석의 의석을 가지고 ECR를 주도하고 있는 폴란드의 법과정의당(Prawo i Sprawiedliwość: PiS)이 ECR의 중도우파적인 정체성을 분명히 하고 있기 때문에 제8기 유럽의회에서처럼 ECR은 이번 유럽의회에서도 중도우파나 극우 정치그룹 그 어느 한쪽으로 분류되기는 쉽지 않다.

IV. 맺으며

본 연구는 2019년 유럽의회 선거에서 극우정당들이 거둔 성과를 유럽의회 정치그룹이 확보한 의석수를 중심으로 분석하는 기존의 분석 방법을 지양하고, 그 대신 EU 회원국들 국내정치에서의 극우 동종정당 분류를 통해서 그들이 유럽의회 선거에서 거둔 의석수를 합산하는 방식으로 극우정당들의 2019년 유럽의회 선거 결과를 분석해보았다. 이처럼 유럽의회 정치그룹 중심이 아니라 개별 회원국에서의 동종정당 분류에 기반해서 극우정당이 선거에서 거둔 성과를 분석하거나 지지세 추이를 확인하려는 이유는 두 가지이다. 첫째는 유럽의회 선거에서 선출된 극우 성향의 유럽의회 의원들 중 일부는 극우 성향의 정치그룹에 가입하지 않기 때문이다. 둘째는 극우 성향으로 분류되는 일부 정치그룹의 경우에 소속 의원들의 성향이 균질하지 않아 오히려 다수는 중도우파 성향의 의원들로 구성된 경우도 있기 때문이다. 본 연구의 결과는 유럽의회의 정치그룹을 중심으로 선거결과를 분석하면서 선거 실시 전 여론 조사들과는 달리 극우정당들이 이번 유럽의회 선거에서 그다지 약진하지 못했다는 평가들을 내리는 서구 주요 언론들의 분석에 분명한 한계가 있음을 보여준다. 정치그룹을 중심으로 2019년 유럽의회 선거에서 극우정당이 확보한 의석수를 분석하면 73석 정도에 그치지만, 극우 동종정당에 기반해 극우정당의 의석수를 분석하면 90석에 이르기 때문이다. 또한, 극우 동종정당 분류에 기반하여 2014년 유럽의회 선거와 2019년 유럽의회 선거에서 극우정당의 지지세 추이 변화를 분석해보면, 유럽의회 선거에서 극우정당들의 의석수는 59석에서 90석으로 무려 53%나 증가한 것으로 나타난다. 결론적으로 본 연구는 극우 동종정당 분류에 기반한 선거 결과 분석에 기반하여 2019년 유럽의회 선거에서 극우정당들이 확보한 의석수는 기존 여론조사 결과에 부합되거나 혹은 크게 상회하는 수준이며, 이는 2014년 유럽의회 선거와 비교하더라도 극우정당들의 의석이 큰 폭으로 증가한 것인 바 이번 유럽의회 선거에서 극우정당은 크게 약진했다고 평가하는 것이 타당하다고 주장한다.

본 연구는 유럽학(European studies) 연구에서 이론의 세 가지 기능으로 논의하는 설명(explaning) 혹은 이해(understanding) 차원에서의 이론, 묘사(description) 혹은 분석(analysis) 차원에서의 이론, 그리고 비평(critical) 혹은 규범적 개입(normative intervention) 차원에서의 이론이라는 기능들 중에서 두 번째인 묘사 혹은 분석 차원에서의 이론적 기여를 목표로 한 것이다(Wiener, 2009: 17-18). 즉, 개념과 정의, 이름짓기와 분류를 통해서 궁극적으로 설명 혹은 이해 차원의 이론을 위한 토대를 제공하는 데 그 목적이 있다. 정치학에서 과학성이 여러 학자들의 노력을 통해서 지속적으로 발전해온 과정 속에서 다른 한편 그러한 연구들의 토대라고 할 수 있는 개념과 정의, 분류에 대한 논의는 다소 소홀해지는 경향도 있었다. 특히, 유럽정치의 경우 유럽 층위는 물론 28개 개별 회원국 층위에서의 다양한 역사적 및 정치적 맥락의 특수성이 일반성과 조응하는 데 가장 필요한 것이 이러한 개념과 정의, 분류의 문제이기도 하다. 이러한 측면에서 동종정당에 대한 연구는 오늘날 유럽정치에서 상당히 중요한 의미를 갖는다. 물론 EU 회원국이 지속적으로 확대된 이후 28개 회원국들의 특수성을 감안하여 접근한다는 것은 연구자에게 여간 어려운 일이 아니다. 그럼에도 불구하고 그러한 어려움을 이유로 유럽의회 선거에서 극우정당의 분류를 정치그룹 중심으로 수행하고 이를 바탕으로 논의를 전개하는 것은 많은 한계를 노정할 수밖에 없다. 이에 유럽정치에서 동종정당 분류에 기반한 논의가 국내에서도 보다 활성화되었으면 하는 바람에서 본 연구는 그 시론적인 차원에서의 문제의식을 공유하고자 한다.

참고문헌

강명세. 2009. "전후 미국 보수주의의 기원과 변화." 『세종정책연구』 5-2. 5 – 44.

강병익. 2018. 『2017~2018년 4월 유럽연합 국가별 총선결과: 우파강세 및 포퓰리즘 확산, 그리고 유럽연합의 미래』. 서울: 민주연구원.

김면회. 2016. "독일 극우주의 정치 세력의 성장 요인 연구: 정당 쇠퇴와 정당체제 변화." 『유럽연구』 34-3. 23 – 48.

김종법. 2018. "과거의 소환, 극우의 부활, 미래의 정치: 2018 이탈리아 총선과 기억의 정치." 『국제정치논총』 58-4. 45 – 73.

박기성. 2016. "균열구조의 변화와 극우정당의 성장에 관한 연구: 영국독립당(UKIP)을 중심으로." 『사회과학연구』 27-3. 173 – 94.

오창룡. 2018. "벨기에 분리주의 정당의 부상." 『유럽연구』 36-1. 27 – 47.

윤석준. 2015. "극우정당의 유럽의회 진출요인에 대한 연구: 프랑스 민족전선(FN)의 사례를 중심으로." 『유럽연구』 33-4. 71 – 102.

장선화. 2017. "북유럽 포퓰리스트 우파정당의 성장과 정당체제 변화: 스웨덴민주당과 핀란드인당을 중심으로." 『한국정치학회보』 51-4. 75 – 100.

조홍식. 2015. "2010년대 프랑스 민족전선의 성장과 재도약." 『EU연구』 40. 101 – 122.

진태원. 2017. 『포퓰리즘과 민주주의』. 서울: 소명출판.

최인숙. 2017. "유럽의 극우 등장: 프랑스 대선을 중심으로." 『내일을 여는 역사』 67. 226 – 37.

한정훈. 2014. "2014년 유럽의회 선거의 정당별 득표율 변화: 이순위 국내경쟁적 성격의 약화와 유럽적 요인의 등장." 『유럽연구』 32-2. 25 – 55.

_____. "유럽연합 내 이주자에 대한 태도의 정당별 차별성: 정치엘리트와 일반 유권자의 간극." 『국제정치논총』 54-1. 133-166.

Allen, Trevor J. 2017. "All in the Party Family? Comparing Far Right Voters in Western and Post-Communist Europe." *Party Politics* 23-3. 274–285.

Backes, Uwe, and Eckhard Jesse. 1989. *Politischer Extremismus in der Bundesrepublik Deutschland: Dokumentation*. Verlag Wissenschaft und Politik.

Bickerton, Christopher J., and Carlo Invernizzi Accetti. 2018. "'Techno-Populism' as a New Party Family: The Case of the Five Star Movement and Podemos." *Contemporary Italian Politics* 10-2. 132–150.

Carnegy, Hugh. 2014. "Marine Le Pen Hits out at Nigel Farage." *Financial Times*. May 13, 2014. https://www.ft.com/content/b9ffc5ba-d9f2-11e3-9b6a-00144feabdc0 (검색일: 2019년 6월 30일).

Charlemagne's notebook. 2019. "Populists Fall Short of Expectations in the European Elections." *The Economist*. May 26, 2019. https://www.economist.com/ charlemagnes-notebook/2019/05/26/populists-fall-short-of-expectations-in-the-european-elections(검색일: 2019년 6월 30일).

De Lange, Sarah L., and Cas Mudde. 2005. "Political Extremism in Europe." *European Political Science* 4-4. 476–88.

Election DE. 2019. "Wahlen in Deutschland." *Election DE*. May 20, 2019. http://www. election.de/cgi-bin/content.pl?url=/img/poll/eu19par_prognose_190520.html (검색일: 2019년 6월 30일).

Ennser, Laurenz. 2012. "The Homogeneity of West European Party Families: The Radical Right in Comparative Perspective." *Party Politics* 18 –2. 151–171.

Erk, Jan. 2005. "From Vlaams Blok to Vlaams Belang: The Belgian Far-Right Renames Itself." *West European Politics* 28-3. 493–502.

Europe Elects. 2019. "How Europe Elects Predicts an Election." *Europe Elects*. May 5, 2019. https://europeelects.eu/2019/05/05/how-europe-elects-predicts-an-election/.

European Parliament. 2019. "European Election Results." Official Results of the European Elections Held between 23 and 26 May 2019. https://election-results.eu/ (검색일: 2019년 6월 30일).

Fowler, Brigid. 2004. "Concentrated Orange: Fidesz and the Remaking of the Hungarian Centre-Right, 1994–2002." *Journal of Communist Studies and Transition Politics* 20-3. 80–114.

FPSHA. 2019. "The Results of the Elections 2019." Belgium's Federal Public Services Home Affairs. https://elections2019.belgium.be/en(검색일: 2019년 6월 30일).

Golder, Matt. 2016. "Far Right Parties in Europe." *Annual Review of Political Science* 19-1. 477–97.

Hobolt, Sara Binzer, and Jill Wittrock. 2011. "The Second-Order Election Model Revisited: An Experimental Test of Vote Choices in European Parliament Elections." *Electoral Studies* 30-1. 29–40.

Jadot, Clément. 2014. "Do All Roads Lead to the Same Europe? Reconsidering the Pro-/Anti-Integration Yardstick to Measure National Party Positions Towards the EU: The Case of Belgium." *Journal of Contemporary European Research* 10-2.

Judis, J. B. 2016. *Populism: A Very Short Introduction*. Oxford: Oxford University Press.

Jungar, Ann-Cathrine, and Anders Ravik Jupskås. 2014. "Populist Radical Right Parties in the Nordic Region: A New and Distinct Party Family?" *Scandinavian Political Studies* 37-3. 215–238.

Macridis, Roy C. 1986. *Contemporary Political Ideologies: Movements and Regimes*. Little, Brown & Company.

Mair, Peter, and Cas Mudde. 1998. "The Party Family and Its Study." *Annual Review of Political Science* 1-1. 211–229.

Mammone, Andrea, Emmanuel Godin, and Brian Jenkins. 2013. *Varieties of Right-Wing Extremism in Europe*. Routledge.

Melzer, Ralf, and Sebastian Serafin eds. 2013. *Right-Wing Extremism in Europe: Country Analyses, Counter-Strategies and Labor-Market Oriented Exit Strategies*. Frankfurt am Main: Friedrich-Ebert-Stiftung.

Mudde, Cas. 1996. "The War of Words Defining the Extreme Right Party Family." *West European Politics* 19-2. 225–48.

―――. 2014. "The Far Right and the European Elections." *Current History* 113-761. 98–103.

―――. 2018. *The Extreme Right Party Family*. Manchester University Press.

Mudde. Cas and Cristóbal Rovira Kaltwasser. 2013. "Populism." In Michael Freeden and Marc Stears (eds.), *The Oxford Handbook of Political Ideologies*. Oxford: Oxford University Press. 493-512.

Müller, J.-W. 2016. *What Is Populism?*. Philadelphia: University of Pennsylvania Press.

Nougayrède, Natalie. 2019. "The Far Right Didn't Sweep the EU Elections. Europe's Centre Is Holding." *The Guardian*. May 27, 2019. https://www.theguardian.com/commentisfree/2019/may/27/far-right-eu-elections-europe-centre-green-liberal-surge(검색일: 2019년 6월 30일).

Petsinis, Vassilis. 2015. "The 'New'Far Right in Hungary: A Political Psychologist's Perspective." *Journal of Contemporary European Studies* 23-2. 272–287.

Rydgren, Jens. 2005. "Is Extreme Right-Wing Populism Contagious? Explaining the Emergence of a New Party Family." *European Journal of Political Research* 44-3. 413–37.

Schmitt, Hermann. 2005. "The European Parliament Elections of June 2004: Still Second-Order?" *West European Politics* 28-3. 650–679.

Seiler, Daniel-Louis. 1980. Partis et Familles Politiques. Presses universitaires de France.

―――. 1995. *Les Partis Politiques En Europe*. FeniXX.

Szabó, Máté. 2011. "From a Suppressed Anti-Communist Dissident Movement to a Governing Party: The Transformations of Fidesz in Hungary." *Corvinus Journal of Sociology and Social Policy* 2-2. 47–66.

Taggart, Paul, and Aleks Szczerbiak. 2002. "The Party Politics of Euroscepticism in EU Member and Candidate States." *SEI Working Papers* no. 51.

―――. 2004. "Contemporary Euroscepticism in the Party Systems of the European Union Candidate States of Central and Eastern Europe." *European Journal of Political Research* 43-1. 1–27.

Wiener, Antje. 2009. *European Integration Theory*. 2 edition. Oxford: New York: OUP Oxford.

Wills, Tom. 2019. "No New Dawn for Far Right in European Election." Deutsche Welle. https://www.dw.com/en/no-new-dawn-for-far-right-in-european-election/a-48945615(검색일: 2019년 6월 30일).

찾아보기